목회트렌드연구소시리즈 04

목회트렌드 2026

글과길

목회트렌드연구소시리즈 04

목회트렌드 2026

지은이	김도인 박윤성 이상갑 권오국 박혜정 김지겸 박종순 김민석
발행일	초판 1쇄 발행 2025년 9월 26일
발행인	김도인
펴낸곳	글과길
출판사	등록 제2020-000078호[2020.5.29.] 서울특별시 송파구 삼학사로 19길 5 3층 wordroad29@naver.com
편집	박혜정
디자인	안영미
공급처	하늘유통 경기도 파주시 광탄면 분수리 350-3 전화 031—947-7777 팩스 0505-365-0691 ©2025, Kim Do In allrights reserved
ISBN	979-11-994851-0-5　03230
값	22,000원

목회트렌드연구소시리즈 04

김도인 박윤성 이상갑 권오국 박혜정 김지겸 박종순 김민석

목회트렌드 2026

PASTORAL MINISTRY TREND 2026

글과길

프롤로그

한국교회가 망해가고 있다(?)

"아빠 뉴스 봤어? 한국교회 망했어!"

남오성 교회개혁실천연대 공동대표가 안식월을 맞아 제주도에 다녀온 뒤 경기도 일산 집에 도착했을 때 문을 열자마자 딸이 한 말이란다. 그가 안식월에 제주도에 갔는데 식당이나 카페에서 한국교회를 욕하는 사람들이 있었다고 한다. 그들의 말 중에서 "교회가 없어져야 한다."라는 말도 들었단다.

한국교회가 망해가고 있다. 아직은 건재한 듯 보인다. 하지만 크게 위축되고 있다. 하나님을 찾는 목소리, 하나님을 향한 기도 소리가 잘 들리지 않는다.

한국교회가 망해가는 세 가지 징조가 있다. 하나는 현대 신들의 공격이다. 다른 하나는 교회의 그릇된 생각이다. 마지막으로 비이성적인 교회의 모습이다.

먼저 교회는 현대의 신들에 장악당했다. 이상환은 《신들과 함께》에서 현대에 환생한 신들을 돈, 명예, 권력, 학문, 성 등이라고 한다. "돈, 명예, 권력, 학문, 성 등은 인격을 지닌 신들이 아니다. 하지만 이것들은 주변에 있는 그 어떠한 인격체들보다 더 깊고 치밀하게 우리의 삶에 개입한다. 그리고 수많은 추종자까지 만들어낸다."[1] 교회는 순수한 복음이 아니라 돈 등에 침식당했다.

다음으로 교회는 그릇된 생각에 잠혀 있다. 그것은 권력과 밀착되어 힘을 과시하려 한다. 특히 교회는 정치의 극우 세력과 밀착되어 있다. 2025년 7월 18일에 해병 특검은 서울 마포구 극동방송과 서울 영등포구 여의도순복음교회를 압수 수색했다. 대상은 기독교계 원로인 극동방송 이사장 김정환 목사와 이영훈 여의도순복음교회 목사이다. 교회가 극우 세력과 밀착된 것은 예전부터 공공연한 비밀이다.

교회의 사명은 복음 전파 역할로 충분하다. 하지만 초대형교회를 비롯한 목회자들이 하나님으로 만족하지 않는다. 그들은 현대의 신들과 밀접하게 연결하고자 하는 욕망이 강하다. 세상의 권력을 잡고 권력의 전면에 등장해 하나님의 통치라는 명목으로 세상에서 교회를 권력화하려 한다.

교회가 하나님 나라 확장에 집중하지 않으니 복음이 왜곡되었다. 복음이 왜곡되면 교회는 세상에서 버려짐?을 당하게 된다. 교회는 하나님으로부터 버림받는 것만큼이나 세상으로부터 버려짐 당하는 것을 두려워해야 한다. 하지만 교회는 세상으로부터 버려짐 당하는 것을 전혀 두려워하지 않는다. 도리어 순교적이라고 위안한다. 반대로 오로지 정권에 버려짐 당하는 것을 두려워하는 것처럼 보인다.

마지막으로 비이성적인 교회의 모습이다. 한 청년에게 이런 질문을 했다. "현재와 미래의 한국교회를 어떻게 생각하느냐?" 답변이 충격이었다. "한국교회가 유럽과 미국처럼 덮어놓고 믿으라는 것을 볼 때마다 교회가 망해가고 있는 것 같다."

교회는 20세기 관점에서 합리적이지 않고 구태의연한 모습을 보인다. 교회가 가장 멀리해야 할 것인 환생한 현대의 신들인 돈, 권력, 명예 등을 우선순위에 둔다. 교회는 교인 숫자가 최고의 가치가 되었다. 숫자로만 보니 목회자 사회는 선배 후배도 없는 것처럼 보인다. 노회에서도 교인 숫자가 많은 목회자가 돈과 권력을 독점한다. 교회에서는 은사를 말하지만, 현장에서는 은사가 아니라 권력이 힘을 과시한다.

'한국교회가 망하고 있다.' 이런 진단은 여러 사람의 입에서 오르내린다. 교회는 이를 바꿔야 한다. 목회자가 이에 앞장서야 한다. 교회가 더 어려워지고 있지만, 대안을 못 찾아 작은 배가 망망대해에 떠 있는 것 같은 형국이다.

번영신학은 산업화시대에 일리가 있었다. 정보화시대를 지나 인공지능 시대에 접어든 지금은 축소 지향적인 신학을 추구해야 한다. 많은 것을 쌓아둠, 권력에 취함, 건물을 크게 지음 등이 아니라 버릴 것은 버림, 작은 것을 소중히 여김, 사람에게 집중함 등으로 바뀌어야 한다.

필자는 교회가 권력이 아니라 사람을 키우는 것이 하나님의 뜻이자 교회가 나아갈 방향이라고 생각한다. 예수님은 열두 제자를 키우셨다. 교회는 외형적인 것보다는 내적인 것에 관심을 기울여야 한다. 당장, 그리고 지금! 그렇지 않으면 한국교회가 망해가고 있다는 말이 현실이 되어갈 것이다.

한국교회는 왜 극우화되었는가?

한국교회가 극우화되었다. 이는 생존의 몸부림인가? 아니면 무지의 소치인가? 이는 한국교회가 망해가고 있다는 것을 보여주는 것이라 생각한다.

한국 사회는 대체로 진보적이지만 교회는 더 보수적으로 가다가 극우가 되었다. 교회가 가지 않아야 할 길로 간 것이다.

한국교회가 왜 극우화로 갔나? 서교인문사회연구실 김현준 연구원은 극우가 된 것은 주로 교회의 양적 성장 정체 혹은 감소, 교회 신뢰도의 추락, 사회적 위상 및 특권 감소라는 위기에 따른 상대적 박탈감 때문이라고 설명한다. 즉 교세 감소를 만회하고 사회적 위상의 복원과 더 나아가 그것의 확대를 추구하기 위한 생존 동기라고 말한다. 과연 그럴까?

과연 교회의 생존 동기가 극우여야 했는가? 라고 질문하지 않을 수 없다. 극우가 아니라 교회의 본질만 붙들어도 충분히 생존이 아니라 사회에서 신뢰받을 수 있다. 문제는 교회가 가지 않아야 할 길인 보여주기 방식으로 갔기에 그러하다. 세상이 가고 있는 길을 거스르지 않고 세상보다 더 망국의 길로 가려고 한다.

교회가 극우가 되자 세상에 혐오를 조장한다. 포용과 배려를 추구해야 하는 교회가 정치적으로 되어 정치와 결탁한다. 교회가 혐오 정치를 시도하는 이유는 교회의 내부적 위기 요인을 외부의 탓으로 돌리는 일종의 '희생양 만들기'일 수 있다. 대표적인 것이 동성애이다. 죽어 가는 영혼의 구원에 초점 맞추기보다는 교회의 존재 이유를 부각하기 위한 정치적 제스처인 동성애에 목숨을 거는 것 같다.

한국교회가 극우화된 이유 중 하나는 반지성주의도 한몫한다. 반지성주의를 바라보는 시각은 여럿이 있지만, 필자는 교회가 세상을 한 방향으로만 바라보기 때문이라고 생각한다. 우물 안 개구리식 지식 탐구 결과라고 생각한다.

한국교회 극우 목사들을 필두로 한 반지성주의는 타락한 세상을 변혁하려 하지 않고 도리어 자신의 기득권을 강화한다. 세상이 극우 목회자 등을 사이비나 이단과 동일시하는 것은 교회에 대한 인식이 심각하게 왜곡되고 있다는 것을 말해준다. 교회의 산물인 극우 목회자와 같은 반지성적 모습은 교회에 극심한 피해가 되고 있다. 세상 사람들이 교회를 극우 목회자와 같은 부류로 인지하는 것에서 알 수 있다. 세상은 교회를 신천지, 통일교와 다르지 않고 본다는 말도 들었다.

교회 리더인 목회자는 지성의 바른 판단할 수 있을 때까지 자기계발에 심혈을 기울여야 한다. 자기계발을 하지 않으니 수준 낮은 리더에 위치해 있다. 지성으로 갈 동력이 부족하니 반지성으로 치우쳐 신앙만을 강조하는 것 같다.

강단의 설교는 신앙의 부흥과 신앙생활밖에 없다. 교인이 시민 교양인으로서의 삶을 살 수 있도록 설교할 능력이 없다. 목회자가 교양 쌓기에 주력해 시민으로 살 수 있는 신앙인을 양성해야 하는데, 도리어 권위적인 목회, 세상 권력을 쌓는 데 힘을 쏟고 있다.

목회자가 신앙인을 최고의 시민으로 살 수 있도록 인도하지 못하니 교인에게 신앙생활에 집중하라고 더 강력하게 요구한다. 교인이 하나님을 잘 믿고 교회에 헌신하는 것에만 초점을 더 맞춘다.

교인은 하나님을 알아야 한다. 잘 섬겨야 한다. 동시에 시민으로서의 삶을 멋지게 살아야 한다. 시민 교양을 세상보다 더 잘 갖춰야 한다. 그렇지 못하니 교회와 교인이 극우의 앞자리에 서 있다. 교회와 교인이 보여서는 안 될 모습이다. 교회와 교인은 극우가 아니어야 한다.

극우는 극단적이다. 하나님은 극단적이지 않다. 세상을 살리는 데 희생적이시다. 어떤 것이든 극단적이면 폭력적으로 된다. 극단적 이슬람은 폭력적이지 않은가? 교회가 극우가 되면 폭력적으로 갈 수밖에 없다. 극우 목회자가 주최하는 집회에 참석하는 사람들이 극단적으로 서부지방법원을 습격했다. 헌법재판소도 습격하겠다고 엄포를 놓는다.

교회가 극우가 되니 교회의 사명 중 하나인 세상의 빛과 소금의 역할을 할 수 없다. 사회의 정신적 지주 역할을 해야 하는데 한쪽으로 치우친 결과 정신적 지주는 고사하고 신뢰도가 바닥을 치고 있다.

교회는 세상의 조정자 역할의 책무가 주어져 있다. 극우나 극좌가 되면 조정자 역할 자격을 박탈당한다. 한 젊은이에게 물었다. "교회의 극우화는 어떻게 생각하는가?" 교회의 극우화를 나쁘게 말하지 않는다. 그저 교회에 어르신들이 많아서 그렇다는 식으로 말한다. 신학대학생의 비밀게시판의 글이 세상 어르신들의 생각과 거의 비슷하다는 말도 들었다. 그 말을 들으니 한국교회가 진짜 망하겠다는 생각이 든다.

불안한 교회가 점점 난폭해지고 있다

한국교회는 보수적이었다. 2024년 12월 3일 윤석열 대통령의 계엄령 선포 이후로 교회는 극우가 되었다. 극우로 치닫는 것은 교회 미래가 불안하기 때문이다. 예전에 누가 물은 적이 있다. "사역할 때 노선을 정한다면 진보가 낫느냐? 보수가 낫느냐?" 한국교회는 보수적인 색깔이 짙다. 하지만 극우로 갈 줄은 꿈에도 생각하지 않았다.

미래가 극도로 불안해진 것은 코로나 19로 교회가 수적으로 급격하게 줄었기 때문이다. 그때 축소된 한국교회는 코로나 이전으로의 회복의 기미가 보이지 않는다. 90% 이상 회복된 교회도 찾기 힘들다. 대부분 80% 전후 회복된 것 같다. 심지어는 50%에서 60%밖에 회복되지 못한 교회도 꽤 있다. 그러자 교회 미래가 불안해졌다.

코로나 19로 가장 타격을 많은 받은 것이 교회이다. 오프라인 예배 중지가 가장 큰 이유일 것이다. 또 하나는 사회의 변화에 대응하지 못한 탓도 있다. 교회는 성경만 알면 다 된다는 식으로 일관했다. 세상이 바뀌자 허둥지둥 대기 바빴다.

가장 큰 타격이 다음 세대와 30·40이다. 다음 세대와 30·40은 완전히 무너졌다고 할 정도다. 교회의 허리인 30·40이 보이지 않자 다음 세대가 문을 닫는 작은 교회가 속출했다. 교인 숫자가 급격하게 감소함으로 교회 미래가 몹시 불안해졌다.

불안해지자 점점 난폭해지면서 극우로 간 것이다. 극우 교회는 살 길을 찾은 것이라고 하겠지만, 죽을 길로 간 것이라 생각한다. 미래가 불안하지 않으려면 하나님께 민감해야 한다. 동시에 사회의 변화, 사람의 마음에 민감해야 한다. 교회는 오로지 하나님의 말씀만 있으면 된다는 추상적인 생각에 만족하면 미래는 더 불안해진다. 코로나 19가 교회는 세상에도 민감해야 함을 확실하게 알려주었다고 생각한다.

지금 교회의 미래가 몹시 불안하다. 불안은 젊은 목회자를 목회 포기로 몰아가고 있다. 이를 대변하는 것이 우파 포퓰리즘이다. 한병철은 《불안사회》에서 불안하면 대중을 우파 포퓰리즘으로 인도함은 물론 혐오를 선동한다고 말한다. "만연해진 불안의 분위기는 희망의 싹을 질식시킨다. 불안으로 인해 우울한 기분이 널리 퍼진다. 불안과 르상티망Ressentiment은 대중을 우파 포퓰리즘으로 인도한다. 그리고 혐오를 선동한다. 연대와 친절과 공감은 서서히 붕괴된다. 증가하는 불안과 커지는 르상티망은 사회 전체를 난폭하게 만든다. 그러다 종국에는 민주주의를 위협한다. 버락 오바마 미국 전 대통령은 퇴임 연설에서 이같이 말했다. '민주주의는 불안에 굴복하면 무너지게 됩니다.' 불안과 민주주의는 양립할 수 없다. 민주주의는 화해와 대화의 분위기 속에서 그 꽃을 피우기 때문이다. 자기 의견이 절대적이라고 주장하면서 타인의 이야기를 경청하지 않는 사람은 민주 시민이라고 할 수 없다."[2] 교회가 불안해진 것은 하나님께 더 집중하지 못한 것과 세상 이야기를 경청하지 않은 결과이다.

교회의 사명은 죽어가는 세상에 생명의 방주가 되는 것이다. 도리어 세상에 혐오를 부추기니 교회의 진면목인 연대, 친절, 그리고 사랑과 공감은 서서히 붕괴되었다.

한병철 교수는 불안하면 자유가 없는 공동체가 된다고 말한다. "불안이 지배하는 곳에 자유란 없다." 다른 말로 평안할 수 없다는 말이다. 불안과 자유는 서로 배타적이다. 평안과 불안도 상호배타적이다. 배타적인 것이 공격적으로 변한다. 교회가 그 길로 가고 있다. 교회는 난폭한 극우가 되면 안 된다. 사랑, 관용, 그리고 친절의 예수님의 십자가로 가야 한다.

교회 위기의 해결책은 있는가?

교회가 위기 속에 있다. 그 해결책은 있는가? 없다고 보는 것이 맞다. 있었다면 영적으로, 본질적으로 해결하기 위해 진심으로 달려들었을 것이다. 교회가 그저 바라만 보고 있거나 방황하고 있는 것, 코로나 19 이전의 방법으로 목회하는 것을 볼 때, 교회는 해결책을 갖고 있지 않다.

코로나 19 이전에 한국의 초대형교회는 한국교회를 앞장서 이끌었다. 코로나 19가 끝나자 세상은 완전히 다른 세상으로 바뀌었다. 초대형교회 목회프로그램이 전혀 먹혀들지 않는다. 그들은 목회 비전을 제시하지 못하고 자기들 몸집 지키기만 하고 있다. 지금 작은 교회는 초대형교회 목회프로그램이 별 쓸모가 없다는 것을 인지한다. 더는 대형교회 주변을 기웃거리지 않는다.

초대형교회는 자신이 나아갈 방향성을 못 찾고 있다. 인공지능 시대 이전부터 세상은 양질의 콘텐츠를 요구했다. 코로나 19가 발생하자 오로지 예배 드릴 수 있기만을 바라볼 뿐이었다. 콘텐츠 세상을 준비하지 못했으니 세상을 교회로 끌어들이지 못하고 있다.

교회가 하드웨어 중심일 때는 중요한 기능을 했다. 콘텐츠 시대로 바뀌자 교회는 세상과 견줄 만한 콘텐츠가 빈약함을 깨달았을 뿐이다. 설교 콘텐츠부터 세상보다 뒤떨어져 양질의 세상 강의에 밀려 맥을 못 추고 있다.

황인권은 《5無 교회가 온다》를 통해 그중 한 가지가 '성경공부가 없다'라고 말한다.[3] 성경공부가 없다는 것은 양질의 세상 강의와 경쟁할 준비된 선생님과 교재가 없다는 말이다. 즉 콘텐츠로 교인을 끌어들일 수 없는 상황이 되었다는 것이다.

교회가 신뢰도, 호감도는 물론 교인 수가 추락했는데 대응이 없다. 시간이 흐르면 교회는 사회에서 신뢰가 더 추락해 목회가 더 힘들어질 것이다. 《셜록 홈즈의 모험》에서 손님이 5만 파운드를 주고 맡긴 녹주석을 찾기 위해 셜록 홈즈를 찾았지만 우리는 누구를 찾을 것인가?

런던에서 규모가 큰 민간 은행 중 하나인 홀더와 스티븐슨 은행의 사장인 알렉산더 홀더가 셜록 홈스 사무실로 급하게 들어온다. "홀더 씨는 다시 한번 심호흡을 하더니 마침내 이야기를 시작했다. '나는 사실 시간이 없소이다. 그래서 경위가 당신에게 도움을 청해보라는 말을 듣고 이렇게 헐레벌떡 달려온 것입니다. 난 기차를 타고 여기까지 왔어요. 있는 힘을 다해 뛰고 또 뛰었습니다. 눈 때문에 마차는 거북이걸음을 했지요. 그래서 이렇게 숨이 찼던 겁니다. 평소에 전 운동을 거의 하지 않거든요. 이제는 한결 나아졌습니다. 이제부터 제가 처한 상황을 간단하게 설명해 드리겠습니다.' 홀더 씨가 설명해 준 내용은 이런 것이었다."[4] 은행장은 전 세계적으로 유명한 인사이자 권위 있는 상류층 집안사람에게 대출을 해주는 조건으로 담보를 받았다. 담보는 당시 영국의 가장 귀한 보물 중 하나인 녹주석으로 만든 왕관이다. 그는 5만 파운드를 주고 녹주석으로 만든 왕관을 보관 중이다. 하지만 지금 어디에 있는지 찾지 못하고 있다. 녹주석으로 만든 왕관을 찾기 위해 홀더가 다급하게 홈즈의 사무실에 들어온 것은 담보로 갖고 있는 녹주석으로 만든 왕관을 잃어버렸기 때문이다. 그는 기댈 곳이 없다. 오로지 명탐정 셜록 홈즈 뿐이다.

　교회는 교회의 신뢰도, 호감도 등의 추락을 어디에서 해결책을 찾을 것인가? 홀더가 도움을 받기 위해 헐레벌떡 달려왔듯이 교회도 도움이 필요한 대상을 헐레벌떡 찾아가야 한다. 누군가에게 찾아가 물어야 한다.

　우리가 물을 수 있는 곳은 두 곳이다. 하나는 성경이다. 하나는 세상이다. 특히 세상에 많이 물어야 한다. 세상에서 찾으려면 교회가 세상에서 어떤 위치에 있는지를 정확히 알아야 한다. 어떤 조직이든 해결책을 찾지 못하는 것은 자신을 과대평가했기 때문이다. 목회자는 자신을 '우물 안 개구리'로 여기지 않는다. 우물 밖 사람이라고 생각한다. 처음으로 교회를 대표하는 김장환 목사와 이영훈 목사가 채해병 특검으로부터 압수수색을 당했다. 교회의 과대평가가 불러온 아픔이다.

　김용택 시인의 《나는 당신이 어떤 사람인지 알면, 좋겠어요》에 〈나무는 정면이 없다〉[5]라는 시에서 자신을 정확히 보며 좋겠다.

"나무는 정면이 없다.
바라보는 쪽이 정면이다.
나무는 경계가 없다.
모든 것이 넘나든다.
나무는 볼 때마다 완성되어 있고,
볼 때마다 다르다.
새가 날아와 앉으면 새가 앉은 나무가 되고,
달이 뜨면 달이 뜨는 나무가 된다.

느티나무는 느티나무로 천년을 산다.
출생과 신분, 계급의 문제가 아니다.
사랑과 자유, 고른 평화의 문제다."

교회 입장에서 보면 문제가 없다. 세상에서 보면 보는 관점에 따라 문제가 크다. 바라보는 쪽이 정면이라고 하지 않던가? 교회는 세상에서 보는 쪽이 정면이라고 보면 해결책을 찾을 수 있다고 생각한다. 교회는 하나님의 목소리는 물론 세상의 목소리도 귀담아들어야 한다.

지금 '이대로'가 아니라 '하나님의 원대로' 탈바꿈해야 한다

교회는 이대로 가면 안 된다. 우리가 하나님께서 원하는 대로 가야 한다. 목회자는 교회가 망하는 길로 가도록 내버려 두면 안 된다. 교회가 살길로 가도록 목회해야 한다. 그러려면 혁명보다 어려운 변화와 혁신을 해야 한다.

교회가 가야 할 길로 가려면 많은 것을 버려야 한다. 하나님이 지키시고 싶은 것만 소중히 여겨야 한다. 교회가 지키고 싶은 것은 무엇인가? 물질인가? 김애란은 《안녕이라 그랬어》에서 젊은 시절 자신은 사람을 지키고 싶었는데 요즘은 재산을 지키고 싶어진다고 말한다. "젊은 시절, 나는 '사람'을 지키고 싶었는데 요즘은 자꾸 '재산'을 지키고 싶어집니다. 그래야 나도, 내 가족도 지킬 수 있을 것 같은 불안이 들어서요. 그런데 얄궂게도 남의 욕망은 탐욕 같고 내 것만 욕구처럼 느껴집니다. '기본욕구, 생존욕구' 할 때 그런 작은 것으로요. 그런데 그곳에 생존이란 말을 붙여도 될까, 그런 건 좀 염치없지 않나 자책하다가도, 자본주의사회에서 모두에게 떳떳한 선이란 과연 어디까지일까 반문합니다. 얼마 전 남편이 내게 말했습니다. '우리가 잘살게 되면 남을 돕고 살자.' 그런데 여보, 우리가 잘살게 되면 우리가 '더' 잘살고 싶어지지 않을까? 그때도 이웃이 생각날까? 그저 약간의 선의와 교양으로 가끔 어딘가 기부하고, 진보 성향의 잡지를 구독하는 정도로 우리가 좋은 이웃이라 착각하며 살게 되지는 않을까? 그러나 한동안 피하고 싶었던 무겁고 부담스러운 질문이 떠올랐습니다. 말 그대로 그것, '나라면 어땠을까?' 하는. 그게 나라면, 이 시장에서 이익을 본 게 나라면, 지금도 같은 질문을 할 수 있었을까? 대놓고 기뻐하거나 자랑하지는 못해도 적어도 깊은 안도감 정도는 느끼지 않았을까? 하고요."[6]

우리가 지키고 싶은 것이 교회이면 안 된다. 재산을 지키려 하면 안 된다. 하나님을 지키려 해야 한다. 지금 교회는 재산을 지키려 한다. 더 많은 세상 것을 지키려 한다. 교회가 부흥하니 더 부흥하려 했다. 교회는 부흥이 아니라 가난한 사람, 소외된 사람, 마음이 외로운 사람 등을 더 돌아봤어야 했다. 즉 하나님께서 원하시는 것을 해야 했다.

초대형교회는 더 많은 숫자, 더 큰 예배당, 더 많은 사례비를 챙기려고 하는데 그것을 버려야 한다. 가진 것을 자랑하지 않아야 한다. 자기만의 욕심을 버려야 한다. 초대형교회나 중형교회는 작은 교회, 삶이 힘든 사람들이 생존할 수 있도록 함께 해야 한다. 교회는 말씀에 어긋나는 것에는 관심도 두지 말아야 한다.

교회는 큰 것, 교회가 많은 것을 지양해야 한다. 어려운 교회와 힘든 이웃의 아픔을 함께해야 한다.

《목회트렌드 2026》은 무엇인가?

《목회트렌드 2026》은 목회트렌드 시리즈 네 번째 책이다. 이 책은 1부와 2부로 구성되어 있다. 1부는 2025년 주제인 리더십, 여성, 소그룹, 문해력을 다룬다. 2부는 2026년 목회의 트렌드를 다룬다. Chapter 1은 '기독교, 극단적인 것이 괜찮은가?'이다. Chapter 2는 '목회, 그 미래는 희망이 있는가?'이다. Chapter 3은 '목회, 상식이 통하는가?'이다. Chapter 4는 '설교, 신앙인을 넘어서 시민을 길러내고 있는가?'이다.

위의 네 가지를 다룬 것은 교회가 2026년도에 이루거나 방향성을 가져야 할 것들이기 때문이다. 네 가지 주제를 한국교회가 이룬다면 미래가 밝을 것이다. 교회는 세상에 꿈을 주는 곳이다. 한병철은 "꿈

없는 현재는 새로운 것을 만들어내지 못한다."[7]라고 말한다. 세상에 꿈을 주면 교회의 미래는 불안하지 않고 희망으로 가득 찰 것이다. 교회가 미래를 꿈꾸면 세상에 새로운 희망을 주게 된다.

지금의 교회는 세상에 새로움을 주고 있지 못하다. 20세기에 해 왔던 것을 재탕하기 바쁘다. 새로운 것을 만들지 못한다. 그 이유는 치열하게 기도하고 고민하지 않기 때문이다.

교회는 속히 극우의 길에서 벗어나야 한다. 그럴 때 세상이 교회에 희망을 건다. 교회는 극도로 상식적이어야 한다. 상식적일 때 세상을 살리는 희망을 품을 수 있다. 그리스도인을 신앙인으로 그리고 시민으로 세우는 설교로 재편되어야 한다.

PASTORAL MINISTRY TREND 2026

김도인 목사

〈아트설교연구원〉 대표이자 출판사 〈글과길〉 대표이다.
저서로 《설교는 글쓰기다》, 공저로 《세상이 원하는 교회, 교회가 그리는 교회》 등이 있다.

Contents

프롤로그 4

1부. 2025년 회고 25
1. 리더십 27
2. 여성 40
3. 소그룹 49
4. 문해력 63

2부. 2026년 전망 77

Chapter 1. 기독교, 극단적인 것이 괜찮은가? 79
1. 한국 극우 기독교의 등장과 발전 81
2. 정치에 길들여진 한국교회 94
3. 극단적 기독교를 넘어서 대안적 공동체로 자리매김하는 목회적 방향성 106
4. 정치를 외면한 교회, 정치가 삼켜버린 교회 119
5. 생각하는 힘을 잃은 기독교 137

Chapter 2. 목회, 그 미래는 희망이 있는가? 151
1. 어둠이 짙어지고 있는 목회의 미래 153
2. 세상의 다리가 되는 교회의 미래 161
3. 지속 가능한 목회를 위한 교회론 173
4. 가정과 교회의 신앙과 시민교육 186
5. 목회의 미래에 도움을 주는 AI 활용법 204

Chapter 3. 목회, 상식이 통하는가? 217
1. 비호감 시대의 미래를 여는 목회적 방향성 219
2. 목회자의 정체성 바로 세우기 232
3. 가정에서의 자녀교육 244
4. 그리스도인의 참 시민 되기 254
5. 상식이 통하는 교회를 위한 공공신학 272

Chapter 4. 설교, 신앙인을 넘어서 시민을 길러내고 있는가? 285
1. 균형 잡힌 기독교 세계관을 건축하는 설교 287
2. 세상의 빛과 같은 그리스도인을 위한 설교 300
3. 감성과 이성의 균형 잡힌 설교 311
4. 신앙교육과 시민교육의 균형을 이루는 설교 323

에필로그 337

저자 프로필 352

참고 자료 356

1부
2025년
회고

PASTORAL

MINISTRY

TREND

2026

1 리더십

리더십은 나아졌는가?

한국교회 리더십은 1년 전보다 나아지기보다 퇴보했다. 교회가 사회에서 종교로서의 역할을 하지 못한 데서 알 수 있다. 극동방송 이사장인 김장환 목사와 여의도순복음교회 이영훈 목사가 채해병 특검에 의해 압수수색을 당하기까지 했다. 일각에서는 종교탄압이라고 하지만 교회 리더십에 심각한 문제가 있었기 때문이다.

교회의 리더십이 무너지니 세상의 조정자 역할에서 밀려났다. 교회가 극우에 앞장서니 세상이 교회와 대화도 하려 하지 않는다. 결국, 교회가 세상에 유린당하기까지 했다. 교회의 리더십은 말도 안 되는 극우를 대표한다.

많은 목회자는 국민을 사지로 모는 윤석열 전 대통령의 계엄을 지지한다. 국가를 총과 칼로 통치하며 개인 이익의 장으로 만들려 했던 지도자를 지지한다. 그는 술을 퍼먹으며 독단으로 정치하는 무능한 지도자임에도 불구하고 그가 교도소에 있는 것이 합당치 않다고 말한다.

우리는 정의의 하나님을 믿는다. 정의와는 아무런 상관없는 윤석열 전 대통령을 지지하는 것은 교회의 리더십에 구멍이 뚫렸다고 말할 수 있다. 많은 목회자는 계엄이 정당하다며 침을 튀긴다. 그가 계엄령이 아니라 계몽령을 선포했다고 설교한다. 그것도 부족해 '윤석열 어게인'을 외친다. 교회는 자신의 생각과 다른 생각을 하는 교인을 빨간색으로 매도한다.

교회 리더십이 나아져야 하는데 더 퇴보한 것 같다. 리더들이 세상을 읽는 눈과 균형적인 식견이 부족하다. 세상의 지식인보다도 세상을 통찰하는 능력이 부족하다.

리더십의 영향력 약화는 교인도 목회자를 지식인으로 인정하지 않는 분위기에서 알 수 있다. 목회자의 영성은 어떨지 모르나 지성과 인격은 교인들이 더 낫다고 공공연히 말한다. 이를 결정적으로 만든 것이 극우 목회자 리더십이다. 이들은 사익 추구에 바쁘다. 이런 목회자를 존경할 교인은 없다.

교회의 리더는 극우 혹은 극좌여서는 안 된다. 예수님처럼 변호사여야 한다. 균형 잡힌 시각으로 세상의 평화와 안정 유지, 살만한 세상을 만드는 데 앞장서야 한다. 만약 한쪽으로 치우친 리더십을 발휘하면 사회에서 진정한 리더십을 기대할 수 없다.

목회자의 리더십은 부패하지 않았는가?

교회의 리더십이 나아지지 않았다. 도리어 리더십이 거꾸로 갔다. 즉 목회자의 자질이 뒤떨어졌다는 반증이다. 리더십 추락은 인공지능 활용 등에서도 알 수 있다. 목회자의 챗GPT 활용이 활발하다는 것은 공공연하다. 심지어는 설교문을 챗GPT에게 맡긴다. 이런 현상은 리더십 부패라고 할 수 있다.

필자는 아직까지 설교문을 쓰거나 책을 쓸 때 챗GPT 등 AI를 사용하지 않는다. 여전히 구글과 네이버 등의 검색을 한다. 챗GPT를 활용하면 창의적인 생각과 독서하는 것이 멈춰지기 때문이다. 즉 독창적인 생각의 수명을 다하게 되기에 그러하다. 우리나라 최고의 지식인 중 한 명인 유시민 작가도 챗GPT를 사용하지 않는단다.

언젠가 인지도 있는 목회자가 SNS에 글을 올렸다. 그 글이 챗GPT를 활용한 것이 드러나자 작은 소동이 일어났다. 세상이 발전할수록 목회자의 리더십이 발휘하려면 편한 방법이 아니라 어려운 방법을 선택해야 한다.

목회자가 쉽게 살면 교인을 죽음의 길로 이끈다. 목회자가 어렵게 살면 교인을 생명의 길로 인도받는다. 진짜 리더십은 편하게 사는 삶에서 나오지 않는다. 불편한 삶을 통해 발휘된다.

목회자의 리더십이 부패하면 안 된다. 리더십이 부패하면 교인의 신앙 생활이 힘들어진다. 이를 잘 보여주는 것이 이스라엘 역사이다. 그리고 우크라이나이다. 우크라이나가 러시아에 침략당한 것은 리더십의 실패에 기인한다.

우크라이나가 러시아로부터 독립할 때 탱크가 6,000대였고, 비행기가 2,000대였다. 2022년 러시아로부터 침략당할 때 움직이는 탱크가 200대, 비행할 수 있는 비행기가 100대뿐이었다. 당시 우크라이나는 정치가들의 부패로 리더십이 무너져 있었다. 국민은 코미디언인 젤렌스키를 대통령으로 선출했다.

리더십이 실패하자 나라는 전쟁으로 폐허가 되었다. 러시아에 침공당할 당시 우크라이나는 동유럽에서 두 번째로 못사는 나라였다. 리더십이 그렇게 중요하다. 목회자의 리더십에 따라 교회의 운명이 좌우된다.

나라의 리더십이 무너지면 국민의 삶이 피폐해진다. 소상공인인 동생이 전화로 하소연을 한다. 경력이 40년이 넘었는데 이렇게 장사가 안되는 것은 처음이란다. 코로나 19보다 훨씬 더 어렵단다. 어느 달은 20일이 지나가는데 한 건의 판매 실적도 없다고 나라가 이럴 수 있냐고 항변한다.

교회의 리더십이 부패하자 교회가 끝을 모를 추락으로 치닫고 있다. 2025년 1월 한국기독교언론포럼의 한국교회에 대한 언론인 인식조사 결과에서 '한국교회의 최대 선결과제'로 '세속화·물질주의' 44.4%,

'목회자 자질 부족'34.2% 등을 꼽았다. 부패하였는데 더 부패한 모습을 보이려고 목회자 정년 연장까지 하려 든다.

언론인들은 한국교회에 대해 비도덕적, 권위적, 폐쇄적, 세속적, 물질 욕심이 많다고 평가한다. 또한, 한국교회가 잘못하고 있는 점은 목회자 윤리문제가 첫 번째라고 말한다. 그리고 사회개혁 목소리를 내지 못한다거나, 약자 편에 서지 못하는 것을 지적한다.

지난해 예장통합 교단 내 설문 조사 결과에서도 한국교회가 해결해야 할 가장 큰 문제점은 '교인과 교회 지도자들의 신행信行 불일치', '목회자들의 윤리 도덕적 타락', '교회의 성장 제일주의와 물질주의' 등이라고 답했다. '한국교회 침체 원인'에 대해서도 마찬가지로 '교회 지도층에 대한 부정적 인식이 강하다', '목회자들의 윤리의식에 문제가 많다' 등으로 나타났다.

필자가 느끼기에도 목회자는 더 부패되어 가고 있다. 세상 사람들과 성직자의 구별점을 찾기 힘들어진 상태다. 리더십이 발휘되려면 먼저 목회자가 깨끗한 리더십을 발휘해야 한다. 김용택 시인은 《나는 당신이 어떤 사람인지 알면, 좋겠어요》에서 시인 쉼보르스카의 시에서 이런 구절이 있어서 놀랐다며 인용한다. "불미스런 일에 개입하지 않은 깨끗한 손을 믿는다."[8] 목회자가 들어야 하는 말이다.

역겨운 리더십은 아닌가?

세상이 목회자의 부패한 리더십을 보고 느끼는 감정은 역겨움이다. '역겹다'라는 말의 뜻은 '역정이 나거나 속에 거슬리게 싫다'이다. 목회자의 리더십에 이 말이 적용되어 매우 씁쓸하다. 목회자 리더십이 역겹게 느껴지지 않아야 한다.

예수님은 바리새인들의 행동을 역겨워하셨다. 그들이 아전인수 격으로 해석하는 것을 역겨워하셨다. 예수님은 바리새인에게 '화 있을진저 외식하는 서기관들과 바리새인들이여'라며 역정을 내셨다. 리더십을 기득권 유지에 쓰니 역겨운 것이 당연하다. 특히 그들과 정반대로 사신 예수님은 더 역겹다고 여기실 수 있다. 예수님은 바리새인을 "화 있을진저 외식하는 서기관들과 바리새인들이여 너희가 박하와 회향과 근채의 십일조는 드리되 율법의 더 중한 바 정의와 긍휼과 믿음은 버렸도다 그러나 이것도 행하고 저것도 버리지 말아야 할지니라 마 23:23."라고 말씀하신다. 그들은 박하와 회향과 근채의 십일조는 드리되 율법이 더 중한바 정의와 긍휼과 믿음은 버릴 정도로 탐욕이 최악이다. 그들은 탐욕도 탐욕이거니와 모든 걸 자기에게 유리한 쪽으로만 해석하는 이중 잣대를 들이댄다. 이런 모습이 역겹지 않을 수 없다.

예수님 당시의 바리새인과 지금의 목회자는 다른가? 별 차이가 나지 않는다. 목회자의 인격이 인간의 본성을 가리지 못하고 있기 때문이다. 목회자는 인간의 추악한 본성을 그대로 보여준다.

김인수의 소설 《설계자들》은 인간은 서로를 끊임없이 죽이면서 살도록 설계되었다는 것을 전제한 뒤 시작한다. 이 책에 한 창녀의 이야기가 나온다. 그녀는 역겨운 사창가가 싫었다. 하지만 사창가보다 더 역겨운 세상에서 살 수 없어 다시 그곳으로 돌아간다. 그녀는 세상 밖으로 나가는 게 더 두렵다.

장 폴 사르트르의 소설 《구토》는 프랑스의 작은 항구도시 부빌에서 고고학자 로캉탱이 느끼는 삶의 무의미와 구토감을 느끼는 것으로 전개된다. 로캉탱은 어느 날 참을 수 없는 구토감에 사로잡힌다. 갑자기 밀려온 구토로 벤치에 쓰러진다. 그 뒤 구토는 그를 떠나지 않는다. 역겨움은 더 심해져 간다. 그는 조약돌에서도 일종의 구토를 느낀다. 그에게 세계는 곧 역겨움이었다. 그는 벌거벗은 세계의 진실 앞에서 그 역겨움에 몸서리치며 구토한다. 그리고 혐오감과 떨쳐낼 수 없는 두려움을 느낀다. 로캉탱은 역겨움으로 세상을 살기 힘들어한다.

목회자는 세상이 우리를 역겨워하지 않는지 수시로 점검해야 한다. 주님을 믿는다는 사람들이 내뱉는 말, 목회자가 하는 행동 등이 역겨울 것이라는 생각이 든다.

목회자의 리더십이 교인이나 세상에게 역겨움을 주지는 않은가? 질문해야 한다. 세상은 김장환 목사와 이영훈 목사의 행동을 역겨워하는 것 같다. 목회자가 절대로 하지 않아야 할 임성근 전 해병대 1사단장 구명 로비 의혹 때문이다. 김장환 목사는 기도해 준 죄밖에 없다고 항변한다. 이를 보고 세상은 기도는 채해병을 위해 해야 하는 것 아니냐고 역겨워한다.

목회자의 리더십은 13세기 아시시의 성 프란치스코 같은 리더십을 발휘해야 한다. 그는 로마의 성 베드로 성당을 방문한다. 성당의 사치스러움에 엄청난 역겨움을 느낀다. 그 뒤 문간에 있던 거지와 옷을 바꿔 입고 그날 하루를 넝마 차림으로 구걸한다. 이 사건은 그가 창립한 '프란치스코회'의 방침을 세우는 데 큰 영향을 미친다.

목회자는 윤석열 전 대통령과 같은 악당을 비호하지 않아야 한다. 교회는 트럼프와 같은 그리스도인을 양산하지 않아야 한다. 비록 자신은 악당이 아닐지라도 악당을 두둔하거나 기도해주지 말아야 한다. 테오프라스토스는 "누군가가 악당과 친교를 맺는 이유는 결국 그 자신에게 악에 대한 욕구가 있기 때문이라고 주장한다."[9] 목회자가 악당과 친교를 맺는 것은 세상에 자신이 역겨운 사람이라고 만천하에 공포하는 것과 같다.

다름을 인정할 때 리더십이 발휘된다

세상이 목회자에게 원하는 리더십은 무엇인가? 다름을 받아들이며 다름에서 통일성을 찾을 수 있는 목회자이다. 목회자의 가장 취약점은 다름을 인정하지 않는 것이다. 불행하게도 다름을 틀림으로 인정한다.

미국이 위대한 나라가 된 것은 다름의 인정에서 비롯한다. 토마스 제퍼슨은 서로 다른 생각을 인정하고 그 속에서 발전해나가는 미국의 힘에 자부심을 느끼며 한 말이 있다. "우리 가운데 행여 우리 연방을 해체하자거나 공화제를 바꾸자고 하는 사람이 있다면, 그들을 제지하지 말고 자유로운 의견 개진의 상징으로 삼아야 한다. 우리는 그릇된 의견도 수용하며 그 의견에 맞서 이성적으로 자유롭게 논쟁을 벌일 수 있다는 사실을 보여주자." 미국이 세계 최강이 된 것은 다름의 가치를 인정했기 때문이다. 부경복은 《손석희가 말하는 법》에서 "다름을 인정할 때 하나가 될 수 있다."[10]라고 한다.

미국의 국장國章에는 "E pluribus Unum"이라고 새겨져 있다. '여럿으로 이루어진 하나'라는 뜻의 라틴어다. 참으로 독특한 문구다. 미국은 국가의 공식 의사표시로 국새를 찍을 때마다 자신들이 여럿으로 이루어졌다고 밝히고, 동시에 그럼에도 자신들은 하나라고 선언한다. 넓은 영토와 많은 인구, 다양한 인종과 민족들이 하나의 나라로 통합되어 세계 제1의 국가를 만들어낼 수 있었던 힘이 이 문구에 고스란히 드러난다.

교회가 가장 취약한 것은 다름이 하나가 된다는 것을 인정하지 않는 것이다. 다름을 인정하지 않으니 다른 것을 적으로 간주한다. 목회자가 세상에 대고 당신들은 틀렸다고 하면 교회의 말에 귀를 기울이지 않는다. 다름을 먼저 받아들인 뒤, 무엇이 다른가를 통해 틈새를 파고들어 복음을 전해야 한다.

목회자는 "인간의 존재 이유는 다양성에 있다."[11] 라는 말을 기억해야 한다. 존재 이유가 다양성에 있기에 인간의 삶이 즐겁다. 교단도 장로교, 감리교, 침례교, 성결교, 순복음 등 다양하다. 교단이 다르다고 이단이라고 하지 않는다. 다름을 인정하기에 기독교인이 숫자가 우리나라 종교에서 가장 많다.

목회자의 리더십 중 보강할 것은 다양성 존중 능력이다. 교회에 교인도 아주 다양하다. 아니 천차만별이다. 직분도 다양해 목사, 장로, 권사, 안수집사, 집사, 평신도 등이 있다. 교인의 직업, 생김새, 은사가 다르다고 문제 삼지 않는다. 이를 세상에도 적용할 때 리더십이 발휘된다.

유능한 리더는 다양성을 잘 받아들인다. 교인이 많은 목회자는 다양성을 당연시한다. 다양성을 인정하기 힘들면 소수의 교인을 대상으로 목회할 수밖에 없다.

교인이 많으면 다양한 부교역자, 다양한 당회원과 목회해야 한다. 다양성을 받아들이기 힘들면 목회를 혼자 해야 한다. 능력이 특출난 목회자는 다양성을 자연스럽게 여긴다.

조선 왕조 500년이 저물게 된 것은 쇄국정책이라는 획일화된 정책 때문이다. 세상이 더 넓어지고 다양해짐을 받아들이지 않고 오직 성리학만 주장했었다. 획일성 독재체제에서나 가능하다. 최재천은 《숙론》에서 "집단 창의성 collective creativity 은 다양성에서 나온다."[12] 라고 말한다. 목회자는 리더십에서 다양성을 인정하고 다름을 적절하게 활용해야 한다.

하나님만의 잣대로만 세상을 들이대면 다양성을 기대하기 어렵다. 최재천 교수는 잣대가 다양해야 창의성이 돋아난다고 말하며 교수로 살면서 학생들의 여러 다양성과 같은 견해와 다른 견해를 알고 사랑하는 시간을 위해 다면평가를 했다고 한다. 그는 "자연생태계의 생물 다양성을 보존하고 증진해야 하듯이 어떻게 하면 우리 교육계의 학습 다양성을 높일 수 있을지 진지하게 고민해야 한다."[13] 라고 말한다.

목회자는 세상을 하나님만의 잣대로 재는 것은 구원과 관련된 것만으로 족하다. 그 외의 것들에 다양성이란 잣대를 들이댈 때 리더십이 발휘된다.

목회자의 성장만큼 리더십이 발휘된다

리더십은 발전해야 한다. 발전하려면 성장해야 한다. 그 성장은 세상보다 인격, 감성, 지적으로 압도할 정도로 성장해야 한다. 이재명 대통령이 비주류에서 대통령이 된 것은 성장 때문이다. 배우 명계남이 이재명 대통령이 한 말을 이렇게 옮긴다. "줄도 빽도 없기 때문에 매일 성장하지 않으면 살아남을 수 없었다." 그는 "자신이 성장하기 위한 학습을 하지 않으면 책임 있는 일을 하지 못한다."라고 전한다. 그는 자신이 하고 싶은 일, 자신이 해야 할 일을 위해 성장하기 위해 끝없이 노력했다.

윤석열 전 대통령은 연설할 때 종이를 보고 그대로 읽는 리더이다. 이재명 대통령은 종이에 의존하지 않고 자신이 하고 싶은 말을 논리적으로 토해낸다. 둘의 차이는 술만 마시고 성장하지 않는 리더와 술은 마실지라도 성장을 꾀한 리더의 차이다.

리더는 매일 성장해야 한다. 교회 리더인 목회자도 매일 성장해야 한다. 성장하지 않으면 목회자의 리더십이 세상에서 전혀 먹히지 않는다. 목회자가 성장에 게으름을 피우는 것은 든든한 하나님 줄과 뒷배가 있기에 그런 것 같다.

목회자는 뒷배를 기대하지 않고 자신 성장에 특별히 관심 가져야 한다. 하지만 어떠한가? 미국에서 목회하는 한인 목회자 사이에서 한국의 특정 신학교 출신은 꼴통으로 취급받는다고 한다. 그 말을 듣는 것이 충격 그 자체였다. 그렇게 취급받는 것은 지적 실력과 인품이 부족함에도 성장하려 하지 않는 것에 있다.

필자는 카페에서 독서하며 글을 쓴다. 이유는 매일 눈에 띄게 성장하고 싶기 때문이다. 성장할 때 행복한 삶을 산다는 것을 안다. 성장 덕에 평생 일하며 살 수 있게 되었다. 필자는 아트설교연구원 회원들에게도 눈에 띄게 성장하라고 말한다. 눈에 띄는 지적인 성장, 영적 성장, 인품 성장이 있을 때, 세상과 교회에서 리더십이 발휘됨을 알기에 그러하다.

필자가 자주 가는 카페에서 책을 읽는 중년들이 늘어나고 있다. 교회 밖의 사람들은 아침부터 자기 계발에 열중이다. 교회 리더들은 그렇지 않다. 어떤 목회자가 한 말을 들었다. "책을 왜 읽느냐? 챗GPT로 글을 쓰면 되는데…" 이 말을 듣는 순간 교회의 미래가 보였다.

교회의 추락과 교회의 성장은 목회자가 키를 쥐고 있다. 목회자가 어떤 생각, 어떤 삶을 사느냐가 교회의 미래가 결정된다. 사람에게 24시간은 똑같이 주어져 있다. 그 시간을 어떻게 사용하느냐가 리더십 발휘 여부가 달려있다.

PASTORAL MINISTRY TREND 2026

김도인 목사

〈아트설교연구원〉 대표이자 출판사 〈글과길〉 대표이다.
저서로 《설교는 글쓰기다》, 공저로 《세상이 원하는 교회, 교회가 그리는 교회》 등이 있다.

2 여성

여성의 정체성을 바로 세워라

《목회트렌드 2025》에서 "여성은 다음 세대 양육의 키맨"[14]이라고 선언했다. 이는 단순한 수사가 아니라, 교회의 미래가 여성에게 달려있다는 인식이었다. 여성은 엄마로, 교육자로, 신앙의 선배로 누구보다 다음 세대와 직접 마주하는 존재이다. 이런 관점은 최근 한국교회 전반에 깔린 '다음 세대 회복'에 대한 관심과도 연결된다. 그러나 이러한 선언과 실제의 간극은 여전히 크다. 여성들은 다음 세대와 많은 시간을 보내지만, 그들이 겪는 정서적·영적 노동의 무게는 늘어나고 있다. 반면, 여성 자신의 삶과 내면에 대한 배움과 성장은 충분히 논의되지 않았다.

여성이 타인의 삶에 선한 영향력을 미치고 삶의 지혜를 전수하기 위해서는 여성 자신이 먼저 공부하고 자신의 목소리를 회복해야 한다. 자신의 외부에서 들려오는 목소리에 휩쓸려 가는 것이 아니라, 나아가야 할 자신의 길을 아는 것이 우선되어야 한다. 여성 개인에게 부여된 여러 가지 정체성을 주님 안에서 재정의 할 필요가 있다.

자신이 누구인지 알 때, 타인의 존재 의미를 알 수 있다. 주님께서 사랑하신 자신을 진정으로 사랑할 때, 타인을 사랑할 수 있다. 이를 위해 필자는 교회 공동체 안에 독서 모임과 글쓰기 모임을 제안했다. 비록 정확한 수는 알 수 없지만, 〈목회트렌드 2025〉 세미나 이후 여러 교회에서 이 제안을 따르려는 움직임이 있었다. 한 목사님은 지역 성인을 대상으로 글쓰기 모임을 시작하고 싶다며 연락을 해오기도 했다.

이러한 움직임은 일시적 프로젝트가 아니라, 교회가 여성의 정체성 회복을 돕는 장기적인 흐름으로 자리 잡아야 한다. 독서와 글쓰기를 통해 여성은 아름다운 외모의 강박으로부터, 순종이라는 전통적 프레임으로부터, '모든 것을 잘 해내야 한다.'라는 완벽주의로부터의 벗어날 수 있다. 필자는 작년 말, 〈목회트렌드 2025〉 세미나에서 '세대별 여성이 교회를 떠나가는 이유'에 대해서 강의했다. 세미나 후, 여성 사역자, 목회자 사모, 여성 교인들로부터 "당신의 말이 바로 우리의 이야기"라는 공감 어린 반응을 들을 수 있었다. 한국교회의 주류인 여성은 신앙 안에 있어도 때로 자신의 이름을 잃어버렸다. 아무런 존재감 없이 타인을 위해 희생하기도 했다. 좋은 아내, 자녀 공부를 성공시킨 능력 있는 엄마, 헌신적인 여성 성도로 보여야 했던 힘듦 속에서 겪었던 자괴감과 상실을 토로했다. 그들은 자신들의 이야기를 더 해 달라고 요청하기도 했다. 함께 정기적인 모이면 좋겠다고도 했다.

교회의 여성을 향한 환대는 그들이 겪어온 과거와 현재, 미래를 주님의 시각으로 다시 읽어내는 것이다. 가부장주의, 권위주의적인 시각에 가둬두었던 여성을 주님의 시각으로 다시 보아야 한다. 생애사 쓰기, 독서 모임, 여성 리더십 훈련, 작은 글쓰기 워크숍 같은 움직임들은 여성 개개인의 내면을 깨우는 촉매가 될 수 있다. 개교회에서 여성 교인뿐만 아니라, 여성 교인 리더 모임인 지역별 여전도회, 여성 목회자 연합 모임 등을 통해 진행되어야 한다. 함께 모여 기도하고 말씀을 공부하지만, 동시에 자신에 대해, 세상에 관해 공부하는 운동이 일어나야 한다. 올해는 그런 구조를 언급하는 것만으로도 한국교회 안에 잔잔한 물결을 만들었다. 어떤 교수님은 필자의 강의를 들은 후에, 페미니즘을 주장할 것으로 생각했는데 그러지 않아서 신선했다고 평했다. '페미니즘'은 현시대에서 무너진 여성의 인권을 세우고 회복하기 위한 운동이지만, 교회가 철저하게 그리스도 중심으로 움직이는 곳이라면 교회 안에 이 단어가 존재할 필요가 없다고 생각한다. 남자와 여자를 둘로 나누고, 그들의 역할을 고정해 놓은 것은 인간의 기준이지 주님의 기준은 아니다. 남자의 뼈로 여자를 창조하셨지만, 그것이 남자는 1번, 여자는 2번이라는 우열이 아니다. 서로 상호보완과 순환의 의미가 있을 뿐이다. 하나님의 창조 질서를 인간의 기준 없이 순수하게 이해하고 적용한다면 교회 안에 페미니즘이라는 단어는 필요하지 않다. 그러나 현실은 그렇지 못하다. 오히려 교회가 세상을 따라가지 못한다. 교회는 너무나도 성경을 자의적으로 해석하고, 기득권 세력을 유지하길 원하며, 위에서 아래로의 통치구조를 원한다. 교회는 세상의 페미니즘 운동에서 배워야 한다. 교회가 교회 안에서의 여성의 지위와 가치를 바로 아는 것에 전혀 흥미가 없기 때문이다. 정희진은 《페미니즘의 도전》에서 "여성주의는 남성과 여성 모두에게 자신이 어떤 존재인지 의문을 갖게 하고, 스스로 자신을 정의할 수 있는 힘을 준다. 여성주의는 여성만을 위한 것이 아니다. 남성에게, 공동체에, 전 인류에게 새로운 상상력과 창조적 지성을 제공한다."[15]라고 강조한다. 한국교회는 2025년뿐만 아니라 교회가 존재하는 모든 순간에 남성 중심의 수직적 구조 속에서 남성의 눈만이 아닌 여성의 눈으로 공동체를 바라보고 세상을 바라보아야 한다. 세상의 절반인 여성을 환대하는 교회가 되기 위해서는 남성만의 시각이 아닌 여성의 시각으로도 교회를 바라보아야 한다.

넘어짐 속에서도 희망을 발견하다

2025년은 교회 안에서 여성의 역할을 완전하게 회복한 해는 아니었다. 여성 리더십을 확대하자는 논의는 끊임없이 진행되었지만, 실제적인 제도 개선은 더뎠다. 강도권을 부여받은 여성 설교자들이 여전히 설교 기회를 얻지 못하고 있으며, 리더십의 자리에서도 배제되는 일이 빈번하다. 헌신과 순종은 여성에게 요구되지만, 결정과 권한은 교회 밖에 머물러 있는 구조가 반복되고 있다.

하지만 중요한 변화가 있었다. 바로, 여성들이 '말하기 시작했다'라는 점이다. 필자는 대학생 여성 청년과 글쓰기 공부를 진행했다. 한참 12.3 불법 계엄이 진행되고 있을 때였다. 이 청년은 필자에게 자신의 경험담을 나눴다. 교회의 장년 여성분들은 이 청년을 볼 때마다 광화문으로 가야지, 여의도 광장으로 가면 안 된다고 말했다는 것이다. 여의도 광장에 모여 12.3 내란 세력 척결을 외치면 죄를 짓는 것이라고 했다고 한다. 이 청년은 혹시나 자신만 계엄을 잘못된 것으로 생각하는 것은 아닌지 걱정하며 집회 장소로 향했다. '기독교인 젊은이 중 자신만 이 자리에 나와 있으면 어떻게 하나'라는 걱정을 안고 나왔다. 그러나 그의 걱정과는 달리 기독교의 이름으로, 교회의 이름으로 여성들의 단단한 연대를 마주할 수 있었다. 그때, 이 청년은 어른들의 말처럼 자신이 주님을 따르는 믿음을 저버리는 행위를 하는 것이 아님을 확신하게 되었다고 한다. 그들은 극우 기독교의 반대 자리에 서서 시민 사회와 함께했다.

젊은 세대의 여성들은 변화하고 있다. 침묵했던 이전 세대와는 다르다. 하나님 앞에서 당당히 꿈꾼다. 자신에게 부어주신 소명을 위해 앞으로 나간다. 어른들의 말에 잠잠이 침묵으로만 순종하지 않는다. 부조리하고 불평등하게 느껴지면 목소리를 낸다. 자신의 목소리를 감추지 않는다. 침묵하는 것이 미덕일 때도 있지만, 침묵을 깨야만 변화가 일어난다. 젊은 세대의 여성이 변화하고 있는 것처럼 젊은 여성 목회자도 변화하고 있다. 그들은 목소리를 낼 것이고, 자신들만의 공간을 만들어 낼 것이다. 그들이 만들어내는 파도는 거셀 것이다. 한국 교회가 자정되고 성숙하기 위해서는 목소리들이 일어나야 한다. 담임목사의 말이나 장로의 판단에 절대적으로 순종하는 구조를 넘어, 여러 사람이 자유롭게 말할 수 있는 공간을 내어 주어야 한다. 교회는 들을 준비를 해야 하며, 듣는 훈련을 해야 한다. 그럴 때, 교회는 진심 어린 사랑과 배려의 공간으로 거듭날 수 있다.

주님의 기준이 교회를 세우고 여성 목회자를 세운다

경력과 나이를 불문하고, 여성 목회자들은 조심스럽게 고백한다. 그들은 행여나 자신의 부족함 때문에 여성 목회자에 대한 편견을 확고히 하게 될까 봐 철저하고 더 철저하게 목회하려고 노력했다. 가정에서는 밥상을 잘 차려주는 아내로, 자녀들의 돌봄에 게으름이 없는 엄마여야만 했다. 신학교에서는 실력 없다는 말을 들을까 봐 기를 쓰고 공부해야 했다. 여성 목회자는 방언이나 치유 사역 등 은사 중심의 사역만 한다는 말을 듣기 싫어서 더 열심히 목회에 매달렸다. 출산이나 육아로 공동체에 폐를 끼치지 않기 위해 고군분투했다. 남자 목회자보다 못하다는 말을 듣지 않기 위해 전천후 사역자가 되어야만 했다.

여성 목회자는 피로하다. 이 모든 열심은 분명 주님을 위한 것이었지만, 동시에 '여성'이라는 이유로 배제되고 차별당하지 않기 위한 몸부림이었다. 주님이 중심이시고, 주님께서 세우신 교회 안에서 여성은 편견 없이 꿈꾸기를 원한다.

선교지의 교회에도 차별이 존재한다. 선교지의 종교적 배경과 문화가 그 이유이기도 하지만, 선교사의 배경도 큰 영향을 미친다. 동양 선교사의 경우, 가부장적인 유교 문화를 가지고 있고, 서양 선교사도 백인 남성우월주의를 가진 경우가 많다. 필자가 사역하는 곳에서도 이런 문화를 가진 교회가 존재한다. 여성은 담임목사가 되지 못한다. 한국교회로 치면 전도사에 국한된다. 더 심한 교회는 여성 성도는 찬양팀으로 섬기기는 하지만 앞에 서지는 못하고 자리에 앉아서만 해야 한다. 리더가 돌아가면서 말씀을 전하는 구조 속에서도 여성 지도자는 말씀 선포의 자리에서 배제된다. 정부 내각에서도 여성 장관의 수가 남성 장관보다 많은 이 나라의 교회 안에 남녀차별이 존재한다는 것은 이 나라의 문화도 작용하지만, 선교사 개인의 가치관도 한몫한다고 생각한다. 선교지의 여성에게 복음이 전해지고, 주님 안에서 자유가 주어진다. 그러나 그 자유에는 보이지 않는 벽이 있다. 주님께 헌신하는 자로 온전하게 꿈꿀 수는 없다. 정해놓은 선까지만 꿈꾸라는 것은 주님에게서 나온 기준인지, 사람이 정한 기준인지 우리는 진지하게 되묻고 상고해야 한다.

2026년 한국교회를 향한 질문

'여성'이라는 키워드는 한 해에 국한되는 트렌드가 아니다. 한국교회가 존재할 때까지 필요한 영원한 트렌드이다. 이제 한국교회의 2026년을 향해 질문한다.

- 교회는 여성의 과거와 현재와 미래를 환대하고 있는가?
- 여성은 교회를 통해 자신이 누구인지 알아가고 있는가?
- 교회는 '하는 척'을 버리고 진정으로 여성과 함께 교회를 이루는 공동체를 이루고자 하는가?
- 교회는 다양한 목소리를 들을 준비가 되어 있는가?
- 교회는 사람의 기준이 아닌 주님의 기준으로 정화될 준비가 되어 있는가?

"그간 너무 많은 침묵을 방관하고 용인했다. 만약 우리가 진정으로 이전과는 다른 미래를 원한다면, 그리고 역사의 과오를 반복하지 않고자 한다면 지금부터 우리가 해야 할 일은 정확하고 정직한 직시다."[16] 내란 사태에 맞서고 사유하는 9인의 여성이 쓴 《다시 만날 세계에서》의 마지막 페이지에 있는 문장이다. 여성이 여성 되지 못하도록 침묵하고 방관했던 교회는 이제 회피가 아닌 직시를 선택해야 한다. 공허한 외침으로 남지 않기 위해 다섯 가지 질문을 던진다. 이 다섯 가지 질문은 서로 다른 층위 같지만, 결국 하나의 중심으로 모인다. 여성과 함께 교회를 세워가는 것, 그것이 교회를 살리는 길이다. 이 질문에 대한 깊이 있는 고민이 여성을 살리고, 여성과 더불어 사는 남성을 살리고, 교회를 살릴 것이다.

PASTORAL MINISTRY TREND 2026

박혜정 선교사

알바니아 선교사로 GMP 개발연구위원이다.
공저로 《비록 존재감은 없지만 삶은 행복해》, 《오늘도 묵묵히》 등이 있다.

3 소그룹

소그룹이 2025년보다 활성화되었는가?

소그룹이 1년 전보다 활성화되었는가? '그렇다'라고 긍정적으로 답할 수 있다. 주위에서 소그룹에 관심이 높아지고 소그룹이 해결책이라고 생각하기 때문이다. 한 가지 아쉬운 것은 추락하는 한국교회에 소그룹이 대안이라며 소그룹을 활성화하는데 소그룹과 관련된 책은 거의 출간되지 않고 있다는 것이다.

교회는 소그룹을 활성화해야 한다. 목회자는 소그룹에 더 많은 시간을 할애해야 한다. 소그룹에 시간을 더 많이 투자한다고 소그룹이 만능이지는 않다. 하지만, 교회가 위기 속에서 소그룹을 통해 해법 찾기는 좋은 방안이라고 생각한다.

소그룹과 소그룹이 모여 교회가 되는 것이 아니다. 소그룹 그 자체가 이미 하나의 교회이다. 그렇다면 하나의 교회를 제대로 세우는 소그룹에 더 많이 고민해야 한다. 소그룹의 중요성 중 하나가 소그룹이 있는 교회와 없는 교회는 교회를 교회답게 만드는데 차이가 크다는데 있다. 소그룹이 있는 교회는 교회가 역동적이다. 교회가 친밀해진다. 교회가 따뜻하다. 교회가 건강하게 세워진다. 소그룹이 없는 교회의 교인은 교회로부터 받는 힘이 약하다.

교회는 소그룹이 있어야 한다. 할 수 있다면 다양해야 한다. 좋은 소그룹이 많은 것이 환영할 만하다. 소그룹이 교인의 삶 자체를 만들기 때문이다. 교인의 신앙인으로서의 삶을 하나님의 뜻에 맞게, 세상의 요구에 맞게 살아내는 것을 결정짓는 소그룹에 의해 결정된다고 해도 과언이 아니기 때문이다.

소그룹이 교인들에게 삶이 되는 것은 소그룹은 필수요소들을 지니고 있기 때문이다. 소그룹의 필수요소는 4가지다.[17]

첫째, 위로 향함: 하나님을 알고 그를 향해 나아감

둘째, 안으로 향함: 서로 사랑하며 서로를 더욱 깊이 알아감.

셋째, 밖으로 향함: 영혼에 대한 사랑과 열정으로 불신자들에게 나아감 소그룹 번식에 그 목적이 있음

넷째, 앞으로 향함: 새로운 리더를 세움

네 가지 요소는 소그룹으로 인해 교회다운 교회로 세우는 데 결정적이다.

AI 시대에는 소그룹이 더 중요해진다

AI 시대이다. 지각형Conception AI 시대를 지나 생성형Generative AI 시대를 살고 있다. 지금은 에이전트Argentic AI 시대가 되었다. 마지막 단

계인 물리적 Physical AI로 가고 있다. AI 에이전트는 환경과 상호 작용하고, 데이터를 수집하고, 데이터를 사용하여 사전 결정된 목표를 달성하기 위해 필요한 작업을 스스로 결정해서 수행할 수 있는 소프트웨어 시대를 말한다. 에이전트 AI 시대에는 사람이 배가 고프다고 하면 AI가 알아서 인터넷 창을 띄우고 검색하고 햄버거를 클릭하고 주문을 해서 배달까지 해준다.

지금은 챗GPT로 대변하는 생성형 AI가 활성화되고 있다. 생성형 AI는 그것이 무엇인가를 인지하는 것, 글쓰기, 그림 그리기 등으로 대변된다. AI는 필연적으로 우리 삶에 깊숙이 파고들 수밖에 없다. AI가 발전될수록 사람들은 더 외로워진다. 사람의 숨결과 감성을 더 필요로 하게 된다. AI 시대가 발전될수록 인간은 친밀감 있는 대화를 더 원한다.

AI 시대에 교회가 더 활성화되어야 할 것이 소그룹이다. 교인 간의 친밀감이 없으면 외로움만 느끼지 않는다. 우울감이 극심해진다. 세상에 AI 시대라면 교회는 소그룹 시대가 되어야 한다. 소그룹이 활성화된 교회와 그렇지 않은 교회 차이는 아주 클 것이다.

특히 내향적인 사람이고 민감한 성격의 사람이라면, 소그룹이 더 필요하고 중요하다. 이런 부류의 사람은 피상적이고 물질적인 주제의 대화를 지루하게 느끼기 쉽다. 이런 사람들은 잡담을 피곤해한다. 하지만 깊은 차원의 대화, 특히 공통의 관심사를 주제로 한 일 대 일이나 소그룹의 대화는 즐긴다. 이런 사람은 부담이 적은 소모임을 선택한다.

사람이 아닌 인공지능, 로봇 등이 세상에서 중요해진다. 인간은 더 소외될 확률이 높아진다. 할 수 있는 일이 줄어들어 인간 사이의 친밀한 소통이 더 요구된다. 그러므로 AI 시대로 발전될수록 교회에서의 소그룹은 목회의 대안으로 부상할 수밖에 없다.

소그룹이 교회의 미래이다

소그룹은 교회에서 중요하다. 교회의 미래를 만드는 열쇠이기 때문이다. 목회자는 목회에서 두 가지인 예배와 소그룹을 중요하게 여겨야 한다. 교인들이 중요하게 받아들이기 때문이다.

어느 교단 신학대학원에서 교수가 강의 중 학생들에게 질문했다. "본인들이 성도로써 이사를 가게 되어 교회를 찾을 때, 어떤 교회로 갈 것입니까?" 그들의 답변이 시사하는 바가 크다. 그들은 목회자 후보생이니 주일학교나 중고등부가 잘 되는 교회가 첫 번째였다. 두 번째가 소그룹이나 제자훈련 시스템이 좋은 곳이었다. 목회자 후보생에게 소그룹은 중요하다. 그 말은 교인들에게도 소그룹이 중요하다는 말이다.

필자도 목회에서 가장 관심 있는 중 하나가 소그룹이었다. 소그룹에서만 예수의 향기를 피어나게 만드는 것이 강했기 때문이다. 기도 운동을 할 때도 기도 그룹을 소그룹화했다. 소그룹으로 만들어진 모임이 기도 운동을 활성화하는 원동력이었다. 그리고 정기적으로 기도하게 했다. 소그룹이 활성화되지 않으면 기도의 열기가 쉽게 가라앉는 경험도 했다.

교회 크기가 어떻든 소그룹은 탈 교회 시대에 대안일 수밖에 없다. 특히 중소교회나 작은 교회가 살아남는 방법은 소그룹이다. 건강한 작은교회연합 건작연·대표 김태완 목사은 2024년 9월 8일 경기도 부천예인교회 정성규 목사에서 '탈 교회 시대 교회의 역할'을 주제로 연합 포럼을 개최했다. 이날 포럼에서는 실천적 대안으로 '소그룹 활성화'와 '선교적 교회'로의 변신이 제시됐다.[18]

목회데이터연구소는 소그룹이 불확실성 시대에 한국교회가 헤쳐나갈 돌파구라고 한다. "불확실성의 시대에 한국교회가 헤쳐나갈 돌파구가 있다면 우리 연구소는 그중 하나가 소그룹이라 판단했다."[19] 이 연구소에 따르면 신앙 성장에 도움을 준 사람은 '소그룹 리더/식구' 비율이 상대적으로 높다고 한다. 우리가 알듯이 소그룹 만족도가 높은 교인이 교회에 대한 만족도가 높을 수밖에 없다.

특히 청년에게 가장 중요한 것이 소그룹 활동이다. 역동적인 상태인 청년은 소그룹에서 모임을 갖는 것을 선호한다. 들리는 말로는 '소그룹' 활동이 어느 정도 잘 운영되는지에 따라 청년부의 성패가 좌우

될 정도라 한다.

　소그룹이 교회의 미래라면 소그룹 만들기, 활성화, 역동성, 방향성을 잘 잡아야 한다. 특히 소그룹 리더 양성에 시간 투자를 많이 해야 한다.

소그룹을 촘촘하게 만들어야 한다

교회는 시대에 맞게 문화, 취미, 신앙, 성경공부, 큐티, 운동 등으로 세분화해 소그룹을 활성화해야 한다. 교회가 추락하는 시대에 교회다운 역할을 수행하고, 교회다운 모습으로 세상을 향해 나아가려면 소그룹 활성화가 시급하다.

　주현재는《전지적 셀장 시점》에서 공동체의 소통의 중요성을 말한다. "한국교회는 세상과의 소통도 없지만, 공동체 속에서 서로 소통도 부족한 상태입니다. 세상을 사랑하고 관심을 가지며 소통하기 전에 공동체 내에 있는 사람들을 우선으로 먼저 사랑하고 관심을 가지며 소통해야 하지 않을까요? 그렇지 않다면 어떠한 프로그램과 이벤트 및 행사를 준비한다고 해도 공동체는 살아나갈 수 없습니다. 분열이 시작되었거나 이미 분열되고 관계들이 망가졌기에 밑 빠진 독에 물 붓기와 다를 게 없습니다."[20] 공동체의 소통이 활발한 곳이 소그룹이다. 소그룹이 신앙의 맛과 삶의 멋을 내려면 소그룹을 통해 교양 있는 교인 양성을 해야 한다.

소그룹이 많은 것만 좋다고 할 수는 없다. 그럴지라도 소그룹이 많으면 좋다. 많은 소그룹은 그물이 촘촘하듯 소그룹을 만들어야 한다. 김지겸 목사는 《목회트렌드 2025》에서 미국의 윌로우크릭교회는 2,954개의 소그룹이 운영되고 있다고 한다.[21] 교인들이 속하고 싶은 소그룹이 많다. 소그룹은 회원의 개인적 필요와 영적 수준에 따라서 다양하게 만들어진다. 다양한 소그룹의 종류이지만 4가지로 구별할 수 있다.

첫째 유형은 연령과 인생의 각 단계 Aged/Stage Based에 기초한다. 이 범주 안에 들어가는 소그룹은 주로 부부 소그룹, 가족 소그룹, 기혼 남성 소그룹, 기혼 여성 소그룹, 싱글 Single 소그룹 등이다.

둘째 유형은 필요 중심적인 소그룹 Need Based이다. 개인의 삶에 있어서 필요로 하는 영역을 복음으로 응답하기 위해 세워진 소그룹이다. 이러한 소그룹에는 이혼한 가정들을 위한 이혼 회복 소그룹, 사별한 가정의 회복을 위한 사별 회복 소그룹, 암 환자 가정을 위한 소그룹, 낙태나 아기 유산으로 인한 어려움의 회복을 위한 낙태·유산 회복 소그룹 등이다.

셋째 유형은 사역 Task 중심적인 소그룹이다. 이 소그룹은 회원들이 은사에 따라 섬기고 있는 목회 사역팀을 중심으로 구성된 소그룹이다. 예를 들어, 찬양팀 소그룹, 행사 장식팀 소그룹, 주차 사역팀 소그룹, 망치 사역팀 소그룹, 병원 선교 소그룹 등 사역을 위해 구성된 소그룹들이다.

넷째 유형은 개인이 가지고 있는 관심과 취미 Interest Based 에 따라서 구성되는 소그룹 범주이다. 주로 예수님을 모르거나 초신자들에게 가까이 다가가 복음을 전하기 좋은 소그룹의 유형이라 할 수 있다. 이러한 유형에는 다양한 스포츠와 축구, 배구, 자전거 소그룹, 컴퓨터를 좋아하는 사람들의 소그룹, 새가족을 위한 소그룹 등이 이에 속한다.

윌로우크릭교회는 아주 촘촘하게 소그룹을 만들어 교인이 원하는 것을 충족시켜 준다. 비록 몇천 개 소그룹을 만들 수 없을지라도 교회의 처지에 맞게 촘촘하게 만들어 교인들이 소그룹에 속하게 할 수 있어야 한다. 동시에 자발적으로 참여하고 싶은 소그룹이어야 한다.

소그룹을 촘촘하게 만들면, 자아실현, 좋은 취미생활은 물론 마음과 뜻이 통하는 모임이므로 마음껏 대화로 소통할 수 있다. 좋은 소그룹이 많으면 신앙과 시민으로서의 삶이 균형을 이루게 된다. 성장과 성숙으로 신앙의 균형을 이룰 수 있다.

신앙 성숙과 교양 있는 시민으로서의 삶은 저절로 이루어지지 않는다. 신앙 좋은 사람들과 교양 있는 시민으로서의 삶을 살면 성숙해진다. 동시에 힘들고 불편한 사람과도 함께 하며, 서로를 이해하고 성숙한 교인이 된다.

소그룹에서 목회의 승부를 걸어라

필자의 《언택트와 교회》에서는 온라인 시대의 소그룹에 대해 "소그룹에 사활을 걸라."고 말했다. "언택트가 우리에게 준 교훈 중 하나는 '소그룹이 답이다'라는 것이다. 소그룹은 어떤 상황에서도 모임을 이룰 수 있기 때문이다. 방역 지침 마지막 단계가 아니면 10명 전후의 모임이 가능하다. 교인 신앙의 질적 성장을 꾀하려면 교회에 좋은 소그룹을 활성화해야 한다. 나는 앞에서 모임 규모를 작게 쪼개라고 말했다. 이 말은 다른 말로 언택트 시대에는 소그룹이 답이라는 이야기다…언택트 시대에는 더욱더 교인에 대한 교육과 훈련에 집중해야 한다. 지금보다 배 이상 교회 리더 교육과 훈련에 집중해야 한다. 언택트 시대의 답인 소그룹의 성공 여부가 소그룹을 인도할 리더에 달려있기 때문이다."[22] 언택트 때만이 아니라 지금도 소그룹에 교회의 사활을 걸어도 후회하지 않을 것이다.

소그룹에 사활을 걸어야 하는 또 다른 이유가 있다. 소그룹을 통해 중독자가 치유하는 확률이 일반 정신병원에서 약을 통해 회복되는 확률보다 높기 때문이다. 일반적으로 정신병원에서 회복률이 1% 이상 정도이지만 소그룹을 통해 양육 받으면 회복이 5년 이상 지속되는 경우가 47% 이상으로 나왔다고 한다. 소그룹 양육을 통해 중독자가 치유하는 확률이 일반 정신병원에서 약을 통해 회복되는 확률보다 높다는 것이다.

소그룹 목회에 승부를 걸 때 가장 신경 쓸 것이 리더이다. 소그룹의 승부는 리더에 의해 결정되기 때문이다. 역동적인 소그룹 리더들은 다음과 같은 특징들을 가지고 있다. "첫째, 그들은 그룹의 구성원들을 사랑하고 아끼며 그들에게 한결같은 관심을 보이지만, 잘못을 그냥 보아 넘기지는 않는다. 둘째, 그들은 토론을 자연스럽게 이끌 줄 알지만, 주제에서 벗어나지 않는다. 셋째, 그들은 다른 사람의 이야기를 경청하지만, 한 사람이 대화를 주도하도록 놔두지 않는다. 넷째, 그들은 결속력이 강한 공동체 모임을 만들지만, 그룹원들이 불신자들에게 다가가는 것을 막지 않는다. 다섯째, 그들은 모임의 정체성을 세우는 데 많은 노력을 기울이지만, 그룹원들이 새로운 소그룹을 만들어 번식하는 것을 막지 않는다."[23]

소그룹의 승부는 어떤 방법보다 리더가 중요하다. 리더에 의해 좌우된다고 할 수 있다. 건강한 소그룹은 리더가 얼마나 바르고 건강하게 서 있냐에 따라, 리더의 역량이나 능력에 따라 결정되는 구조이다.

교회는 '리더가 어떤 사람이어야 하는가?'를 고민하고 기도함으로 리더를 세워야 한다. 리더의 사람 됨됨이, 즉 성품이 중요하다. 더행복한교회 담임인 손병세 목사는 소그룹 리더의 자격을 성품의 깊이로 본다. "소그룹 리더는 바로 그 '성품의 깊이'로 공동체를 이끌어가야 한다. 성품이 좋은 리더는 공동체가 잘될 때에도 교만하지 않고,

어려울 때에도 원망하지 않으며, 다른 그룹과 비교하거나 질투하지 않는다. 그들은 교회의 리더십에 신뢰로 반응하고, 셀원들을 예수님의 마음으로 돌볼 줄 안다. 가르치기보다는 들어주고, 판단하기보다는 함께 아파해주는 사람, 그런 이가 바로 건강한 리더다."[24]

소그룹이 더 중요해지는 시대에 교회는 소그룹에 승부를 걸어야 한다. 특히 리더 양성에 역량을 집중해야 한다. 그럴 때 소그룹에 건 사활이 빛을 발해 교회를 빛나게 한다.

가족 소그룹부터 시작해야 한다

소그룹을 가장 잘할 수 있는 것은 남성과 여성, 같은 연령대, 같은 직업, 동일한 직분 등이 아니다. 바로 가족이다. 가족 소그룹에서는 두 가지 주제로 활동해야 한다. 하나는 신앙 성숙이다. 다른 하나는 세상에서의 삶이다.

소그룹이 가족에서부터 시작되면 최고의 효과를 거둘 수 있다. 가족은 예배가 끝나면 식사를 하면서 들은 설교를 통해 신앙생활을 어떻게 할 것인가에 대한 소그룹 나눔을 해야 한다. 인도는 부모가 하는 것이 좋다. 때론 영적 지도자와 함께하면 더 효과적이다.

가족 소그룹에서는 신앙생활만의 대화 주제를 나누면 안 된다. 또 하나의 대화 주제인 "그리스도인이 시민으로서 세상을 어떻게 살 것인가?"도 포함되어야 한다. 만약 신앙만 나누는 소그룹이라면 반쪽짜리로 머문다.

작금에 그리스도인은 사회에서 시민으로서 더 이상 영향력을 발휘하지 못하고 있다. "기독교 기관들은 시민, 이웃 및 시장 참여자로서의 우리 삶을 형성하는 데에 더 이상 영향력을 발휘하지 못한다."[25] 그것은 가족 소그룹의 부재로 인한다고 생각한다. 가족에서는 시민으로서의 삶을 상세하게 대화할 수 있다. 토론을 통해 시민의 삶을 구체적으로 대화를 이어갈 수 있다. 가족 소그룹은 신앙교육과 시민교육의 장이 되면 좋다. 일반 가정 속에서 "가족 식사는 시민교양을 배우는 최초의 교실"[26]로 만든다. 교회는 교인이 신앙인과 시민의 삶을 균형 있게 살게 하는 장으로 만들어야 한다. 가족 식사가 신앙교육과 시민교육의 장이 되면 가족 소그룹을 만든 목적을 이루게 된다.

신앙의 유산을 물려줌으로 가정 안에서 제자를 양육하는 것은 중요하다. 가족이 아닌 타인을 위한 제자 양육도 필요하지만, 가정 안의 제자 양육은 필수적이다. 가정 안에서 믿음과 교양에 관한 양육이 시작되어야 한다. 이를 위해 가족 소그룹을 시작해야 한다. 지금이 그때라고 생각한다. 톰 크루즈 주연의 영화 〈미션 임파서블: 파이널 레코닝〉에 소매치기를 두 종류로 나뉜다. "훌륭한 소매치기냐 위대한 소매치기냐의 차이는 뭘까?" 의 질문에 "타이밍"이라고 한다.

필자는 유럽 여행 중에 소매치기를 세 번 만났다. 이 영화에서 타이밍이라는 말을 듣는 순간 무릎을 쳤다. 로마에서 당한 것은 소매치기범의 타이밍에 걸려들었다. 아테네에서도 주머니에 손이 들어왔지만, 눈치를 빨리 채 핸드폰을 지켰다.

목회자는 소그룹의 시기를 알아야 한다. 동시에 가족 소그룹 시기의 타이밍을 잘 맞춰야 한다. 그럴 때 다시 한번 교회는 세상에 소망이 된다.

선교적 소그룹이어야 한다

소그룹은 선교적이어야 한다. 선교적이지 않으면 고인물처럼 될 수 있다. 소그룹은 선교적이어야 하는 것은 소그룹이 전도에도 효과적이기 때문이다. 지구촌교회와 한국소그룹목회연구원은 '한국교회 소그룹 실태 조사'를 통해 기독교인을 대상으로 '전도 대상자를 교회에 초청한 적 있는가'라는 질문을 던졌다. 자료에 따르면 소그룹 활동자 20%가 소그룹 비활동자 9%에 비해 소그룹을 통해 전도 대상자를 2배 넘게 초청했다. 그렇다면 소그룹은 선교적이어야 한다.

박윤성 목사는 《포스트 코로나 시대의 리더십, 정의로운 교회》에서 소그룹은 선교적 소그룹을 지향해야 한다고 말한다. 그는 어떤 형태로든지 그리스도를 닮고 그리스도처럼 생명을 살리기 원하는 사람으로 만들어내는 것이 필수이다. 그러면 선교적 소그룹이 가능하게 된다고 한다.

"교회의 존재 목적은 이 땅에 하나님 나라를 구현하는 것이다. 이를 위해 주님의 지상명령을 수행하는 것이 중요하다. 그러므로 선교가 바탕이 되지 않은 교회는 교회라고 부르기가 민망하다. 좀 과격한 이야기이지만, 선교가 기본이 되지 않은 소그룹은 소그룹이 아니라고 말할 수도 있다. 그렇다면 선교가 기본이 되는 소그룹을 만들려면 어떻게 해야 할까? 먼저 방법론보다는 원론적인 이야기를 하고 싶다. 우리의 궁극적 목표는 선교적 소그룹을 만드는 것이다. 그런데 그렇게 하기 위해서는 먼저 그런 마인드를 가진 제자를 만들어야 한다. 제자가 되는 것이 먼저이고, 그렇게 만들어진 제자가 선교적 소그룹을 만들 수 있다."[27]

교인이 소그룹을 통해 만족, 기쁨, 감사로만 그치면 안 된다. 세상을 보는 안목이 넓어져야 한다. 그리스도로 세상을 품을 수 있어야 한다. 선교적 소그룹이 되면 교회됨을 이루게 된다. "소그룹은 단순히 교회의 부속 프로그램이 아니다. 교회됨을 이루게 하는 '본질'이다."[28]

PASTORAL MINISTRY TREND 2026

김도인 목사

〈아트설교연구원〉 대표이자 출판사 〈글과길〉 대표이다.
저서로 《설교는 글쓰기다》, 공저로 《세상이 원하는 교회, 교회가 그리는 교회》 등이 있다.

4 문해력

문해력이 나아졌는가?

목회자에게 문해력이 1년 만에 나아지기가 쉽지 않다. 그렇지만 목회자가 문해력 향상을 위해 노력하는데 충분한 시간이다. 목회자의 문해력은 향상은 독서로부터 시작한다. 필자의 생각으로 목회자가 독서를 별로 하지 않는다는 생각은 기우일까?

어느 교단의 30여 명 참여한 목회자의 모임에서 강의를 했다. 책도 판매할 수 있다고 해서 20권 정도 들고 갔다. 책은 고작 2권 팔았다. 책을 읽지 않는다는 것은 알지만 목회자가 책과 담을 쌓는다는 생각을 지울 수 없었다.

목회자의 문해력은 1년 전보다 나아졌는가? 단연코 아니라고 생각한다. 문해력 향상을 위해 노력한다고 생각하지 않기 때문이다. 도리어 더 나빠졌다고 생각한다. 동영상을 통해 일상을 살아가기에 그렇다.

목회자들이 좋아하는 것은 독서가 아니다. 자료 확보다. 즉 정보축적이다. 목회자를 가르치는 한 목회자에게 물었다. "왜 목회자들이 자료 수집에 열광하는가?" 자료가 있으면 마음이 놓이기 때문이란다.

그리고 자료가 목회라는 생각에서다. 이는 명백한 착각이다.

필자가 신학교 시절, 목회 초기에 '정보가 목회다'라고 했다. 당시에는 자료가 태부족이었기에 일리가 있었다. 몇십 년 지난 지금도 '목회는 정보력이다.'라는 생각한다고 하니 할 말이 없다. 필자는 "문해력이 목회력이다."[29]라고 확신한다.

자료가 목회력이라면 자료가 많은 사람이 목회를 잘할 것이다. 목회는 자료 많은 사람이 잘 하지 않고 문해력이 좋은 사람이 잘한다. 목회자가 많은 자료를 공급받았다고 그 자료로 목회하는가? 자료는 자료에 그친다는 말을 기억해야 한다. 자료를 활용할 능력은 문해력에서 나온다. 목회자의 많은 자료는 보지 않기에 어느 구석에 처박혀 있다. 아트설교연구원 회원 중에 필자의 자료를 정리하다가 필자를 알게 되어 '설교 글쓰기' 모임을 수강하는 목회자가 있다. 그에게 수많은 정보는 문해력을 키우는 동기가 되었다.

목회자들이 문해력 향상을 위해 시간을 투자해야 한다. 문해력이 목회에 절대적 위치를 차지하기에 그렇다. 김을호 교수는 "문해력은 갈수록 복잡해지는 세상에서 어쩌면 절박한 생존 비법으로 주목받을 가능성이 크다."[30]라고 예측한다. 문해력이 인공지능 시대에 생존 비법이라면 과한 말일까?

필자는 《목회트렌드 2025》에서 "목회력이 문해력이다"라고 강조했다.[31] 목회의 힘이 문해력에서 나옴을 17년째 목회자에게 글쓰기를 가르치면서 발견했기 때문이다. 스티브 잡스가 미국이 아이들에게 공부를 열심히 시키지 않으면 미국의 미래가 없다고 했다. 필자는 한국 목회자가 문해력이 특출나지 않으면 교회 미래가 없다고 생각한다. 목회를 잘하는 목회자 중에 문해력이 좋지 않은 사람을 본 적이 없다는 것을 목회자들은 꼭 기억해야 한다.

   초등학생 자녀를 둔 학부모 중 방학 동안 아이와 함께할 일 중 '독서'를 많이 꼽는다. 부모가 자녀의 문해력을 키워주기 위해서이다. 아이들이 스마트폰과 동영상 매체에 익숙한 세대로 자라나면서 문해력이 떨어지면 안 된다는 것이 부모의 생각이다.

   요즘 아이들이 이전 세대보다 문해력이 떨어진다는 지적이 많다. 동아일보 2022년 1월 5일 자에 〈아이가 책을 안 읽어요…학부모 고민 덜어줄 독서 교육법〉에서 이렇게 말한다. "'한글을 읽고 쓸 수 있는데도 대학수학능력시험에서 가장 어려운 건 국어 영역'이라는 말도 나온다. 2022학년도 수능에서 국어 영역 만점자 비율은 0.006%28명로 역대 최저였다. 방학 때 독서, 논술, 국어 학원이 붐비는 이유이기도 하다."[32] 아이들에게는 문해력이 대학 입시에 결정적인 키이다.

   목회도 문해력이 핵심이다. 목회를 잘하는 사람은 문해력이 좋다. 목회를 잘해야 하는 젊은 목회자는 문해력 향상에 집중해야 한다. 그럼 어느 정도까지 문해력을 증진할 것인가? 정보를 꿸 수 있을 정도여야 한다. 그리고 자신의 설교와 책을 쓸 수 있어야 한다.

챗GPT 시대에 문해력 격차는 더 벌어진다

챗GPT 시대이다. 지금은 챗GPT로 대변하는 생성형 AI 시대이다. 더 나아가 에이전트 AI 시대로 향해 가고 있다. 그 말은 문해력을 가진 사람이 득세한다는 말이다. 문해력이 뒤처지면 목회가 더 힘들다. 김지원, 민정홍은 《문해력 격차》에서 문해력 부족으로 삶을 고통스럽게 산다고 말한다. "지금 이 순간에도 우리 사회에는 문해력이 충분치 못해 고통스럽게 살아가는 수많은 사람이 있다."[33] 문해력 부족으로 삶이 고통스럽다.

목회자는 문해력 부족으로 목회가 고통스러운가? 고통스럽기보다는 챗GPT를 더 잘 활용하려고만 할 것이다. 챗GPT 시대가 된 것은 정보가 보편화되었다는 말이다. 질문만 잘 던지면 보편화된 정보를 내 것으로 만들 수 있는 시대다. 보편화된 정보의 시대가 되었다는 것은 자기만의 것, 남과 차별화된 것, 창의적인 것을 만들어야 한다는 도전에 직면했다는 것이다.

목회자는 챗GPT 시대에 문해력 향상에 더 심혈을 기울여야 한다. "문해력에서도 빈익빈 부익부 현상"[34]이 심해지고 있기 때문이다. 그뿐만 아니라 디지털 문해력의 격차도 더 벌어지고 있다.

챗GPT 시대에 뚜렷하게 드러나는 부익부 빈익빈은 독서하는 사람은 책을 더 많이 읽지만 독서하지 않는 사람은 책을 거의 읽지 않는다는 것이다. 기독교는 글의 종교이다. 기독교 리더인 목회자는 책을 더 많이 읽어야 한다. 목회자는 세상과 문해력 격차가 더 벌어지지 않도록 성장에 힘써야 한다. 목회자의 문해력이 뒤처지면 교인이 세상에서 방황한다. 문해력이 탁월하면 교인이 행복한 신앙생활을 한다.

우리나라는 반도체, 2차 전지, 전기 자동차 이 셋의 산업을 선도하는 유일한 나라이다. 이런 것이 어떻게 가능한가? 어느 나라보다 뛰어난 문해력 때문이다. 뛰어난 문해력은 음악, 영화, 드라마 등도 세계 최고로 만들 수 있었다. 필자가 아제르바이잔의 이체리셰헤르 icherisheher 전철역 앞에 앉아 있었다. 여러 생각을 하며 사람 구경을 하는데, 얼마 후 10명이 넘는 중학교 3학년 학생이 필자 옆에 우르르 앉는다. 첫 마디가 "코리안?"이었다. 깜짝 놀라지 않을 수 없었다. 대화에서 학생들은 한국을 무척 알고 싶어 하는 것을 알 수 있었다. 학생들은 한국과 서울 그리고 다른 도시 등을 묻는다. K-POP, K-드라마 등을 묻는다. 작은 나라 한국이 어떤 나라인지 궁금해한다. 한 여학생은 5년 전에 한국 여행을 했는데 너무 좋았다며 또 가고 싶다고 말한다. 다른 학생들도 한국에 꼭 방문하겠다고 약속했다. 세계에서 자랑스러운 한국이 된 것은 한국인의 문해력 덕분이다. 한국은 세상의 흐름을 읽어내는 문해력 덕분에 세계인의 선망의 대상이 되고 있다.

목회자는 시대에 맞는 문해력을 갖춰 목회해야 한다

왜 문해력이 목회력力인가? 문해력은 목회의 시작점이자 근간이고 결정타이기 때문이다. 만약 문해력이 좋은 목회자는 목회에 대한 정의를 스스로 내릴 수 있다. 처한 상황에서 목회를 어떻게 해야 하는지 대안과 답을 갖고 한다. 스스로 목회의 난관을 해결할 수 있다. 마치 숫자를 알아야 계산할 수 있는 것과 같이 목회한다. 반대로 문해력이 약점이라면 자신이 해야 할 목회를 잘 못 한다. 문제를 헤쳐나가지 못한다. 대안을 찾지 못해 목회에 고민이 깊다. 그 이유는 목회가 무엇인지 파악할 문해력이 없기 때문이다.

'시대가 원하는 목회자의 문해력은 무엇인가?'라는 질문에 정의를 내리고 목회해야 한다. 목회자는 교회 리더이다. 목회자가 맡겨진 교회를 합당하게 컨트롤한다고 세상이 여길 정도의 문해력을 갖춰야 한다.

교회 리더는 성경을 읽을 줄 아는 것에 그치지 않는다. 성경을 해석한 뒤 시대에 맞게 해석할 수 있어야 한다. 성경을 교인에게 시대에 맞게 적용할 수 있어야 한다. 교인이 삶의 현장에서 살아낼 수 있는 가이드가 되어야 한다.

목회자의 원 포인트로 설교할 수 있는 문해력이어야 한다. 원 포인트 글의 시대에 목회자는 쓰리 포인트 글에 그친다면 문해력이 심각한 수준이다. 시대가 원하는 목회자의 문해력은 글을 읽는 수준이 아니라 글을 쓰는 수준이어야 한다. 그리고 주제가 있는 책을 쓸 수 있는 최고의 수준에 이르러야 한다.

목회자가 세상과 교회 리더로서 문해력을 갖추려면 세 가지를 해야 한다. 첫째, 독서해야 한다. 책 읽기를 좋아해야 한다. 책을 읽되 맥락을 파악하며 읽어야 한다. 목회자는 신학, 인문학을 아우르는 독서를 통해 행간을 읽어내야 한다.

둘째, 교양미를 갖춰야 한다. 극우 목회자처럼 말도 안 되는 말을 하는 사람은 교양미가 없는 사람이다. 그는 제주항공 여객기 참사가 하나님께서 사탄에게 허락한 것이라는 망언을 서슴지 않는다. 무려 179명이 사망한 참사에 대해 "영적으로 보면 사탄이 이번 참사를 일으켰고 하나님이 허락한 것"이라는 궤변을 늘어놓는다. 문해력이 없으면 궤변밖에 할 수 있는 말이 없다. 교양을 찾기 어렵다.

셋째, 책을 쓸 줄 알아야 한다. 책을 쓰되, 대부분 목회자가 출간하는 설교집에서 머물지 않고 주제 있는 책, 탁월한 에세이, 시나 웹 소설을 포함한 소설을 쓸 수 있어야 한다.

지금 MZ세대의 문해력 저하 현상이 심각하다고 한다. MZ세대에 속해 있는 목회자는 더 심각할 수 있다. MZ세대는 책 대신 스마트폰을 즐겨보니 글을 읽어도 "이게 무슨 뜻?"이냐고 묻는다. 단어의 뜻도 잘 모른다. 목회자도 별반 다르지 않다.

인공지능 시대에 목회자는 절박하게 문해력 향상에 미친 듯이 매진해야 한다. 중국 대기업 화웨이는 한창때인 45세 이전에 미친 듯 일하자는 게 문화라고 한다. 미친 듯 일하기에 미국이 두려워할 만한 회사로 성장했다. 중국은 인공지능의 딥시크는 물론 세계 시장 점유율 70%의 드론, 60%의 전기차, 68%의 이차 전지, 40%의 로봇 등 인류의 미래를 책임질 분야에서 모두 최강이다.

문해력을 미친 듯이 늘리려면 미친 듯이 책과 씨름하고, 많이 생각하고, 글을 쓰는 등 하나님 사역에 미쳐야 한다. 필자는 하루 10시간 전후 문해력 향상에 힘쓴다. 이런 노력 덕분에 일을 쉬어야 하는 나이에 일이 더 많아지고 있다.

목회자는 이 시대에 독서를 두 가지 관점에서 바라봐야 한다. "첫째는 문해력 관점에서 보면 독서가 인공지능보다 낫다는 것이다. 둘째는 독서를 통해 인공지능을 잘 활용하는 것이다."[35] 문해력이 인공지능보다 낫다면 문해력 향상에 미친 듯이 매진할 이유가 충분하다.

지금 목회자의 문해력은 2025년보다 나아졌는가? 라는 질문에 진실하게 답해야 한다. 또한, 2026년에는 문해력 향상을 위한 구체적인 플랜을 가져야 한다. 작금의 교회의 위기는 문해력과 맞물려 있기 때문이다.

문해력이 교회를 살린다

문해력이 교회를 살린다는 것이 필자의 주장이다. 대다수 목회자는 교회를 살리는 것은 하나님만이 하실 수 있다고 항변할 것이다. 필자 또한 하나님께서 하신다고 믿는다. 인간적인 노력으로 가장 시간을 투자할 것이 문해력이라고 생각한다. 문해력을 향상하려면 독서부터 해야 한다.

최재천의 《최재천의 희망수업》에서 문해력 향상의 핵심인 독서에 대해 이렇게 말한다. "독서는 빡세게 하는 거다. 독서는 취미로 하는 게 절대 아니다. 기획해서 책과 씨름하는 게 독서다. 읽어도 그만 안 읽어도 그만인 책을 읽으니 나가 노는 게 낫다. 모르는 분야의 책을 붙들고 빡세게 읽어야 4차 산업혁명 시대에, 또 백세 시대에 그 많은 일들을 하면서, 엄청난 경험을 하면서 살아갈 수 있는 거다. 한 가지만 알아서는 절대로 살아갈 수 있는 시대가 아니다."[36] 그는 모르는 분야의 책을 들고 빡세게 읽어야 한다고 힘주어 말한다.

화웨이는 미친 듯이 일한다. 목회자는 독서를 빡세게 해야 한다. 필자는 독서할 때 하는 말 중 하나가 '독서를 빡세게 곧 몹시 힘들 정도로 하라'고 한다. 빡세게 하지 않으면 문해력 향상이 쉽지 않음을 깨달았다.

한국이 선진국이 된 것은 어머니의 극성스러운 자녀 문해력 향상

덕분이다. 부모의 극성으로 한국의 산업 분야는 세계 최고 중 하나이다. 조선, 철강, 방산 등에서 최고가 되었다. 방산은 유럽 등에서 인기가 높다. 특히 같은 K2 전차, K9 자주포, FA-50 비행기, 천무 등은 여러 나라에서 구매하고자 한다.

한국이 K-POP, 드라마, 영화, 2차 전지, 배터리 등이 세계적이라면 목회자도 세계적이어야 한다. 과거에는 한국교회가 세계 최고였다. 우리나라에서도 교회는 최고였다. 이제는 매우 아쉽다.

교회가 사회에서 혐오 대상이 되었다. 교회가 극우로 혐오 대상이 된 것은 목회자의 문해력 때문이라고 생각한다. 목회자는 사회에서 문해력도 최고인 것이 마땅하다. 그럴 때 복음증거에 힘이 실린다. "생각하지 않고, 묻지 않고, 지성을 배척하는 반지성주의가 복음의 능력을 막는다고 저는 생각한다."[37]라고 강영안 교수는 말한다. 교회가 추락했다. 이 추락에 문해력도 한몫했다.

화가도 문해력에 관심을 둔다. 목회자인 빈센트 반 고흐는 문해력 향상을 위해 독서했다. 그는 《반 고흐, 영혼의 편지》에서 문해력을 위해 힘 쏟은 것을 엿볼 수 있다. 그는 세계적인 화가이므로 팬이 많다. 한국에서도 그에게 관심이 많아 2023년과 2024년 연이어 〈불멸의 화가 반 고흐〉 전이 열렸다. 이 글을 쓸 때는 대전시립미술관에서 〈불멸의 화가 반 고흐〉가 전시 중이었다.

그는 동생 테호에게 쓴 글에서 문해력 향상을 위해 애씀을 기록한다. "그 후 진지하게 독서에 몰두했다. 성경, 미슐레의 프랑스 혁명, 지난겨울에는 셰익스피어의 빅토르 위고의 책, 그리고 디킨스와 스토, 최근에는 아이스킬로의 좀 덜 고전적인 여러 작가들, 마이너 계열의 위대한 거장 등…파브리터위스와 비다가 그 마이너 계열의 작가들에 포함되어 있다는 건 너도 알고 있겠지."[38] 이 책의 번역자인 신성림은 반고흐를 "'천재'도 '순교자'도 '광인'도 아닌 고민하고 노력하는 소박한 화가"[39]라고 소개한다. 고흐가 세계적인 위대한 화가로의 성장이 가능했던 것은 문해력이 근간에 깔려 있었기 때문이다.

안지현 서울대학교 인문대학장은 인문대 출범 50주년을 맞아, 앞으로의 인문대학의 역할은 무엇인가? 라는 질문에 이렇게 답한다. AI 시대에서 중요한 것은 문해력이라고 말한다. "우리 사회가 압축 성장을 하면서 가치 중심의 사회에서 이익 중심의 사회로 변했다. 이에 더해 기술 발전까지 극적인 속도로 이뤄지고 있다. 이제 서울대 인문대도 그에 적응해야 하는 때가 왔다고 생각한다. 인문대학과 인문학의 역할을 재정립해야 한다. 가령 AI 시대에서 인문학의 중요한 능력은 문해력이다. AI 시대에서 중요한 것은 데이터라고 하지만 그 데이터를 입력하고 읽고 분석하는 주체는 결국 사람이다. 중요한 것은 문해력이다. 연구진들이 데이터를 선별하고 잘 읽어내고 창의적으로 사고하는 방법을 가르치는 것이 앞으로 인문대 역할이다."[40]

AI 시대일수록 사람이 더 중요하다. 데이터를 선별하고 잘 읽어내고 창의적으로 사고하는 방법인 문해력을 가진 사람이 더 중요하다.

현재 목회 생태계는 점점 어려워지고 있다. 목회자는 이전보다 나약해지고 있다. 목회자의 문해력은 다른 분야 리더보다 더 허약하다. 세상 수준에 한참 못 미친다. 문해력이 다른 분야보다 못 미치니 교회가 사회에서 불신의 대상이 되었다. 그리고 수적인 추락에 대안을 갖지 못하고 있다.

톰 크루즈 주연의 영화 〈미션 임파서블: 파이널 레코닝〉에서 "우리 안에 선함은 타인을 선하게 함으로 판명돼."라고 말한다. 교회의 선함을 세상에 알리려면 세상에 선한 영향력을 주어야 한다. 그러려면 지적으로 누구보다 앞서야 한다는 전제가 붙는다. '문해력이 목회력'이라는 말을 통해 목회자 사회가 문해력 향상에 매진하길 기대한다.

PASTORAL MINISTRY TREND 2026

김도인 목사

〈아트설교연구원〉 대표이자 출판사 〈글과길〉 대표이다.
저서로 《설교는 글쓰기다》, 공저로 《세상이 원하는 교회, 교회가 그리는 교회》 등이 있다.

2부 2026년 전망

Chapter 1. 기독교, 극단적인 것이 괜찮은가?

Chapter 2. 목회, 그 미래는 희망이 있는가?

Chapter 3. 목회, 상식이 통하는가?

Chapter 4. 설교, 신앙인을 넘어서 시민을 길러내고 있는가?

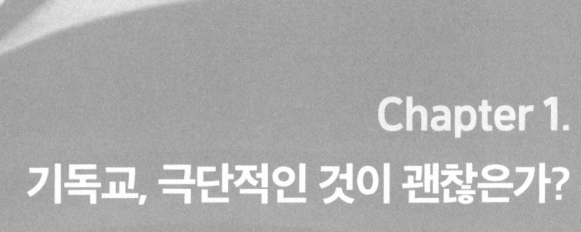

Chapter 1.
기독교, 극단적인 것이 괜찮은가?

PASTORAL

MINISTRY

TREND

2026

1 한국 극우 기독교의 등장과 발전

광장에 기독교의 두 얼굴이 존재한다

서울 광화문 광장, 또는 시청 앞 거리에서 '태극기'를 흔드는 사람들을 쉽게 볼 수 있다. 그들의 손에는 종종 성조기와 함께 십자가 깃발이 들려 있고, 간혹 찬송가가 울려 퍼진다. '하나님이 세우신 지도자'라는 식의 구호들이 특정 정당이나 특정 정치인을 지지하기 위해 동원된다. 낯선 조합이다.

그러나 한국의 일부 보수 기독교 세력에게는 매우 자연스러운 결합처럼 여겨진다. 실제로 2019년 이후 광화문광장에서 벌어진 대규모 반정부 집회에서 극우 목회자를 중심으로 한 한국기독교총연합회 세력이 주도권을 쥐고 "하나님이 세운 대통령을 지키자", "차별금지법은 동성애 독재" 등의 구호를 외쳤다. 이는 정치 신념과 종교 언어가 뒤섞인 대표적인 사례이다.[41]

이런 장면은 과연 기독교 신앙의 본질을 드러내는 것일까? 아니면, 신앙이라는 언어가 정치적 수단으로 전락한 결과일까? 지금 한국 사회에서 기독교는 양가적인 시선을 받고 있다. 한편으로는 여전히 사회적 신뢰와 도덕적 기준을 기대받는 종교이지만, 다른 한편으로는 정치적 극단성과 혐오의 언어로 주목받는 종교가 되어버렸다.

2024년 한국리서치의 '종교인식조사'[42]에 따르면, 기독교인 스스로는 '사랑', '믿음', '하나님', '구원'과 같은 신앙의 핵심 가치를 먼저 떠올렸지만, 비기독교인은 '목사', '전도'와 함께 '사이비', '이기적'과 같은 부정적인 단어를 가장 많이 연상하는 것으로 나타났다. 이는 천주교나 불교에 대해서는 상대적으로 중립적이거나 전통적인 이미지를 연상한 것과 대비된다. 이처럼 기독교의 대외 이미지는 내부 인식과 뚜렷한 괴리를 보인다.

한편, 성직자의 사회 참여에 대해서는 긍정적인 기대도 함께 드러났다. 조사에 따르면 국민의 83%가 종교 지도자는 '사회적 약자 보호'에 기여해야 한다고 응답했고, '인권침해 문제 해결' 69%, '환경문제 해결' 67% 등에도 높은 공감대를 보였다. 그러나 '정치적 갈등 해결'에는 단 31%만이 동의하였고, 무려 60%는 반대했다. 이 결과는 오늘날 시민들이 종교의 사회적 책임과 공적 참여는 요구하지만, 정치 개입에는 분명한 거부감을 느끼고 있음을 보여준다. 다시 말해, 종교의 광장 진출이 긍정적으로 평가되기 위해서는 그것이 '정의'나 '상식'을 향한 책임 있는 목소리여야지, 정치적 진영 논리에 휘말린 선동이 되어서는 안 된다는 명백한 사회적 메시지다.

극우 기독교는 이 시대 한국 기독교의 새로운 얼굴 중 하나가 되었다. 이는 단순히 정치적 성향의 문제를 넘어서, 한국교회가 과연 어떤 방식으로 공적 영역에 참여할 것인가 하는 공공신학적 과제로 이어진다. 특히 광장의 기독교가 보여주는 선동적 언사와 증오의 수사는, 복음의 언어와는 분명히 구분되어야 한다.

복음은 공적 책임과 함께 왔다

한국 기독교의 시작은 사적인 경건의 종교가 아니라, 공공의 삶을 변혁하려는 실천적 신앙이었다. 1885년 언더우드와 아펜젤러가 복음을 전할 때부터 기독교는 단순한 종교 전파가 아니라, 교육·의료·계몽·사회 개혁을 통해 근대 한국 사회를 새롭게 형성하는 도구였다. 개신교 선교사들은 고아원과 학교를 세웠고, 한글 보급과 여성 교육을 통해 기존 유교적 위계질서를 비판하면서 새로운 사회질서를 지향했다.

이러한 초기 한국 기독교는 '공공신학의 비자각적 실천'unconscious public theology이라 할 수 있다. 그들은 '세상을 향한 복음의 책임'을 자연스럽게 받아들였고, 복음은 곧 사회적 약자의 권리를 회복시키는 메시지로 작동했다. 1919년 3·1운동 당시 민족대표 33인 중 16명이 기독교인이었다는 사실은, 초기 기독교가 개인 구원에만 머물지 않고 민족과 정의, 자유라는 공공 의제에 깊이 관여했음을 보여준다. 초기 선교사들과 한국 기독교인들은 복음을 삶의 전 영역에 적용하는 방식으로 사회를 변혁하려 했다. 이는 아브라함 카이퍼의 "주 예수 그리스도께서 '내 것'이라 주장하지 않는 영역은 없다"[43]라는 명제와 상통한다.

복음은 교회당 안에 머무는 진리가 아니라, 거리와 시장과 정치와 법과 교육의 자리로 흘러들어가야 한다는 자각은 이미 20세기 초 한국 기독교의 실천 속에 존재하고 있었다. 그런 점에서, 한국 기독교의 초기 역사는 곧 '공공신학적 유산'이다. 이는 한국 교회가 단지 부흥과 성장을 지향하는 공동체가 아니라, 공동선 common good 을 추구하는 신앙 공동체였음을 증명한다. 오늘날의 기독교가 과연 이 유산을 어떻게 계승하고 있는지를 묻는 것은, 단순한 과거 회고가 아니라 현재 신학적 정체성을 점검하는 작업이기도 하다.[44]

한국 기독교는 냉전과 산업화를 통해 보수화되었다

오늘날 한국 극우 기독교의 정치적 급진화와 반지성주의는 단지 최근의 현상이 아니다. 그 뿌리는 한국 현대사의 전개 과정, 특히 냉전 체제와 산업화 체제 속에서 형성된 구조적 보수화에 깊이 연결되어 있다. 한국 교회는 20세기 중반 이후, 기독교 본래의 공공성과 예언자적 비판 정신을 점차 상실하고, 국가 권력과 이데올로기의 정당성을 제공하는 제도화된 종교로 자리잡게 되었다.

해방 직후, 미군정은 기독교를 공산주의에 대한 방파제로 활용했고, 교회는 자의적이든 타의적이든 반공 이데올로기를 복음과 동일시하는 신학적 프레임을 수용하였다. 이로 인해 기독교 신앙은 민족적 정체성과 결합되었고, 공산주의는 단순한 정치적 적대가 아닌 영적·윤리적 적대로 해석되었다. 이 과정에서 한국 교회는 체제 수호의 도구가 되었고, 반공주의는 신앙적 덕목의 일부처럼 자리 잡았다.[45]

6·25 한국전쟁은 이러한 경향을 강화시켰다. 전쟁은 한국 사회에 깊은 상처를 남겼지만, 교회에는 강력한 이데올로기적 정당성을 부여했다. 기독교는 자유민주주의와 자본주의의 수호자이자, 북의 무신론 체제에 맞서는 유일한 영적 담지자로 간주되었고, 이는 박정희 정권기에 들어서면서 제도적으로 더욱 공고화된다. 박정희 정부는 기독교를 경제개발과 사회 안정의 윤리적 기반으로 활용했으며, 교회는 그에 호응하여 산업화 국가 건설의 동맹자 역할을 맡았다.[46]

이 시기의 교회 성장과 보수화는 단지 신앙적 부흥의 결과가 아니라, 정치적 후견 속에서 체제 순응적 종교로 기능한 결과였다. 도시 중산층의 성장, 산업화, 경제개발이라는 외적 조건 속에서 대형교회들이 출현했고, 이들은 신앙을 "헌신과 헌금 → 축복과 성공"이라는 서사로 포장했다. 이러한 번영신학은 급변하는 사회에서 경제적 성공을 갈망하던 대중에게 매혹적인 메시지를 제공했으며, 동시에 교회 내부의 계층화와 자본주의 논리를 정당화하는 신학적 도구로 작동했다.

문제는 이러한 성장의 논리가 복음의 공공성과 선교의 윤리를 약화시키는 방향으로 작동했다는 점이다. 교회는 예언자적 비판보다는 국가 정책에 협조하고, 사회의 고통보다는 내부 안정과 성장에 집중하게 되었다. 정치 권력과 자본주의의 논리에 적응하면서 교회는 스스로 '거룩한 공동체'라기보다 '축복의 수혜자 공동체'로 재정의했고, 이는 이후 민주화 이후 교회가 공공영역으로 다시 진입했을 때 치명적인 약점으로 드러났다.

결국, 이러한 구조적 보수화는 오늘날 극우 기독교 담론의 역사적 기반이자 정서적 토양이 되었다. 반공주의와 성장주의, 정치 권력과의 결탁, 공공신학의 부재는 고스란히 현대 한국교회의 문제로 되돌아왔다. 특히 민주화 이후 교회가 다시 광장으로 진입하며 보수 정치와 결합한 모습은 단지 교회의 급진화나 왜곡이 아니라, 역사적으로 누적된 구조적 결과라 할 수 있다. 교회는 이제 신앙의 이름으로 정치적 적대와 혐오를 정당화하고 있으며, 복음은 더 이상 공동선을 위한 언어가 아니라, 정체성 수호의 도구로 소비되고 있는 것이다.

복음이 정치를 입었다

한국 보수 기독교의 극우화는 단지 신학의 보수화로 설명되지 않는다. 오히려 최근 한국 사회에서 확인되는 현상은 정치적 급진화이며, 그 중심에는 교회가 '복음의 이름'으로 정치 광장에 진입한 사건들이 있다. 2010년대 중반 이후 보수 교회의 일부는 기존 정치 질서에 대한 위기감과 종교적 위기의식을 결합하여, 복음을 정치적 정체성과 동일시하는 방식으로 현실 정치에 개입해왔다.

대표적인 사례가 바로 이른바 '태극기 집회'에 참여한 보수 교회들의 정치 동원 행위다. 박근혜 전 대통령의 탄핵 과정의 서울 도심 곳곳에서 열린 보수 집회는 단지 정치적 시위가 아니었다. 수많은 개신교 단체와 교회들이 조직적으로 참여했고, 설교는 정치 선동의 언어로 채워졌다. 복음의 이름으로 특정 정치세력을 지지하고, 반대 진영을 '공산주의', '반기독교' 등으로 규정하는 이분법적 언설이 강단과 광장 사이를 오갔다.

이러한 현상의 문제는 복음의 정치 참여 그 자체가 아니라, 정치적 진영 논리와 신앙의 무분별한 동일시에 있다. 복음은 언제나 사회적 약자와 억눌린 자, 정의와 화해를 지향하는 공적 가치의 언어였다. 그러나 오늘날 일부 교회는 복음을 정체성 정치의 도구, 또는 정치적 불안감을 종교적으로 정당화하는 장치로 사용한다. 그 결과 교회는 '공적 책임'을 외면한 채, 정치적 극단화의 한 축으로 기능하게 된다.

특히 정치 담론이 동원하는 신학 언어는 매우 공격적이고 폐쇄적이다. 예를 들어 "동성애는 사탄의 전략", "차별금지법은 기독교 탄압

법"과 같은 극단적 표현은 사회적 공감과 대화의 언어가 아니라, 대결과 적대의 언어다. 이러한 언설은 단지 교회 바깥의 비판을 유발하는 것을 넘어, 신앙 공동체 내부의 신학적 사유 능력마저 마비시킨다. 정치가 된 복음은 더 이상 사람을 살리는 말씀이 아니라, 특정 진영을 옹호하는 이념적 구호로 변형된다.

최근에는 이러한 보수 기독교의 정치 개입 방식이 오프라인 광장을 넘어, 디지털 네트워크를 통한 비공식적 정치 동원으로 확장되고 있다. 특히 카카오톡 단체방, 유튜브 채널, 교회 내 선교회 밴드나 문자 알림 등을 통해 정치적 가짜뉴스, 혐오 콘텐츠, 이념적 선동 메시지가 일상적으로 유통되고 있으며, 이는 신앙의 이름을 빌린 정치 선전의 사적 플랫폼화라 할 수 있다. 다수의 유튜브 채널들은 기독교적 외양을 띠고 있으나, 실질적으로는 정치적 음모론과 이념적 편향을 신앙 담론과 혼합하여 제공함으로써, 복음의 내용마저 왜곡하고 있는 실정이다. 이로 인해 신앙은 정보 소비 패턴과 정서적 분노에 결합된 형태로 소비되고 있으며, 교회는 점점 더 객관적 성찰보다 선택적 확증 편향의 공간으로 기능하게 된다.

보수 기독교는 '하나님의 뜻'이라는 언어를 독점한다

보수 기독교의 정치 담론에서 가장 폭력적이면서도 위험한 문제는,

복음과 정치 이데올로기의 결합 그 자체보다, '하나님의 뜻'을 독점하는 언어 전략이다. 이는 신학적 분석이 반드시 필요한 지점이며, 단지 정치적 수사 수준의 문제가 아니라, 신학의 진실성과 공공성에 직결된 중대한 과제다.

오늘날 보수 기독교는 특정 정치세력의 입장을 '하나님의 뜻'으로 선언하는 데 주저하지 않는다. 선거 시기에 "이 후보를 뽑는 것이 하나님의 뜻이다", "이 법안은 하나님의 창조질서를 파괴한다"와 같은 메시지는 교회 안에서 거의 계시적 권위를 갖는 주장처럼 받아들여진다. 이러한 언어 전략은 신자들에게 정치적 판단의 여지를 제거하고, 복음을 특정 입장으로 협소화하며, 신앙 공동체 내부의 성경적 분별 능력을 마비시킨다.

문제는 이 같은 언어가 표면적으로는 '신앙 고백'처럼 보이지만, 실제로는 신정 정치적 권위주의와 매우 유사한 구조를 띠고 있다는 점이다. 다시 말해, 하나님의 뜻을 특정 교회 지도자나 정치 선동자가 해석하고, 그 해석을 따르는 것이 신자의 복종이 되는 구조다. 이는 종교개혁 전 중세 교권주의의 권위 구조와 본질적으로 다르지 않으며, 교회가 신자에게 정치적 양심의 자유를 허용하지 않는다는 점에서 심각한 신학적 문제를 일으킨다.

'하나님의 뜻'을 정치화하는 언어는 다음과 같은 세 가지 왜곡을 초래한다. 첫째, 하나님의 뜻을 인간의 정치적 이해관계에 종속시킨다. 이는 신학의 자기파괴다. 하나님은 특정 정당이나 정치 노선의 전유물이 아니며, 성경은 그러한 편 가르기를 정당화하지 않는다. 둘째, 하나님의 뜻이라는 언어는 비판과 토론을 차단하는 절대 명제로 기능한다. 이로 인해 신자들은 다양한 사회 현상에 대해 질문하거나 이견을 표현하는 대신, '불순종'이나 '불신앙'이라는 낙인을 두려워하게 된다. 셋째, 이러한 언어 전략은 결과적으로 공공신학의 윤리적 언어를 훼손한다. 공공신학은 복음을 통해 사회적 갈등을 치유하고, 공동선을 추구하는 신학이지만, '하나님의 뜻'이 정치적 지시에 사용될 경우, 복음은 더는 공공을 향하지 않고, 자기 동일성 강화를 위한 도구로 전락한다.

이는 한국교회가 직면한 가장 본질적 위기 중 하나다. 하나님의 뜻이라는 언어는 본래 기도와 경청, 공동체적 해석과 공적 분별의 자리에서 숙고되어야 한다. 그것이 성경적이다. 그러나 지금 한국교회의 일부는 이 신학적 절차를 생략한 채, 자신의 정치적 메시지를 '하나님의 계시'로 포장하는 유혹에 빠져 있다. 이 지점에서 우리는 다시 공공신학의 윤리를 회복할 필요가 있다. 공공신학은 진영의 논리 대신 화해의 언어, 분열의 정치 대신 공동선의 상상력, 혐오의 구호 대신 복음의 윤리를 선택하도록 요청한다.

교회는 공공신학으로 회복해야 한다

한국 기독교는 오랜 역사 속에서 민족의 아픔을 함께하며 성장해왔다. 그러나 지금, 그 교회는 사회적 신뢰를 상실한 채 폐쇄적 이념 집단, 혹은 극우 정치의 동원 주체로 오해받고 있다. 복음을 정치적 구호로 오용하고, 혐오를 신앙적 확신처럼 발화하며, 디지털 공간에서 가짜뉴스를 유포하는 지금의 교회는, 스스로 복음의 진실성과 윤리성을 훼손하는 자기 파괴적 구조에 빠져 있다.

이러한 현실을 회피하거나 방어하는 것만으로는 교회가 회복될 수 없다. 지금 필요한 것은 신학의 방향 전환이며, 그 핵심은 복음을 다시 공공으로, 교회를 다시 세상 속으로 돌려놓는 것이다. 이를 위해 다음의 세 가지 전환이 시급하다.

첫째, 정치적 기독교에서 공공신학적 기독교로의 전환이다. 정치 개입 자체가 문제가 아니다. 문제는 정치화된 복음, 이념화된 신앙이다. 교회가 복음을 정당정치의 도구로 사용할 때, 복음은 세상의 빛이 아니라 정당의 확성기가 된다. 이제는 공공신학적 전환이 필요하다. 공공신학은 정치적 중립이 아니라, 공동선을 향한 책임 있는 개입이다. 그 기준은 성경이며, 그 방식은 이웃 사랑과 공동체 정의의 윤리를 따라야 한다.

둘째, 권위주의적 언어에서 경청과 분별의 언어로의 전환이다. '하나님의 뜻'이라는 선언은 절대적 권위로 받아들여지기보다, 공동체 안에서 해석되고 성찰되어야 할 신학적 언어다. 지금 교회에는 세상을 향한 선언보다 더 절실한 것이 있다. 그것은 묻는 언어, 경청하는 언어, 함께 고민하는 언어다. 특히 다원화된 한국 사회 속에서 권위주의적 목소리를 줄이고, 다양한 질문과 비판이 살아 있는 공동체를 만드는 것이 회복의 첫걸음이다.

셋째, 확증 편향의 디지털 공동체에서 신뢰 가능한 신학 공동체로의 전환이다. 카카오톡과 유튜브는 더 이상 단순한 소통 수단이 아니다. 그 안에서 정치적 선동과 신학적 왜곡이 결합된 가짜뉴스가 유통되며, 신앙은 그 피해자가 된다. 교회는 디지털 공간을 통한 잘못된 정보 소비 구조에서 벗어나, 공적 담론과 신학적 분별의 공간을 회복해야 한다. 교회 내 정보 공유와 설교, 교육 콘텐츠의 신학적 검증이 필요하다. 교인 스스로 신앙의 이름으로 유포되는 콘텐츠가 무엇을 말하는지를 비판적으로 읽어낼 수 있는 감수성을 키워야 한다. 미디어 리터러시 교육이 큰 도움이 될 수 있다.

이제 교회는 선택의 기로에 서 있다. 여전히 권력과 이념에 의존하여 안정된 정체성을 추구할 것인가, 아니면 복음 본연의 자리를 회복하여 사회 속으로 다시 나아가는 용기를 가질 것인가. 공공신학은 말한다. 교회는 세상 속으로 들어가되, 세상과 같아지지 않아야 하며, 정치적 이념과는 거리 두기를 하되, 공동선과 정의를 위해 침묵하지 않아야 한다.

특히 지금 필요한 것은, 건강한 보수 기독교가 극우 기독교의 폭력적 언어와 행동에 대해 분명한 선을 긋는 일이다. 일부 극우 기독교가 복음의 이름으로 혐오와 분열을 조장할 때, 이에 대해 침묵하는 보수 기독교는 무언의 동의를 보내는 것과 다르지 않다. 침묵은 종종 사회적 인식 속에서 '동일한 입장'으로 해석된다. 그 결과 한국 기독교 전체가 극단적 이미지로 낙인찍히는 현실이 만들어진다. 이제는 말해야 한다. "그것은 복음이 아니다"라고, "그런 혐오와 선동은 하나님의 뜻이 아니다"라고.

지금이야말로 교회가 복음의 빛을 다시 공공의 자리에서 회복할 때다. 그 회복은 교세가 아니라 신뢰로, 세를 과시하는 확성기가 아니라 예언자의 낮은 목소리로, 무엇보다도 자기 안의 극단과 결별하려는 용기로 시작될 것이다.

---- ◆ ---- PASTORAL MINISTRY TREND 2026

김민석 교수

백석대학교 조직신학 교수이다.
저서로 《Public Theology in Korea?》가 있다.

2 정치에 길들여진 한국교회

한국교회는 광장에서 성조기를 흔든다

한국교회는 왜 광장에서 성조기를 흔드는가? 광장이란 사회의 갈등이 응축되는 상징적 공간이다. 그 광장에 익숙하지 않은 풍경이 자리 잡았다. 찬송가가 울려 퍼지는 가운데 높이 들려 올려진 태극기와 성조기도 함께 한다. 이 광경은 한국교회의 현대사를 꿰뚫어 보여준다. 복음적인 교회가 아니라 극단적인 이념화의 교회를 보여준다.

해방 이후 한국 사회를 지배했던 반공反共 이데올로기와 밀접하게 맞닿아 있다. 태극기와 성조기를 든 극단적 기독교는 일제의 통치에서 벗어나자마자 남북분단, 6·25 전쟁으로 공산주의를 절대 악으로 규정했다. 그 이념의 대척점에 '기독교'가 있다.

미국은 단지 군사적 해방군이 아니라 자유민주주의와 자본주의, 그리고 기독교 문화를 함께 들여온 구원자의 이미지로 각인되었다. 이때부터 미국은 곧 기독교의 보호자, 자유의 수호자, 복음의 후견인으로 여겨지기 시작했다. 즉 미국은 신앙의 우방이자 체제 수호의 동맹국으로 자리매김하였다.

1980년대 군사독재 시절, 일부 교회는 민주화 운동에 동참하며 예언자적 역할을 수행했다. 신익상은 한국교회는 한국전쟁 이후 반공과 국가주의를 내세운 근본주의적 복음주의가 주류를 이루어 왔다고 주장한다. "한국교회의 주류는 한국전쟁 이후 숭미주의와 반공주의를 신앙 내면화한 근본주의적 복음주의였다. 이 복음주의는 미국의 복음주의와 절묘하게 연동한다. 미국의 경우 1920년대 태동한 기독교 근본주의의 문화적 정체성 운동은 1970년대 미국의 새로운 종교 우파와 21세기 초 부시 부자와 트럼프를 차례대로 미국의 대통령으로 만든 백인 복음주의 개신교인들의 문화전쟁을 거쳐 정치화되었다."[47] 교회는 광장에서 성조기를 흔들기 시작했다. 그 결과, 복음은 점차 초월적 진리로서의 기능을 상실하고, 반공과 국가주의라는 이념에 의해 색칠되기 시작했다.

근본주의적인 기독교 보수 신앙은 정치적 보수성과 결합하여 '기독교=우파'라는 등식이 굳어졌고, 그 흐름은 2000년대 이후 본격적으로 정치 집회로 확산되었다. 광화문 광장에서 성조기를 흔드는 것은 한국교회가 신학적으로도, 정체성적으로도 미국 복음주의와 이념적 보수주의에 얼마나 깊이 매몰되어 있는지를 보여주는 상징적 사건이다.

교회는 반공 이데올로기와의 결합으로 정치화되었다

한국교회는 일제 강점기 동안 두 가지 모습으로 비춰졌다. 하나는 서구 제국주의와 연결된 종교이다. 다른 하나는 민족운동과 결합하여 독립을 위한 정신적 지주 역할을 했다. 특히 3.1 운동에서 기독교계 지도자들의 적극적인 참여는 교회와 기독교 신앙을 '민족주의의 산실'로 자리매김하게 되었다. 이때부터 교회는 단순한 종교 공동체가 아닌 민족의 정신과 이념을 대변하는 기관으로 인식되었다.

해방 이후 한국 사회는 좌우 이념의 격렬한 충돌 속에 놓였다. 특히 미국 군정은 좌익 세력을 견제하기 위해 우익 인사들과 종교 세력, 특히 기독교를 체계적으로 지원했다. 당시 미국은 기독교를 자유민주주의의 파트너로 인식했고, 이는 한국 기독교가 '반공'의 최전선에 서는 결정적 계기가 되었다.

당시 많은 목회자는 미 군정의 지원을 받으며 학교, 병원, 교회 등의 사회 기반을 확장했고, 이는 교회가 곧 '국가의 우군'이 되는 계기를 마련했다. 1950년 한국전쟁은 교회가 반공 이데올로기를 더욱 공고히 하는 계기가 되었다.

전쟁 이후 미국 복음주의 진영, 특히 남침례교와 같은 보수 복음주의 선교 단체들은 대거 한국에 들어와 대대적인 선교와 자금을 지원했다. 이들은 철저히 반공적이며, 자유민주주의와 시장경제, 가족 중심의 도덕·윤리를 강조했다. 한국교회는 이들과 신학적으로도, 제도적으로도 결합하며 '미국식 보수 복음주의'를 한국에 이식받았다. 1970년대 박정희 정권 이후, 보수 기독교는 군부정권과의 유착을 통해 정치적 영향력을 확대해 나간다.

1980년 광주민주화운동 당시 일부 교단은 침묵하거나 오히려 '질서 회복'을 주장하며 권력에 협조했다. 이 시기를 거치며 보수 교회는 정치적 보수주의, 반공주의, 복음주의가 결합한 독특한 형태로 자리 잡게 된다.

반공 이데올로기와 보수 신앙의 결합으로 '복음'은 더 이상 예수 그리스도의 생명과 구원의 메시지가 아니라, 체제 유지를 위한 도구로 오용되었고, 이로 인해 교회는 점차 비판과 성찰의 기능을 상실하고 정치화되었다.

무비판적 '따름'이 극단적 한국교회로 전락하게 했다

일련의 과정을 거치며 한국교회는 극단적인 이념화 과정을 보인다. 극단적인 이념화는 무비판적인 극단적 '따름' 때문이다. 그 결과 '분별을 상실한 순종'을 한다. 극단적 따름은 비판적 사고 없이 지도자나 권력자, 이념과 이데올로기를 따랐다. 교회는 복음의 지혜를 잃고 더 분별력을 상실함으로 극단화로 갔다. 극단화되면 지도자의 오류마저도 신적 계시로 받아들인다. 외부의 비판은 핍박으로 규정한다.

극단적 따름에는 필연적으로 카리스마적 지도자의 등장과 결합된다. 이 과정에서 목회자는 영적 지도자의 권위를 넘어선 통치자로 인식된다. 모든 권위는 하나님께로부터 위임받은 권위다. 하지만 극단적 따름이 시작되면 위임에 대한 성경적인 권위를 무시한다. 성경이 말하는 영적 지도력의 권위 위임에 대해 R. C. 스프로울은 이렇게 주장한다. "궁극적으로 모든 권세는 하나님께 있으며 따라서 하나님이 권세를 위임하지 않으시면 어떤 기관이 사람도 권세를 부여받을 수 없다. 내가 내 삶의 모든 영역에서 행사하는 일체의 권세는 이 질서에서 파생되고 지정되고 위임받은 권세다."[48]

극단적 따름으로 세워진 지도자는 하나님의 권위 위임을 무시한다. 그는 스스로 힘의 권위를 사용한다. 대중의 힘을 얻으면 더 극단적으로 '하나님의 대리자'의 지위를 스스로 부여해, 목회자의 발언은 성경보다 앞서게 된다. 왜 극우 목회자의 하나님에 대한 망언과 모독이 잊을만하면 나오는가를 알게 해준다. 역사학자 찰스 비어드는 "신은 사람을 부패시키기 위해 권력을 안긴다."라고 말했다. 한번 권력에 도취되면 양심마저 마비되기 쉽다고 했다.[49] 극단적으로 흐른 기독교는 권력을 쥐려고 하고, 권력을 추종하고, 복음의 능력이 마비된 상태가 된다. 비어드의 통찰력은 단지 정치적 권력에만 해당되지 않는다. 종교적 리더십인 교회 안의 영적 권위에도 똑같이 적용한다.

극단적으로 따르게 된 교회는 스스로 비판할 수 없고 하지도 않는다. 교회 내 문제를 지적하면 '영적 공격'이나 '불순한 의도'로 간주한다. 의문을 제기하는 자는 공동체로부터 배제되거나 '믿음 없는 자'로 낙인찍는다. 세상이 희망도 없고 답이 없는 공동체라고 인지하기 시작한다. 세상은 작금의 교회가 사라져도 이상하게 여기지 않는다.

교회는 극단적 따름을 극복해야 한다

교회는 극단적 기독교로 사회에 존재하면 안 된다. 하나님의 교회로 존재해야 한다. 예수님께서 하신 말씀인 "나를 따르라"라는 명령은 기독교 신앙의 핵심이다. 그러나 극단적인 기독교가 되면 신앙의 따름이 인간 지도자나 이념에 대한 맹종으로 변질된다. 더 이상 제자의 길이 아닌 정치와 결탁한 극단적인 교회의 길로 간다.

오늘날 한국교회가 처한 극단주의의 문제는 단지 정치적 선택의 결과만이 아니다. 그것은 오랜 시간 누적되어 온 극단적 따름의 영성, 즉 비판 없는 복종과 맹목적 충성의 문화에서 비롯된 구조적 결과다. 교회는 극단적 기독교로 가면 안 된다. 극단적 기독교를 극복해야 한다. 극단적 교회를 극복하려면 가장 먼저 회복해야 할 것은 이성적이고 성찰하는 제자도의 회복이다.

복음은 무비판적 추종을 요구하지 않는다. "사랑 안에서 참된 것을 하며 엡 4:15", 분별과 진리 속에서 성장하는 공동체를 지향한다. 교회는 진리를 추종하는 공동체이지 어떤 이념을 추종하는 곳이 아니다. 그러므로 이를 극복하기 위해 하나님의 말씀 앞으로 가야 한다.

한국교회의 극단적 기독교가 된 원인 중 하나는 지도자에 대한 신격화와 권위주의에 기인한다. 그 신격화는 카리스마적 지도자에 정점을 찍는다. 한국의 이단은 극단적이다. 이단의 교주는 신격화가 잘되어 있다. 한국교회의 일부 극단적인 흐름에서도 목회자의 신격화 현상이 반복적으로 드러난다.

'목사님의 말씀 = 하나님의 말씀 = 비판 금지'라는 등식이 만들어진다. 이런 상황이 반복적으로 이루어지자 목회자의 권위가 지나치게 극단적으로 신격화되는 경향이 짙다. 목회자는 하나님의 종이다. 하지만 하나님의 종이기보다는 '하나님의 대리인'으로 군림한다. 그러면 회중은 비판 없이 따르는 구조 속으로 들어간다.

극단적 교회의 특징이 있다. 목회자 중심이다. 그리스도인은 침묵과 수동성으로 일관한다. 그 결과 극단적인 교회에서 리더와 청중은 수직적 권위구조가 된다. 이 구조는 의사 결정에서 청중은 듣는 자, 따르는 자, 복종하는 자, 침묵하는 자로 전락한다. 지도자인 목회자는 설교하고 명령한다. 만약 청중이 따르지 않고 비판하면 그것은 불순종으로 인식한다. 이러한 수직 복종의 문화는 은혜의 복음이 아닌 율법적 계율에 의한 위계의 복종을 만들어 낸다. 곧이어 극단적 기독교로 이어진다.

극단적 교회 문화에서 설교는 일방적이고 닫힌 구조이다. 목회자의 해석은 유일한 진리로 제시되고, 성도는 수용자로 머문다. 일방적인 공급자 중심의 설교는 공동체에 잘못된 병리 현상을 가져온다. 설교자의 일방적인 설교는 성도의 비판적 사고를 무디게 만든다.

성도가 일방적 설교에 노출될수록 침묵으로 일관한다. 설교에 무비판적이고 맹목적인 '아멘'과 순종만이 남는다. 결국, 교회는 자신들의 비밀을 숨긴 채 균열과 극단으로 치닫는다.

하나님의 교회는 극단주의를 넘어서야 한다

오늘날 한국교회가 직면한 위기의 핵심은 '극단적 이념화'와 '무비판적 따름'이라는 이중의 그늘 속에 있다. 한때는 민족의 영혼을 이끌었던 교회가, 이제는 특정 이념의 도구가 되어 진리를 왜곡하고 공동체를 분열시키는 모습으로 전락하고 있다.

성경이 제시하는 따름은 단순한 복종이나 순응이 아니다. 그것은 예수 그리스도의 부르심에 응답하는 능동적이고 자발적인 삶의 전환이다. 예수님의 "나를 따르라 마 4:19"라는 말씀은 단지 발걸음의 이동이 아니라 존재 전체의 방향 전환을 요구하는 영적 초대이다. 이 초대는 '신뢰'와 '관계성' 위에 서며, 사랑에서 비롯된 헌신과 신뢰에서 자라나는 동행의 여정을 의미한다. 피터 스카지로는 《정서적으로 건강한 제자》에서 다음과 같이 강조한다. "예수님 안에서 쉬고 예수님을 위해 초연하고 예수님께 귀를 기울이는 것은 세상의 문화를 거스르는 혁신적인 것이다. 그런데 우리는 이런 삶에 최적화된 틀을 갖춘 수

도원에서 살고 있지 않기 때문에 그만큼 힘들다. 각자의 독특한 사명, 책임, 한계, 기질에 가장 적합한 방법을 찾아내려면 많은 장애물과 실패를 각오하고 인내를 발휘해야 한다."[50] 교회는 세상 문화 속에 살아가지만 예수님께 귀를 기울이는 공동체가 되기 위해 이 세상을 사는 동안 예수님을 따르는 가장 적합한 방법을 찾기 위해 고군분투해야 한다. 그러기 위해 개인에게 부여하신 독특성과 다양성을 인정하고 하나 되기 위해 노력해야 하는데, 많은 장애물과 실패는 필수적이다. 그 안에서 최대한의 인내를 발휘해야 한다. 이러한 따름은 자발적이어야 한다. 강제적이고 수동적인 따름으로 얻어지지 않는다.

이러한 따름은 건강한 리더십과 건강한 공동체 안에서만 자라날 수 있다. 성경적 리더는 권위의 상징이 아니라 섬김과 본이 되는 존재다. 성숙한 팔로워는 질문하고 성찰할 줄 아는 존재다. 교회가 이러한 리더와 팔로워의 상호 작용 속에서 자라날 때, 비로소 참된 따름의 공동체가 세워질 수 있다. 이런 공동체를 통해 각각 다른 정치적 성향, 사회적 참여, 공동체에 대한 인식들이 있어도 복음이라는 가장 중요한 가치 안에서 서로를 존중하는 한국교회로 세워 갈 수 있을 것이다.

태극기가 아니라 십자가를 들어야 한다

극단적인 기독교는 광장에서 극단적인 모습을 띤다. 태극기와 성조기를 들고 하나님의 이름으로 정치구호를 외친다. 그들은 하는 것마다 하나님의 이름을 들먹인다. 동시에 목회자도 신격화한다. 목회자의 말을 하나님의 말씀으로 받아들인다.

광장에서 교회가 높이 들 것은 태극기나 성조기가 아니다. 예수님의 십자가이다. 극단적인 것을 상징하는 태극기와 성조기가 아니라 포용의 십자가를 들어야 한다.

교회가 극단적으로 되면 많은 위험성을 내포한다. 정치색을 덧입은 위장 복음이 특정 정당, 이념, 국가 정체성과 결합함으로 복음은 초월적 구원의 메시지가 아닌 특정 집단의 이익을 정당화하는 도구로 전락한다. 하나님 나라보다 우리가 속한 집단이나 공동체의 체제와 신념이 우선시된다. 이것은 더 이상 복음이 아니다. 복음으로 위장된 집단의 논리는 극단적인 주장이 뒤덮는다.

광화문 집회는 특정 집단을 악마화한다. 반대 진영을 하나님의 뜻을 거스르는 적으로 간주한다. 복음의 최고 능력인 용서와 포용, 환대와 이해, 화합과 하나 됨의 능력은 찾아볼 수 없다.

교회가 정치적 논리에 극단화되면 세상도 더 이상 교회를 윤리적 기준이나 진리의 파수꾼으로 보지 않는다. 더 이상 복음 선포의 설득력이 약화되어 그리스도인의 사회적 역할마저 왜곡시킨다.

극단적 교회는 복음을 일상적으로 정치화한다. 특정 이념, 정당, 민족주의, 반공주의 등이 복음과 뒤섞여 복음의 초월성과 보편성을 훼손시킨다. 진정한 복음은 어느 이념도 절대화하지 않고, 오히려 모든 이념과 체재를 성찰하게 만든다. 십자가의 복음은 강한 자의 정치가 아니라 약한 자의 고난과 부활을 통해 세상을 구원하는 능력이다 고전 1:18-25.

교회는 정치적 진영논리를 넘어서는 복음의 보편성과 초월성을 회복해야 한다. 교회는 사회 정의에 참여하되, 정치에 예속되지 않는 예언자적 거리감을 유지해야 한다. 복음은 진영논리를 대변하는 구호나 신념이 결코 아니다. 복음은 우리에게 '당신은 누구의 편이냐?' 는 질문보다 하나님의 뜻이 무엇인가를 묻은 신앙의 언어다. 그것은 좌도 우도 아닌 오직 위로부터 오는 하나님의 사랑과 은혜다.

교회는 복음 안에서 온 세상을 아우르는 복음의 역사를 경험하는 것이 중요하다. 극단적 교회를 넘어 우리는 복음이 무엇인가를 다시 물어야 한다. 그리고 십자가를 들어야 한다. 십자가는 한쪽 진영의 승리가 아닌 모든 민족과 화해와 통합을 만들어 내는 유일한 것이기 때문이다.

십자가만이 극단적 교회를 극복할 수 있다. 성조기 아래 선 복음이 아니라 십자가에 앞에서 복음으로 하나님과 세상 앞에 서는 교회가 하나님께서 세우신 교회이다.

박종순 목사

제자들교회(미국 렌초) 담임이다.
저서로 《열혈독서》, 《메타씽킹》, 《천년의 지혜 독서 멘토링》 등이 있다.

3 극단적 기독교를 넘어서 대안적 공동체로 자리매김하는 목회적 방향성

한국 기독교가 추락한다

필자가 담임목회를 시작한 시점의 한국교회는 추락의 가속도가 붙고 있었다. 신음하는 성도들의 한탄과 통곡 소리가 점점 늘어나고 극단을 향하는 소리가 그치질 않았다. 심지어 모 설교자의 설교를 듣고 재산을 바쳐야 한다는 강박관념에 사로잡힌 성도와 상담을 하면서 신앙과 삶이 파괴되는 것을 막기도 했다. 극단적인 형태의 목사들은 교인들을 가스라이팅을 하기에 그들의 설교를 계속 들으면 어느 순간부터 두려움과 불안에 사로잡힌다. 극단적인 목회자의 설교에는 광기와 선동이 버무려져 있다. 담임목회 10년을 뒤돌아보면 극단적으로 갈라진 틈 사이에 서서 하나님 나라 복음으로 하나님의 말씀으로 공동체를 세우고자 마라톤을 하듯 쉼 없이 달려왔다.

과거 한국교회는 대안의 공동체요, 미래와 희망을 열어가는 공동체였다. 독립운동에 헌신했었다. 군부독재에 저항하였다. 자유민주주의를 꽃피웠다. 여성과 어린이의 인권을 신장시키는데 이바지했다. 사회 복지의 최선봉이자 최고봉의 자리에서 섬김을 감당하였다. 안타깝게도 모두 과거형이다.

최근 한국교회는 어떤가? 불신자들에게 '교회'하면 어떤 이미지가 떠오를까? 대안적 공동체였던 기독교는 이제는 사회 문제를 양산하는 집단이라는 취급을 받는다. 무엇보다 심각한 것은 언론에 나타나는 한국교회가 극단적이고 혐오와 배제를 일삼는 집단처럼 비치는 것이다. 왜일까? 극우의 중심에 기독교 목회자나 기독교인이라는 이들이 서 있기 때문이다.

강단에서 극우의 메시지를 토해내고, 정치색 짙은 이념을 가스라이팅에 가깝게 외치며 배설하는 이들로 인해서 교회에 대한 극단적인 이미지는 강화되었다. 더구나 극우적 집회를 광화문에서 계속 진행하였다. 그들은 계엄, 탄핵 그리고 냉전의 유물을 이용해서 돈벌이를 하였다. 반공을 내세우면서 자신들이 자유민주주의의 수호자 행세를 하였다. 수없이 아스팔트 위에서 자유, 민주, 반공, 애국을 외치는 집회를 하면서 교회처럼 헌금 바구니를 돌리며 돈벌이를 하였다. 그 중심에 극우 목사들이 있다. 이 모든 것이 세상에는 교회에 대한 부정적인 이미지를 심어주었다. 그러한 광경을 보면서 그들이 태극기와 성조기를 흔드는 모습을 향한 시선은 곱지 않다. 따갑다. 차갑다. 맛을 잃어버린 소금처럼 길가에 버려져 밟히고 있다. 기독교에 대한 불신자들의 신뢰도는 추락하고, 기독교 내부마저 무너져 내리는 형국이다. 불신자들의 기독교 호감도는 9%로 추락했다.

극단적 흐름은 교회를 병들게 한다

이대로 간다면 기독교인들에게서 희망을 볼 수 있을까? 아닐 것이다. 기독교의 몰락은 가속화될 것이다. 기독교가 몰락과 쇠퇴로 갈 수밖에 없는 이유가 있다.

사회가 극우와 극좌 극단적으로 갈수록 분열과 분쟁은 증가한다. 극단적으로 향할수록 사람들은 자신과 다른 지향성을 가지면 적으로 간주한다. 나와 다른 생각과 다른 정치적 성향을 비난하고 공격한다. 심지어 폭력도 불사한다. 분노와 적대감의 파도가 곳곳에서 포착된다. 이러한 극단적 분열 가운데 파시즘의 그림자가 보인다. 공정, 공의, 공감이라는 단어는 국어사전에서나 보이지, 현실에서는 그리 잘 눈에 띄지 않는다.

교회도 극단적으로 향할수록 분열과 분쟁은 증가한다. 극단적이 될수록 대화를 통해서 서로를 향한 이해와 공감의 폭을 넓히지 못한다. 극단적으로 향할수록 독단과 독선에 사로잡힌다. 쉽게 선과 악으로 나눈다. 이분법적으로 흑과 백으로 편 가르기를 한다. 음모론과 거짓 뉴스가 어용적인 극우 목사들의 강단에서 울려 퍼진다. 복잡한 현실을 왜곡하며 선동한다. 두려움과 불안을 특정 진영이나 집단을 향한 혐오와 배제로 치환한다. 그 광기는 타인을 파괴하고, 공격하고, 죽이는 형태로 드러나기도 한다.

특히, 현시대의 한국교회에는 정치적 요소가 교회 분쟁과 분열의 불씨가 되고 있다. 계엄과 탄핵을 거치면서 한국교회는 보수진영과 진보진영으로 정치적 성향에 따라서 나뉘는 현상을 경험하였다. 그 상처가 너무 커서 어느 순간부터 정치 이야기는 교회 내에서는 금기시하는 분위기가 형성되었다. 정치 이야기는 교회 분쟁과 분열의 원인 제공을 하는 불씨로 인식되었기 때문이다.

목회 현장에서는 성도들이 극우나 극좌의 카톡 메시지와 유튜브 콘텐츠에 대한 피로감을 호소하였다. 극단적 정치 성향을 지닌 이들은 자기 생각과 주장과 조금만 다른 메시지를 들어도 그것을 정치적으로 왜곡하여 해석하며 목회자를 공격하기도 하였다. 화해를 추구해야 하는 교회가 정치라는 소용돌이에 휩쓸려 파선되는 일이 잦아졌다. 이대로 괜찮은가를 심각하게 물어야 한다.

극단적 기독교는 교회 쇠퇴와 몰락을 가져온다. 교회는 극단적 집단이나 공동체가 아닌 그리스도의 몸으로 존재하는 공동체이다. 성도 개개인이 그리스도의 몸의 지체로 존재한다. 그리고 세상 속에서 소금과 빛으로 존재한다. 그러나 극단적 기독교는 몸의 지체가 아닌 암적인 존재로 자리한다. 커질수록 타인을 파괴하고 죽이는 일을 하고 결국 자신도 죽인다. 극단적 흐름은 수술해서 도려내지 않으면 공동체를 죽음에 이르게 하는 병이다.

극단적 흐름은 세상을 병들게 한다

대선 기간에 리박스쿨의 '자손군' 문제가 핫 이슈가 되었다. 자손군은 자유손가락군대의 약칭이다. 이들은 댓글을 조작하고 공작하는 일을 통해서 여론을 조작하는 일을 하였다. 또 초등학교에 침투해서 편향된 역사관을 주입하려 하였다. 극단적으로 향한 또 하나의 단체는 극우적 성향의 기독교 대안학교였다. 편향된 역사관을 주입하면서 기독교 교육이 아닌 극우적인 교육을 하는 대안학교에서 자란 세대들은 리박스쿨의 또 다른 얼굴로 비쳤다.

더구나 교회 내부의 극우적 성향의 성도들은 자신들의 주장과 생각을 교회 안의 다른 성도들에게 강요하는 카톡 메시지와 유튜브를 계속 전달하면서 교회를 은혜의 장이 아닌 이념의 장으로 만들어서 혼란을 불러일으키곤 하였다. 극우적 기독교인들이 음모론이나 거짓 뉴스를 퍼뜨리는 수단이 유튜브와 카톡이어서 그러한 이들을 카톡교도, 유튜브교도라고 칭하기도 하였다. 유튜브의 경우 알고리즘이 작동한다. 누군가 보낸 극단적인 메시지를 받고 클릭을 하면 극단적인 유튜브가 계속 추천되어 악순환이 이어진다. 기독교인이 음모론자들과 거짓 뉴스 생산자들의 포로가 되어서 그들의 종노릇 하는 일들이 교회에 점점 확산되어서 교회를 혼란과 혼돈에 빠지게 했다. 신앙 위에 이념과 진영이 자리하는 해괴한 모습이 연출되었다.

앞으로 정치적으로 경제적으로 극단적인 모습은 세계적으로 강화될 것이다. 미국과 유럽 그리고 일본에서도 극우적 성향이 쟁점이 되고 있다. 점점 미국의 소프트파워는 옛말이 되고 있다. 탐욕스러운 권력자들은 정치를 탐욕의 도구로 변질시키고 있다. 끊임없는 전쟁의 유혹 속에 극단적인 정치인들이 인류를 혼돈으로 몰고 간다.

푸틴, 네타냐후, 시진핑, 트럼프를 비롯한 수많은 지도자가 자신의 입지를 위해 정치를 도구화할수록 전쟁과 죽음의 문화가 확산될 것이다. 증오와 폭력의 뫼비우스를 끊지 못하면 지구촌은 카오스적인 경쟁으로 각자도생의 시대로 향한다. 테크엘리트들은 ESG[51]를 공격한다. 그들은 공존공생의 미래가 아닌 탐욕의 무덤을 파고 있다. 그들은 ESG를 비판한다. 일론머스크는 ESG를 사기라고 한다. 마크 안드리센은 ESG를 좀비 아이디어라고 한다.[52] 공적담론이 무너진 곳에서 탐욕의 독버섯은 자란다.

교회는 시대에 맞는 파도타기로 미래를 열어야 한다

극단적 흐름에 교회는 어떻게 대처해야 할까? 그대로 방치하면 점점 죽음에 이른다. 어찌하든지 극단적 흐름을 기독교적으로 해석해 내고 정치적으로 사회적으로 넘어서야 한다. 교회 공동체는 극단적 흐름을 목회적으로 해석하고 바르게 가르쳐 지키는 것이 필요하다. 그러기 위해서 목회자가 시대적 흐름에 매몰되지 않아야 한다. 극단적인 거센 파도에 무너지는 것이 아니라 균형을 잡는 파도타기를 통해 미래를 열어가야 한다. 그러려면 시대의 파도타기를 하는 6가지 방향성을 붙들 필요가 있다.

첫째, 아둘람 굴과 같은 미래를 여는 대안과 비전의 공동체를 추구해야 한다. 교회는 극단적 기독교를 넘어 대안의 공동체로 향하는데 열정을 쏟아야 한다. 다윗이 사울에게 쫓겨 다니며 아둘람 굴에 피하자 환난 당한 자, 빚진 자, 원통하고 억울한 이들이 아둘람 굴로 모여들었다. 다윗과 그 공동체는 아둘람 굴에서 증오와 혐오, 폭력과 죽음의 문화를 뚫고 나가는 새로운 미래를 여는 대안과 비전의 공동체를 열었다. 아둘람 공동체를 지향하며 한국 사회의 분열과 갈등을 치유하는 목회는 한국의 미래를 여는 힘이 될 것이다.

둘째, 안식년과 희년의 정신이 살아 숨 쉬는 공동체를 추구해야 한다. 교회는 성경적 가치를 더 집요하게 추구할 필요가 있다. 안식년과 희년은 빈익빈 부익부로 양분화 되고 갈라진 사회를 치유하는 성경의 방법이었다. 그 누구도 영원히 소유권을 행사하지 못하고, 그 누구도 부를 독점하지 못하도록 하는 견제와 균형이 깃든 제도이다. 세계적으로 부의 양극화가 확대되는 시점이다. 코로나 이후 경제 양극화는 더욱 심화되어 간다. 성경 정신으로 돌아가야 한다. 그래서 모든 것이 돈으로 통하는 자본주의 사회에서 안식년과 희년의 정신을 교회가 추구하고 구현해 낸다면 교회는 극단적 사회에서 희망과 비전을 제시하는 공동체로 자리매김할 것이다.

셋째, 나눔과 섬김으로 소문난 초대 교회 공동체를 추구해야 한다. 교회는 복지 구현의 최전선에서 이웃을 섬겨왔었다. 컴패션, 기아대책, 월드비전, 굿네이버스, 수많은 기관이 교회에서 태어나고 자랐다. 여전히 국가의 손이 미치지 못하는 영역에서 교회는 좋은 이웃으로 자리한다. 강도 만난 이웃들은 다양한 형태로 나타나고 그들을 돕는 선한 사마리아인은 교회에서 키워지고 있다. 초대 교회는 나눔과 섬김으로 소문난 공동체였다. 유무상통의 정신으로 하나님 나라를 위하여 하나님이 맡겨주신 소유를 나눔과 섬김으로 흘려보냈다. 여전히 교회는 조건 없는 섬김을 통해 주의 손과 발이 되어 세상을 치유하는 공동체로 세워질 때 하나님 나라가 보이고 들려질 것이다.

넷째, AI, 챗GPT 시대를 이끄는 영성적 공동체를 추구해야 한다. 교회는 변화하는 세상을 보아야 한다. AI, 챗GPT 시대에 들어가면서 각종 기술의 혜택을 누리지만 동시에 기술의 노예화 현상이 나타난다. 알고리즘에 의해서 우리에게 모든 것이 맞춤식으로 제공되고 있다. 우리의 모든 것이 다 기록되고 관리되는 시대이다. 우리 자신도 의식하지 못하는 사이에 알고리즘에 의해 정치적 양극화 현상의 종이 된다. 극단적인 성향의 유튜브를 보게 되면 알고리즘은 그와 유사한 유튜브를 추천하고 결국 알고리즘이 추천하는 굴레 속에 점점 갇히게 된다. 그 결과 대화가 아닌 감정이, 존중이 아닌 혐오가, 대안이 아닌 분노와 적개심이 사회를 좀먹는다. 유튜버들은 돈을 벌기 위해서 더 극단적 언어를 사용한다. 더 자극적이고 충동적인 언어를 남발한다. 더 호기심에 호소한다. 더 극단으로 향할수록 추종자들이 따르고 기부가 따른다. 그 결과 돈벌이를 위해서 음모론과 거짓 뉴스를 퍼뜨리는 거짓의 사람들의 전성시대가 열린다. AI, 챗GPT 시대에 진리와 진실은 점점 소외를 당한다. 그러나 어둠의 시대일수록 더 적극적으로 AI, 챗GPT 시대를 영성으로 물들이는 이들이 필요하다. 스킬은 스피릿으로 극복해 가야 한다.

다섯째, 극단의 시대에 사회 통합과 주체로서 성육신적 공동체를 추구해야 한다. 교회는 극단의 시대에 사회 통합의 주체가 될 수 있을까? 현실은 아득하다. 속히 극단적으로 향하는 목회자나 기독교인이 가는 길을 궤도 이탈에서 궤도 수정으로 전환해야 한다. 더 이상 교회 내부의 극단적 흐름을 방치해서는 안 된다. 양극단으로 편 가르기를 하는 정치의 언어를 강단에서 제해야 한다. 흑백논리로 혐오와 배제를 일상화하는 어둠의 일을 교회 공동체에서 제해야 한다. 진리를 추구하고 진실을 소중히 여기는 이들이 곳곳에서 들려오는 거짓의 소리에 선 긋기를 하고, 어둠의 일에 저항하는 광야의 외치는 소리로 행동하는 것이 필요하다. 침묵만 해서는 안 된다. 기도만 해서는 안 된다. 녹아서 맛을 내야 한다. 빛의 밝기만큼 어둠을 밀어내야 한다. 여기에 교회의 생사의 기로가 있다. 교회는 더 적극적으로 세상이 놓치고 있는 이들의 곁으로 가야 한다. 어둠의 포로 된 이들을 품고, 양극단의 노예가 된 이들을 품고 섬기는 예수 그리스도의 사람들이 이 시대를 밝혀야 한다. 예수 그리스도께서 성육신하시고 고난과 십자가의 죽음의 길을 통해서 생명을 잉태하고 부활의 봄이 오게 하셨듯이 교회는 성육신의 길로 가야 새로운 미래를 잉태하고 출산할 수 있다.

여섯째, 건강한 SNS 문화를 추구해야 한다. 알고리즘에 사로잡힌 교회는 살아날 수 있을까? 혐오와 배제의 언어에 정복당한 교회, 거짓의 사람들의 숙주로 이용당하고 음모론과 거짓 뉴스의 통로로 전락한 교회는 다시 살아날 수 있을까? 거짓의 사람들이 기생하는 숙주 노릇을 하는 메마른 뼈처럼 소망이 없어 보이는 교회는 다시 살아날 수 있을까? 생기가 임하면 살아날 것이다. 생기는 어둠과 거짓과 미혹의 카톡과 유튜브에서 끊어지게 할 수 있다. 살아 있는 교회는 편향에서 방향을 전환하여 건강한 SNS 문화를 추구하는 것이 필요하다.

마지막으로, 균형 잡힌 언어와 사고를 추구해야 한다. 극단적 기독교는 스스로 파괴하는 결과를 가져온다. 한쪽으로만 치중된 거짓의 언어, 미혹의 언어, 극단의 언어를 버려야 한다. 음모론과 거짓 뉴스와 철저히 선 긋기를 해야 한다. 거짓과 어둠이 넘치는 때에 예수 그리스도께서 빛으로 세상에 오신 것처럼 교회는 빛으로 세상에 나타나야 한다. 교회 안에서 유령처럼 떠도는 온갖 패악질의 근원이 되는 거짓과 미혹의 정치 언어를 제하고 공유, 공감, 소통의 언어로 채워갈 때다. 근거가 없는 음모론의 포로가 되어 두려움과 불안에 떨고 있는 이들을 복음으로 치유하며 예수 그리스도의 통치 속으로 들어가도록 이끄는 유튜버가 되고, 중보기도와 긴급기도의 이름으로 속이고 이용하는 거짓의 사람들을 가지치기하고 교회 공동체의 치유와 회복을 위한 공유, 공감, 소통을 더욱 강화할 필요가 있다.

균형 잡힌 파도타기의 비결은 우직함이다

극단의 시대, 고통의 시대, 사회 양극화, 경제 양극화의 시대를 살았던 예레미야는 그 시대의 하나님의 백성들에게 하나님의 마음과 생각을 이와 같이 전한다. "너희를 향한 나의 생각을 아나니 재앙이 아니라 곧 평안이요 미래와 희망을 주려는 것이다 렘 29:11." 어쩌면 우리 시대에 필요한 메시지다. 수많은 이들이 자기중심적으로 믿는다. 성경의 가르침조차도 자기만의 렌즈로 취사 선택을 하면서 성경조차 난도질하는 세상이다. 기술의 발전은 어둠과 거짓과 미혹을 막는 것이 아니라 가속화하고 있다. 이 시대에 필요한 것은 예레미야의 선지자적 우직함이다.

예레미야는 진리와 진실을 그가 살았던 시대 속에서 추구했기에 외로웠다. 괴로웠다. 고난당했다. 고통당했다. 고독했다. 하나님을 잘 믿어서 꽃길만 걸은 것이 아니라 하나님을 잘 믿었기에 고난의 길, 십자가의 길, 수모와 수치의 길을 걸었다. 그러나 예레미야에 의해 하나님의 비전은 그 시대에 선포되었다. 예레미야의 외치는 소리를 통해 죽어가던 시대에 생명의 소리가 들려졌다. 예레미야는 힘들고 지쳐도 하나님이 세우신 자리에서 끝까지 버티고 견디었다. 우리 시대에 끝까지 버티는 영성이 필요하다. 진리와 진실을 붙잡고 견디는 영성이 필요하다.

무엇보다 좌로나 우로나 치우치지 않고 성경의 나침판을 추구하는 것이 절실하다. 탐욕의 시대일수록 진리의 거울이 필요하다. 자기 자신을 직면시키는 정직하고 정의로운 영혼의 거울은 성경이다. 성경 따라서 목회자가 먼저 우직하게 걸어가야 한다. 성경 따라서 성도들이 함께 우직하게 신앙과 삶의 자리를 만들어 가야 한다. 성경 따라서 가는 그 길이 치유의 길이요 회복의 길이요 미래와 희망을 여는 길이다.

해변에 앉아 파도를 바라본다. 파도타기하는 사람들을 본다. 거센 파도 앞에 보드에서 떨어져도 다시 올라가기를 주저하지 않는다. 떨어져도 올라가고 또 떨어지면 또 올라간다. 도전 끝에 보드에 올라간 이들은 거센 파도조차도 즐긴다. 그때 파도타기는 예술이 된다. 파도가 거세도 균형을 잡는 사람들은 파도에 휩쓸려 가지 않고 그 파도를 변화와 도전의 원동력으로 삼는다. 양극단으로 향하는 거대한 파도가 몰려오는 이 시대에 목회는 참 어렵다. 그럼에도 불구하고 성경이라는 중심축으로 균형을 잡으며, 우직함으로 숱한 파도를 타고 전진하는 목회와 교회를 꿈꾼다. 파도타기의 목회가 예술이 되기를 꿈꾼다.

PASTORAL MINISTRY TREND 2026

이상갑 목사

산본교회 담임이자 청년사역연구소 대표이다.
저서로 《설래임》, 《바이블정신》, 《결국 말씀이다》 등이 있다.

4 정치를 외면한 교회, 정치가 삼켜버린 교회

그리스도인은 길을 잃었다

지난해 대한민국은 계엄, 탄핵 그리고 파면이라는 거대한 정치적 소용돌이에 휩싸였다. 그 한복판에서 한국교회는 극심한 혼란을 겪어야 했다. 안타깝게도 일부 목회자와 교인의 정치 참여방식은 교회를 특정 이념의 대변자로 전락시키는 결과를 낳았다. 그 결과, 한국교회는 국민통합을 이루는 '화평케 하는 자'의 모습 대신, 사회 갈등을 조장한다는 오명을 쓰고 말았다. 이는 청년 세대를 포함한 수많은 이들이 교회를 등지는 또 다른 이유가 되고 있다. 이러한 현실에서 '하나님의 정치'를 이야기하는 것은 '뜨거운 감자'를 만지는 일과 같다. 종교 갈등만큼이나 정치갈등은 예민한 문제이기 때문이다. 심지어 교회 공동체 안에서조차 정치적 견해차는 심각한 분열의 씨앗이 되고 있다. 복음에 의해 주어진 그리스도인이라는 정체성은 정치진영에 의해 형성된 정파적 정체성 뒤로 밀려나는 것이 오늘의 현실이다. 교회 안에서조차 상대방에게 '좌파'와 '극우'라는 정치적 프레임을 씌우는 순간, 그는 사랑해야 할 형제가 아니라 배척의 대상이 된다.

바로 이 지점에서 우리는 '하나님의 정치'에 대한 진지한 신학적 성찰과 목회적 대안을 모색해야 한다. 정치는 인간 현실의 가장 중요한 영토이며, 우리가 그곳에 하나님의 깃발을 꽂지 않으면 사탄이 자신의 깃발을 꽂기 때문이다. 작금의 사태가 그것을 증명하고 있다. 교회가 정치에 무관심하거나 반대로 정파 정치에 깊이 빠져든 그 틈을, 사탄은 정확히 파고들었다. 정치적 이슈를 선점하여 교회를 분열시키고, 세상 속에서 교회를 외딴 섬으로 만들고 있다. 그리스도인들은 정치참여에 대해 환멸을 느끼고 돌아설 것이 아니라, 성경이 말하는 참된 정치, 곧 '하나님의 통치 Basileia tou Theou'를 바르게 이해하고 실현해야 한다.

필자는 신앙과 정치를 분리하려는 '비정치적 기독교'의 유혹을 넘어, 예수 그리스도의 삶과 복음 자체가 얼마나 정치적인 메시지를 담고 있는지 탐색할 것이다. 나아가 교회가 어떻게 세속 권력의 논리를 뛰어넘어, 하나님의 통치를 구현하는 대안 공동체가 될 수 있을지 그 구체적인 길을 제시하려고 한다.

정치와 신앙을 분리해야 한다는 유혹 가운데 있다

많은 그리스도인이 '신앙은 신앙, 정치는 정치'라고 말하며 둘 사이에 명확한 선을 긋는다. 어떤 이들은 신앙의 순수성을 지키려면 정치와 거리를 두는 것이 하나님의 뜻이라고까지 믿는다. 이로 인해 교회 안에서 정치적 이슈를 열린 마음으로 토론하는 것은 거의 불가능한 일이 되었다. 결국, 수많은 이들이 '비정치적 기독교'라는 이름 아래 침묵을 선택한다. 목회자 역시 정치적 이슈에 대해 설교하는 것을 주저한다. 성도들이 보일 예민한 반응이 두렵기 때문이다. 그렇게 목사와 성도가 함께 침묵할 때, 그 침묵이 남긴 공백 속으로 유튜브를 타고 세상의 정치이념이 파고들어 성도들의 의식세계를 장악해 버린다.

그리스도인들의 정치적 침묵은 과연 성경적일까? "가이사의 것은 가이사에게 하나님의 것은 하나님에게"라는 말씀은 정말 종교와 정치의 완전히 분리를 의미할까? 우리는 오직 초월적인 하나님 나라만을 바라보며 현실 정치를 외면하는 것을 거룩이라 착각하고 있지는 않은가?

존 하워드 요더는 《예수의 정치학》에서 예수가 현실과 무관한 영적인 메시지만을 선포했다는 통념에 정면으로 도전한다. 그는 이런 생각이 예수의 역사성을 제거해버린 영지주의적 왜곡이라고 비판하며, 영지주의에 물든 기독교의 위험한 통념을 이렇게 묘사한다. "예수의 메시지는 본질적으로 역사와 무관하다. 그가 다루고자 한 것은 사회 문제가 아니라 영적 문제였다. 그가 선포한 것은 사회 변혁이 아니라 새로운 자기 이해였으며 순종이 아니라 속죄였다."[53]

요더는 이러한 주장을 단호히 거부한다. 그는 성경 전체가 이 땅에 새로운 왕국, 곧 새로운 정치적 실재를 실현하는 하나님의 역사 이야기임을 역설한다. 그리고 그 이야기의 절정에 바로 예수의 하나님 나라 운동이 자리 잡고 있다고 보았다. 요더의 말처럼 예수는 "근본부터 새로운 삶의 질서를 지닌 새 공동체를 창조함으로써 기존 사회를 위협하고 우리를 바로 그 '십자가로 대변되는 새로운 삶의 방식과 윤리로 초대하신'"[54] 혁명가였다.

존 하워드 요더는 신앙과 정치를 분리하려는 시도 자체가 현실의 불의한 권력 구조를 암묵적으로 지지하는 가장 교묘한 정치적 선택이라고 날카롭게 지적한다. 복음에서 정치성과 현실 변혁의 칼날을 무디게 만들면, 결국 불의한 세상 권력에 동조하는 결과를 낳을 뿐이다. 자크 엘륄 또한 《뒤틀린 기독교》에서 교회가 국가 권력과 유착하여 '힘의 논리'를 내면화할 때, 십자가의 복음은 그 본래의 능력을 상실한다고 경고한다.

결론적으로 '비정치적 기독교'란 복음의 공적인 책임을 회피하고 신앙을 개인의 사적인 영역에 가두려는 달콤한 유혹에 지나지 않는다. 그러므로 이제 교회와 그리스도인은 복음의 정치성을 회복해야 한다. 그 회복은, 치열한 역사 현실 한복판을 사셨던 예수 그리스도를 우리의 유일한 규범으로 삼을 때 시작된다. 우리는 예수의 길을 따르는 사람들로서, 그가 역사 속에서 어떤 존재로 사셨는지 다시 주목해야 한다.

그리스도인은 십자가 정치 모델을 따라야 한다

복음서는 예수 그리스도가 매우 '정치적인' 인물이었음을 생생하게 증언한다. 예수님은 로마 제국의 식민 통치와 헤롯 왕조의 폭압, 그리고 성전 중심의 종교 권력이 민중을 억압하던 시대 한복판에서 활동했다. 그가 선포한 '하나님 나라'는 막연한 내세의 천국이 아니었다. 그것은 로마 황제의 통치 Pax Romana와는 질적으로 다른 새로운 통치, 즉 하나님의 정의와 평화가 실현되는 새로운 현실이었다.

초대교회 성도들에게 "예수는 주님이시다 Kyrios Iesous"라는 신앙고백은 목숨을 건 정치적 선언이었다. "가이사가 주님이다 Kyrios Kaisar"라고 외쳐야만 살 수 있었던 제국 안에서, 예수를 유일한 왕으로 고백하는 행위는 로마 황제의 절대 권력에 대한 정면도전이었기 때문이다. 이처럼 예수님이 '왕'으로 오셨다는 사실 자체가, 복음이 근본적으로 정치적일 수밖에 없음을 보여준다. 하지만 그의 왕 되심은 세상의 왕들처럼 군림하고 지배하는 방식이 아니라, 섬김과 자기희생을 통해 나타난다. 빌라도의 법정에서 예수는 "내 나라는 이 세상에 속한 것이 아니니라 요 18:36"라고 말했다. 이는 그의 나라가 현실 정치와는 무관하다는 뜻이 아니다. 오히려 그의 나라가 세상 나라의 작동방식, 곧 폭력과 강압에 의존하지 않는다는 선언이다. 예수님의 왕권은 십자가에서 가장 분명하게 드러났으며, 바로 이 '십자가의 정치'가 교회가 따라야 할 유일한 정치적 모델이다.

요더가 꿰뚫어 보았듯, 광야에서 예수님이 받은 시험은 영적인 유혹인 동시에 치열한 정치적 시험이었다. 사탄은 예수님에게 세상이 원하는 방식의 '정치 권력'을 쥐라고 유혹했다. 이는 로마의 폭압적 통치 아래서 신음하는 유대인들에게 예수님의 왕 됨을 입증하는 가장 빠르고 효과적인 방식이었다. 돌을 떡으로 만드는 '경제 권력', 성전에서 뛰어내리는 '종교 권력', 자신에게 절함으로써 얻는 '정치 권력'을 통해 손쉽게 메시아 됨을 증명하라는 속삭임이었다. 이 3가지는 유대인들이 기다렸던 정치적 메시아의 절대적 조건들이었다. 백성들은 오병이어 기적 후에 실제로 예수님을 그들의 왕으로 삼으려 했다. 겟세마네 동산에서 기도하신 예수님은 칼을 뽑은 베드로를 향해 자신이 열두 군단의 천군 천사를 동원할 수 있다는 사실을 언급하셨다. 즉 예수님은 "정치 권력을 쟁취함으로써 십자가를 회피할 수 있었다."[55] 그러나 예수님의 선택은 언제나 정치적이었지만 그것은 세상의 정치 방식을 거부하는 것으로 드러났다. 예수님께서 세상의 정치적 권력을 거부하신 것은 현실 정치는 포기하고 영적인 나라를 지향하셨기 때문이 아니다. 세상을 갱신하는 하나님의 정치는 세상의 정치 논리와는 그 결이 근본적으로 달랐기 때문이다.

월터 브루그만이 《예언자적 상상력》에서 통찰했듯이, 예수님은 지배적인 현실에 안주하려는 '왕의 의식'에 맞서, 하나님의 새로운 미래를 선포하고 현재를 비판하는 '예언자적 상상력'을 온몸으로 살아냈다. 정치란 근본적으로 권력투쟁이다. 권력투쟁으로서의 정치 운동은 언제나 폭력과 지배, 무자비의 문화를 만든다. 예수님은 그런 세상의 정치 논리를 역행하셨다. 월터 브루그만은 예수님의 하나님 나라 운동을 이렇게 요약한다. "실제로 그분은 지배문화를 해체했고 그 문화의 주장을 무효화했다. 그분이 궁극적으로 비판을 행한 방식을 보면 변두리 인생들과 단호하게 연대하고 그러한 연대를 통해 그들의 연약함을 끌어안는 방식이었다."[56] 그 연대의 방식은 십자가 위에서 자기를 내어주는 희생과 긍휼의 방식 속에서 완성되었고, 그것은 힘과 폭력으로 타인을 지배하려는 세상의 모든 정치 논리를 근본으로부터 무력화시키는 새로운 차원의 정치적 힘이었다. 이것이 세상을 근본적으로 변혁하는 십자가의 정치성이다.

그러므로 우리에게 주어진 핵심질문은 이것이다. 예수님을 왕으로 따르는 그리스도인은 이 세상 속에서 '어떻게' 하나님의 정치에 참여할 것인가? 한국교회 일부가 보여준 모습처럼 특정 이념과 교회를 동일시하고, 복음을 이념 투쟁의 도구로 삼는 오류를 넘어, 예수님께서 보여주신 그 길을 오늘 우리는 어떻게 복원할 수 있을까?

교회의 책임은 세상 모든 영역을 선하게 되돌리는 것이다

바울 서신은 종종 '정사archai'와 '권세exousiai'라는 용어를 사용하여 이 세상의 구조화된 악의 실체를 설명한다. 바울은 영적 전쟁을 다루는 에베소서 6장 12절에서 사탄의 실체를 "통치자들과 권세들과 이 어둠의 세상 주관자들과 하늘에 있는 악의 영들"이라고 규정한다. 사탄이 이 세상에 성육신한 것은 다름 아닌 '통치자들과 권세들과 이 어둠의 세상 주관자들'이다. 존 하워드 요더는 정사와 권세를 "스스로를 위해 우상적 지위를 요구하고 마치 자기가 절대적 가치인 양 우리를 종으로 만드는 데 성공한 바로 그 가치들과 구조들"[57]이라고 말한다. 이는 단순히 악한 영들을 의미하는 것을 넘어, 인간의 삶을 지배하는 정치, 경제, 사회, 문화 시스템 속에 깊이 뿌리 박힌 우상 숭배적 권력 구조를 가리킨다.

요더는 권세와 정사를 대표적으로 '종교적인 구조들', '지적인 구조들'학' 내지 '주의'', '도덕적 구조들법규와 관습', '정치적 구조'들로 보았다. 이것들은 원래 인간 공동체를 섬기기 위한 선한 창조세계의 일부였지만, 타락으로 인해 하나님의 자리를 찬탈했고 결국은 인간을 억압하는 나쁜 왕이 되었다고 말한다.

그런데 예수께서 이 땅에 오셔서 하신 일은 단순히 인간의 죄를 속죄하시고 그들의 영혼을 내세 천국에 데려가신 것이 아니다. 예수님는 십자가의 죽음을 통해 이 정사와 권세들의 반역적 허위의식을 폭로하여 그들의 족쇄로부터 모든 인간을 자유롭게 하셨다. 그리고 거짓된 권세로부터 벗어난 자들로 하여금 참된 권세에 충성케 하심으로 이 땅에 하나님 나라를 세우는 새로운 정치 운동을 일으키신 것이다. 하나님 나라는 그렇게 이 세상 나라 안에 침투해 들어와 보이지 않는 방식으로 세상을 장악하고 있다. 요더의 감동적인 설명을 들어보자. "이 승리의 구체적인 증거는 십자가 위에서 그리스도가 세상 권세를 '무장 해제시켰다'라는 것이다. 지금까지 그들에게 힘을 실어주던 무기가 그들 손으로부터 떨어져 나갔다. 이 무기는 망상의 힘, 곧 이 세상에서 왜소하고 의존적인 인간들로 하여금 자신들이 하나님의 대리인이며 궁극적 확실성, 궁극적 방향, 궁극적 행복 및 궁극적 의무라고 믿게 한 능력이었다. 그리스도가 오신 이후 우리는 이것이 환상인 것을 안다. 우리는 좀 더 고귀한 운명으로 부름을 받고 있다. 우리에겐 따라야 할 더 높은 질서가 있으며 우리는 더 위대하신 보호자 아래서 있다. 십자가가 그들을 무장 해제했다. 십자가가 선포되는 곳에서는 어디나 권세들의 실체가 폭로되고 그 무장은 해제되는 것이다."[58]

교회와 그리스도인의 정치적 투쟁이란 세상을 지배하려는 정사와 권세를 '힘'으로 대항하는 것이 아니라 '십자가'로 이기는 것이다. 즉 세상 '권세'를 무력화시키는 방법은 이 시대의 권세가 세상을 지배하는 구조와 방식을 거부하고 그리스도의 길을 따르는 것이다. 하나님의 정치는 군사력이나 경제력으로 이 권세들과 싸우지 않는다. 오히려 십자가를 통해 그들의 폭력성과 거짓됨을 폭로하고, 부활을 통해 그들의 지배가 영원하지 않음을 증명한다. 레슬리 뉴비긴이 지적했듯이, 교회는 다원주의 사회 속에서 복음의 유일성을 주장하며, 세상의 권세들이 요구하는 맹목적인 충성을 거부하고 오직 예수 그리스도께만 충성함으로써 이 영적 투쟁을 수행한다. 즉, 교회 자체가 세상과는 다른 삶의 방식을 살아내는 '대안적 권세'가 되는 것이다. 그러면 타락한 정사와 권세는 하나님의 선한 도구로서 인간을 섬기는 본연의 위치로 돌아오게 된다.[59] 그렇게 이 세상 속에서 정치, 경제, 도덕, 종교의 모든 영역 속에서 하나님의 나라가 임하는 것이다. 다시 말해서 정사와 권세는 박멸해야 할 대상이 아니라 사탄의 손아귀로부터 풀어내어 그 본래의 선한 위치로 복귀시켜야 할 대상인 것이다. 다시 말해서 정사와 권세의 공갈에 가까운 지배력을 비웃고 그 앞에 무릎 꿇지 않는 그리스도인들이 등장할 때 정사와 권세는 헛된 지배력을 상실하고 결국 인간을 섬기는 선한 도구로서의 자기 위치를 다시 찾게 되는 것이다.

가령, '무한경쟁'과 '경제성장'이라는 권세가 우리에게 '네 이웃을 밟고 일어서라'라고 속삭일 때, 그리스도인은 이윤보다 사람을 먼저 생각하는 소비와 직업윤리로 저항해야 한다. '국가안보'라는 권세가 특정 집단을 향한 혐오와 배제를 정당화할 때, 교회는 그 어떤 위협 속에서도 원수까지 사랑하라는 하나님 나라의 법을 고집스럽게 살아내야 한다. 이것이 바로 '정사와 권세'의 거짓된 위험을 폭로하고 그것들을 본래의 자리로 되돌리는 교회의 영적 투쟁이다.

그러면 하나님의 정치를 실현하는 교회와 그리스도의 정치전략은 구체적으로 무엇인가?

하나님의 정치는 어린 양을 통해서 작동한다

성경은 예수님에 대한 이미지로 가득 차 있다. 그중에 가장 충격적인 이미지는 요한계시록에 등장한다. 요한이 밧모섬에서 본 하나님 나라의 광경은 충격적이다. "내가 보니 보좌와 네 생물과 장로들 사이에 한 어린 양이 서 있는데 일찍이 죽임을 당한 것 같더라 계 5:6." 요한은 계속해서 천국의 모든 존재가 승천하신 예수 그리스도를 경배하는 장면을 묘사한다. "내가 또 들으니 하늘 위에와 땅 위에와 땅 아래와 바다 위에와 또 그 가운데 모든 피조물이 이르되 보좌에 앉으신 이와 어린 양에게 찬송과 존귀와 영광과 권능을 세세토록 돌릴지어다 계 5:13." 요한계시록은 부활하시고 승천하여 온 세상을 통치하는 예수 그리스도를 '사자'가 아닌 죽임을 당한 '어린양'으로 묘사한다. 무엇을 말하는가? 이 역사와 현실 속에서 예수님의 통치는 여전히 '죽임당한 어린 양의 전쟁'으로 진행되고 있다는 사실을 강력하게 암시하는 것이다.

요더는 말한다. "죽임당한 어린 양이 권세를 받기에 합당하시다는 것은 가늠할 수 없는 역설이 아니라 의미심장한 선포다. 사실상 요한은 이렇게 말한다. 역사의 의미를 결정하는 것은 칼이 아니라 십자가이며 무자비한 힘이 아니라 고난이라는 것이다. 하나님의 백성이 드러내는 순종의 열쇠는 효율성이 아니라 인내다."[60] '어린양의 전쟁 Lamb's War'은 칼과 창이 아닌 인내와 신실함, 그리고 순교적 사랑을 무기로 삼는다. 존 하워드 요더는 이를 '혁명적 인내'라고 불렀다.

교회는 힘으로 힘을 맞서는 것이 아니라, 악을 선으로 이기는 롬 12:21 방식으로 세상 폭력의 악순환을 끊어낸다. 자끄 엘룰이 《뒤틀린 기독교》에서 강조하듯, 교회의 가장 강력한 정치적 행위는 원수까지도 사랑하라는 예수의 명령을 문자 그대로 실천하는 것이다. 이것은 결코 수동적인 체념이나 패배주의가 아니다. 오히려 세상의 권력자들이 가장 두려워하는, 통제 불가능한 사랑의 힘으로 세상을 변화시키는 가장 급진적인 저항 방식이다. 교회는 십자가의 '약함'이야말로 세상을 이기는 진정한 '강함'임을 삶으로 증언하는 공동체가 되어야 한다. 만일 하나님 나라가 세상 나라를 제압하는 힘의 방식으로 임할 수 있다면 예수님은 십자가에서 무력하게 죽지 않으셨을 것이다.

한국교회는 정치적 힘을 통해 자기 의지를 실현하는 세상의 모든 정치 운동을 상대화해야 한다. 하나님 나라의 정치 운동보다 세상 정치의 진영논리에 정복당하고 그것이 마치 하나님의 뜻인 양 성도들을 선동했던 교회 지도자들은 회개해야 한다. 세상의 모든 정치 운동은 일반계시 안에서 주어지는 제한적 은총일 뿐이다. 사회가 민주화되고 경제가 발전하고 복지국가로 되는 것은 세상의 정치 운동이 일반은총의 한계 안에서 하나님의 선한 도구로 사용될 때 주어지는 제한적 복이다. 그러나 그것이 곧 하나님 나라는 아니다. 민주화되고, 경제가 발전하고, 최고의 복지국가가 되었지만, 영적으로 타락한 서구사회를 보고 있지 않은가? 교회가 어떤 정치세력을 절대화하는 순간, 그것은 그리스도인을 장악하는 타락한 정사와 권세가 될 것이다. 교회는 예수그리스도의 정치 운동에 참여하도록 부름받은 공동체이다. 그렇다면 교회는 하나님의 정치에 어떻게 구체적으로 참여해야 할까?

교회의 주인을 주인 되게 하라

하나님의 정치에 참여하는 첫걸음은 '회심'과 '제자도'를 새롭게 이해하는 것에서 시작된다. 미국의 윤리신학자인 하우워스의 유명한 말이다. "교회는 사회전략을 가지지 않는다. 교회가 사회전략이다." 무슨 뜻인가? 세상을 변화시키는 교회의 사회적 전략은 방법이나 기술의 문제가 아니다. 교회가 교회 되는 것, 교회가 교회로 사는 것이 사회변화를 위한 교회의 최고 전략이다. 교회가 교회 되는 것의 출발은 회심과 제자도의 재발견이다. 회심과 제자도는 교회 됨의 본질적인 두 기둥이다.

짐 월리스는 미국 복음주의 진영에서 빈곤과 전쟁 같은 심각한 사회적, 정치적 문제들에 대해 날카로운 비판의 목소리를 내는 대표적 지성 가운데 한 사람이다. 월리스는 그의 책 《회심》에서 성경적 회심이 무엇인지를 설명한다. 전통적으로 회심은 죄인 된 개인이 예수를 믿고 구원받는 사건으로 이해되어 왔다. 그러나 성경이 말하는 회심은 여기에서 멈추지 않는다. 참된 회심은 정치적 현실의 한 가운데서 예수 그리스도를 따르는 구체적 삶의 결단을 포함한다. 다시 말해서 세상 나라의 백성에서 하나님 나라의 백성으로 소속과 충성의 대상을 바꾸는 '정치적 정체성의 전환'을 포함한다.

정치란 누가 다스리는가의 문제이다. 충성의 문제이다. 신앙이란 충성의 대상을 바꾸는 문제이다. 그런 점에서 신앙을 갖는다는 것은 정치적 혁명을 경험하는 사건이다. "구약과 신약 둘 다에서 회심은 '주인을 바꾸는 것'을 포함한다. 우상숭배로부터의 회심은 성경의 한결같은 주제이다. 거짓 신들이 신앙 공동체에 들어오고 이방 신들이 하나님께만 마땅히 귀속되어야 할 충성을 약탈한다. 우리 시대의 우상들은 성경 시대의 거짓 신들과 그리 다르지 않다. 풍요, 권력, 자만, 국가에 대한 자긍심, 종족, 군사력 같은 것들이 당시의 우상이었다. 회심은 지배적인 우상숭배로부터 돌아서서 살아계신 하나님을 향한 참된 예배로 돌아감을 의미했다."[61] 오늘날 우리가 돌이켜야 할 우상은 피부에 와닿을 정도로 명백한 악이 아니라 '선'이라고 착각하게 만드는 이 세상의 거짓된 약속들이다. 정사와 권세는 '광명의 천사'라는 가면을 쓰고 나타나 우리에게 무릎 꿇으라고 요구한다. 그 결과, 하나님 나라가 아닌 국가라는 사회적, 경제적, 군사적 체제가 약속하는 세속적 영향력을 신앙이라는 이름으로 추구해야 할 절대적 선으로 착각함으로써 스스로 우상 숭배자가 되는 것이다.

한국 기독교의 극우적 성향도 언제나 돈과 자본주의를 하나님 나라와 동일시하는 신학적 오류에서 기인하다. 하지만 회심이란 이 세상의 힘을 상대화시키고 비웃고 오직 하나님만을 경배하기 위해 그분께로 돌이키는 것이다. 이 돌이킴은 우리에게 세상 나라의 가치가 아닌 하나님의 나라의 가치를 위해 헌신하는 사명자들이 되라고 요구한다. 설교자들은 그리스도인들에게 사적 번영과 성공을 위하여 신앙을 도구화하지 말고, 하나님 나라의 비전을 위해 헌신하라고 도전해야 한다.

회심은 필연적으로 예수 그리스도를 따르는 제자도와도 연결된다. 초기 그리스도인들은 '그 도 the way 를 따르는 사람들'이라고 불리었다. 그리스도인들은 처음부터 새로운 생활방식 곧 제자도의 삶을 사는 사람들이었다. 로널드 사이더가 말했듯이, 제자도는 단순히 종교적 의무를 행하는 것이 아니라, 삶의 모든 영역에서 예수의 통치를 따르는 것이다. 이는 우리의 소비 습관, 직업윤리, 인간관계뿐만 아니라, 투표와 같은 정치적 행위까지 포함한다. 무엇보다 힘이 형성한 위계질서의 피라미드에서 그리스도인은 약한 자와 연대함으로써 하나님 통치의 실재성을 보여주어야 한다. 십자가 정치는 힘의 논리를 거부하고 사랑과 용서, 그리고 자기희생을 통해 세상을 변화시키는 예수님의 방식이다. 교회는 사회적 약자들과 연대하고 그들의 고통에 동참하며, 용서와 화해의 공동체를 실질적으로 구현함으로써 십자가 정치를 실천할 수 있다.

교회다움을 회복하라

무엇보다 교회는 힘으로 형성된 이 사회를 변혁하는 대안 사회로서 참된 공동체를 형성해야 한다. 제임스 K. A. 스미스는 《왕을 기다리며》에서 교회가 그 자체로 하나님의 통치가 구현되는 대안적 사회, 즉 '폴리스Polis'라고 주장한다. 그는 말한다. "교회를 폴리스로 볼 때 핵심은 교회를 국가 가운데 있는 내세적 섬이라고 가정하는 것이 아니라 지상 도성만을 정치적이라고 생각하고 국가의 습관과 훈련에 '정치'를 넘겨주려는 유혹에 저항하는 것이다."[62] 교회만이 이 세상을 진정한 의미에서 개혁하는 참된 정치세력이라는 사실을 포기하지 말라는 뜻이다. 어떻게 그렇게 하는가? 제임스 스미스는 공동체의 예배와 현실 변혁의 관계성을 다음과 같이 설명한다. "정치적 실천과 개입은 기독교 예배라는 실천에 내재되어 있다. 기독교 예배는 이미, 본질적으로 정치적 행동이다. 말씀 선포는 왕 같은 제사장들을 위한 해방 서사의 예행연습, 카이사르의 복음에 맞서는 복음 선언이다. 주의 만찬은 "없는 것들"조차도 왕의 식탁에 앉도록 초대받는 혁명적 식사다. 매주 열리는 성도의 모임은 그들이 지닌 천상의 시민권을 시연하는 의례다."[63]

다시 말해서, 교회는 단순히 개인들의 모임이 아니라, 세상과는 다른 방식의 사랑과 정의, 환대와 용서가 실천되는 '하나님 나라의 전시실'과 같은 곳이다. 교회가 교회답게 존재할 때, 세상은 비로소 참된 정치의 가능성을 엿보게 된다. 동시에 교회는 세상을 향한 '예언자'의 사명을 감당해야 한다. 월터 브루그만과 레슬리 뉴비긴이 강조했듯이, 교회는 세상의 우상 돈, 권력, 국가 등을 향해 담대하게 '아니오'라고 외치고, 억압받는 자들의 신음을 대변하며 하나님의 정의를 선포해야 한다.

결국, 교회는 '폴리스'이면서 동시에 '예언자'여야 한다. 안으로는 하나님 나라의 대안적 삶을 살아내는 공동체를 형성하고 폴리스, 밖으로는 세상의 불의를 비판하고 하나님의 정의로운 통치를 선포하는 예언자 두 가지 사명을 균형 있게 감당해야 한다. 디트리히 본회퍼가 그의 제자들에게 가르쳤던 것처럼, 교회는 세상 속에서, 그러나 세상의 방식과는 다르게, 오직 예수 그리스도의 제자로서 살아가는 훈련의 장이 되어야 한다.

하나님의 정치를 말하는 것은 결코 교회를 정치화하거나 세속화하려는 시도가 아니다. 오히려 그 반대다. 그것은 세상의 왜곡된 정치로부터 교회를 구별하고, 복음의 본래의 공적 능력을 회복하려는 몸부림이다. 교회가 하나님의 정치를 실현하는 길은 멀고 험난해 보일 수 있다. 그러나 우리에게는 십자가에서 죽으시고 부활하사 만유의 왕이 되신 예수 그리스도가 계시다.

이제 한국교회는 세상의 이념을 추종하며 길을 잃었던 과거를 회개하고, 다시 '예수의 왕 되심과 통치'를 삶으로 증언해야 한다. 목회자들은 강단에서부터 용기 있게 하나님의 정의와 평화, 희년의 비전을 선포해야 한다. 성도들은 각자의 삶의 자리에서 세상의 논리가 아닌 십자가의 논리로 살아가는 '어린양의 전쟁'을 수행해야 한다. 교회가 그 자체로 하나님 나라의 대안적 '폴리스'가 될 때, 세상은 우리를 통해 절망의 정치가 아닌 희망의 정치를 보게 될 것이다. 이것이 바로 이 시대에 우리에게 주어진 교회의 거룩한 사명이다.

PASTORAL MINISTRY TREND 2026

권오국 목사

이리신광교회 담임이다.
저서로 《행복, 다시 정의하다》, 공저로 《살리는 설교》 등이 있다.

5 생각하는 힘을 잃은 기독교

사고하기를 멈춘 기독교가 되었다

2024년 12월 3일 이후, 우리나라는 혼란에 빠졌다. 자유민주주의가 흔들릴 뻔한 절체절명의 위기를 맞았다. 다행히 우려했던 유혈사태는 일어나지 않았지만, 대통령과 정권이 바뀌는 일대 혼란이 야기되었다. 계엄을 선포한 내란세력은 쉽게 검거되지 못했다. 이 과정에 일조한 것은 기독교 극우세력이었다. 보수라는 이름을 내세워 내란세력을 옹호하는 선봉장에 섰다. 목사라는 이름을 단 지도자는 선봉꾼이 되어 교인들을 좌지우지했다. 극우세력을 자처하는 청년들은 내란세력을 옹호하는 광장의 중심에 섰다. 나이든 교인들은 전셋집이라도 빼서라도 내란세력을 수호하는 데 앞장서라는 말을 들으며 수많은 집회의 선봉대가 되었다. '계엄'이 명백히 헌법에 어긋나는 행위라는 것을 아는 국민은 극우 기독교를 질타했지만 정작 교회의 자성의 목소리는 소극적이었다. 극우 목회자의 신성모독 논란이 일었을 때조차 비판적인 공식 입장을 표명한 교단은 소수에 불과했다.[64]

코로나를 지나면서 땅에 떨어진 교회의 위신은 계엄 옹호로 인해 큰 위기를 맞았다. 교회에 다닌다고 말하면 개념 없는 사람으로 여겨

질까 봐 '기독교인'임을 밝히기 꺼리는 마당에 교회, 목사, 교인으로 뭉쳐진 극우세력의 횡포는 기독교인이라면 아예 상종을 말아야 하는 형편으로까지 몰고 갔다.

한국교회는 위법을 행하고 극우세력에 침묵 동조하는 모습을 보이며 시민에게 외면당할 위기에 놓였다. 불교와 천주교가 앞장서서 시국선언을 발표하며 대한민국의 자유민주주의 수호를 위해 국민을 대신해 목소리를 낼 때도 교회는 침묵했다.

교회는 보수와 극우를 분간하지 못하고 있다. 유시민 작가는 《청춘의 독서》에서 보수주의에 대해서 다음과 같이 정의한다. "보수주의保守主義, conservatism란 무엇일까? 《브리태니커 백과사전》에 따르면 "오랜 시간을 통해 발전되어온 연속성과 안정성을 담보할 수 있는 전통적인 제도와 관습을 소중히 여기는 태도"를 말한다. 조심하자. 보수주의는 체계를 갖춘 이념이나 이데올로기가 아니다. 그것은 전통에 대한 '태도'를 가리키는 말이다. 보수주의는 마음의 상태, 감정, 정서, 살아가는 방식을 의미한다."[65] 보수주의는 태도와 삶의 방식임에도 불구하고 많은 한국교회가 강력한 애국주의와 반공주의, 중앙집권적 통치 체제를 지지하며 극우가 보수주의인 것처럼 신봉한다.

생각하기를 멈춘 교회는 돈과 명예, 권력의 하수인으로 전락했다. 교회는 대한민국의 근간을 형성한 제도와 관습을 소중히 여기는 것을 빙자해 극우세력의 머리가 되었다. 헌법 수호가 아닌 목사와 교회의 사익을 추구하고 있다. 정치적 혼란 속에서 사고를 멈춘 교회는, 결국 신앙 내에서도 타자와의 차이를 용납하지 못하게 되었다. 사고 정지의 폐해는 교회 내 다양성 억압으로까지 확장되었다.

다양한 생각을 인정하지 않는다

교회가 극우세력의 앞잡이가 된 것은 절대 이상하지 않다. 그것은 이미 예견되어 있었다. 교회는 생각하기를 멈추었다. 교회는 자신의 것만 옳다고 주장했다. 기독교가 조선에 유입되던 초기, 기독교는 혁명 그 자체였다. 양반과 노비 구분 없이 모두가 하나님 앞에서 평등함을 세상에 알려주었다. 여성의 인권회복을 위해 여성에게 교육의 기회를 제공했다. 1919년 3월 1일 일제의 압제에 항거하여 비폭력 독립운동을 펼칠 때도 다수의 기독교인은 민족의 지도자로 활약했다. 대한민국 최초의 헌법제정에까지 선한 영향력을 끼쳤다. 기독교는 과거, 정의와 평등의 이름으로 민족의 어두운 밤을 밝히던 촛불이었다.

    시간이 흐르면서 한국교회는 시대의 지성인이었던 정체성을 잃어버렸다. 민족의 나아가야 할 방향을 이끌었던 교회의 모습을 더는 찾아보기 어렵다. 세상도 교회에 그 역할을 기대하지 않는다. 교회는 국민과 나라를 위하기보다 개인의 번영을 추구하기 시작했다. 기복주의와 대형화에 사활을 걸었다. 개인 구원과 축복, 경제적 번영 위에 구원을 뿌리내리면서 교회는 변질되어갔다.

교회는 점점 몸집을 불려 나갔다. 미국에서 교회가 기업이라면, 한국에서는 교회가 대기업이라는 말이 생겨났다. 세상에서 가장 고여 있는 물이 되었다. 변화가 제일 더딘 집단이 되었다. 자신만이 옳다고 말하고 다른 것은 틀렸다고 말하기 일쑤였다. 교인들에게도 생각할 여지를 주지 않았다. 강단에서는 하나님 말씀이라는 명분으로 목사 개인의 편향적 사고가 선포되었다. 주님이 세우신 일꾼에 순종하는 것을 믿음의 최고 미덕으로 여겼고, 교인들은 최선을 다해 믿었다. 질문은 믿음에 합당하지 않았다. 보이지 않는 것을 믿는 믿음은 귀했지만, 토 달지 않는 믿음이 형성되는 것을 거들 뿐이었다.

한국교회는 점점 더 완고한 성이 되어갔다. 카리스마적 목회의 부작용으로 발생한 목회자의 막대한 부의 축적과 세습, 성 문제까지도 만들었다. 그 결과 한국교회에서 다양성은 받아들여지지 않는다. 획일화되고 전형화된 모습만이 옳다고 여김을 받는다. 목회자를 비롯한 다수의 교인과 다른 생각을 하면 틀린 것이고 올바른 믿음을 가진 것이 아니라고 손가락질받는다. 기독교인이 진보라고 하면 믿음이 없는 자로 낙인찍힌다. 기독교인은 함부로 다른 종교나 인문학을 공부하기 어렵다. 불순종과 믿음 없음으로, 이단으로 비치기 때문이다.

정대건의 소설《급류》에는 듣는 사람의 기분에 따라 다르게 들리는 새의 울음소리가 나온다. 호랑지빠귀라는 새는 한밤에 우는데 그

소리가 으스스해서 귀신 새라고도 불린다. 듣는 사람마다 기분에 따라 새의 울음소리가 다르게 들리는데, 누군가는 기괴하다고 하고, 누군가는 재밌다고 하고, 누군가는 슬프다고 한다.[66] 교회는 마치 이 호랑지빠귀 새의 울음소리에 다양한 해석을 부여하지 않고, 교회가 정의한 소리만을 강요한 것과 같다.

개개인의 귀에 어떻게 들리는지는 상관없다. 교회가 정한 대로만 들으면 된다. 교회가 정한 대로만 들으면 옳게 들은 것이라고 생각하게 만들었다. 교회가 정한 대로가 아닌 개인의 해석으로 들리는 소리를 말하면 틀렸다고 한다.

하나님은 창조주이시다. 하나님은 예술가이시다. 창조의 하나님은 다양성을 인정하신다. 하나님은 개개인에게 부여하신 고유의 특성 가운데 임재하신다. 루스 벤 기앳은 《극우, 권위주의, 독재》에서 예술가에 관해서 정의한다. "우리는 예술가입니다. 하지만 그저 생각의 지평을 넓히려는 것을 포함해서 자기 삶의 공간을 확장하고자 노력하는 사람이라면 누구나 다 예술가입니다."[67] 그에 따르면 생각의 지평을 넓히기 위해 노력하는 사람, 자기 삶의 공간을 확장하려고 노력하는 사람이라면 누구나 다 예술가이다. 우리는 위대한 예술가 하나님께서 창조하신 또 다른 예술가이다. 우리는 역사와 개개인의 삶 곳곳에서 계시하시는 하나님의 뜻을 찾아 삶과 생각의 지평을 넓혀나가기 원한다. 그런데 한국교회는 그런 다양성의 노력을 인정하지 않을 때가 많다.

극단적인 것을 진리와 연결시킨다

생각하지 않는 교회, 다양성을 인정하지 않는 교회는 극단적으로 치달을 수밖에 없다. 교회는 세상과 분리된 채 교회만이 답이라고 주장한다. 조지 오웰의 소설 《동물농장》에 나오는 돼지들은 양들을 이용하여 동물들을 세뇌한다. "네 발은 좋고 두 발은 나쁘다"라는 구호를 외친다.[68] 동물은 무조건 좋고, 인간은 무조건 나쁘다는 의미이다. 마치 그것이 진리인 양 행동한다. 교회도 조지오웰의 소설 속에 나오는 부조리한 돼지들과 비슷한 모습은 아닌지 돌아보아야 한다.

한국교회는 동물농장처럼 이원론의 늪에 빠졌다. 하나님의 것과 사람의 것을 구분 지었다. 목회자나 교인이 인문학을 공부하면 하나님을 배신하는 것처럼 여긴다. 신앙과 삶을 구분하여 세속적인 것과 영적인 것을 나눈다. 교회에 나오는 사람들은 의인이고, 교회에 나오지 않는 사람들은 죄인으로 본다. 삶과 믿음의 조화보다는 기도, 금식, 예배, 통독, 암송, 섬김, 십일조 등의 신앙생활을 대표하는 행위를 할 때 영성이 있다고 여긴다. 인간관계나 직무 능력을 위해 노력하기보다는 신앙 행위를 잘하면 그만이라고 가르친다. 기도와 금식은 강조하면서, 사회 문제나 교회 내 문제에는 침묵한다. 사회적 정의를 실천하려는 목소리를 '정치적'이라며 배척하는 이원론적 태도는 교회를 세상과 단절된 섬으로 고립시켜 버린다.

이원론적인 구분은 더 나아가 극단적 행위를 진리와 연결하기에 이른다. 기독교인은 기본적으로 '잘 믿는' 사람들이다. 하나님께 순종하고 말씀을 따르려는 순수한 믿음은 아름답다. 하지만 그 믿음이 질문 없는 수용으로 굳어졌을 때, 그것은 '무조건적인 추종'이 되어버린다. 문제는 바로 그 지점에서 시작되었다. 교회를 사랑하고 신앙을 지키고자 하는 열정이, 어느새 '교회라는 구조' 그 자체에 대한 맹신으로 변해버린 것이다. 그렇게 믿음은 기준이 아니라 방패가 되었고, 질문은 믿음 없음으로 간주되었다. 그 틈을 극우적 담론이 비집고 들어왔다. 선과 악, 의인과 죄인의 이분법 속에 정치이념까지 편입되자 교회는 점차 '진영의 믿음'을 설교하기 시작한다. 비판 없는 신앙은 결국 구별 없이 무엇이든 믿게 만든다.

생각하는 힘을 회복하여 세상을 읽어라

교회는 생각하는 힘을 회복해야 한다. 생각하는 힘을 회복하면 성장을 향하는 올바른 선택을 할 수 있다. 교회는 세상을 읽는 세상 리터러시를 갖춰야 한다. 생각하는 힘을 회복하면 세상의 빛과 소금이 될 수 있다.

미국의 정치철학자 한나 아렌트는 《난간 없이 사유하기》에서 "옳음을 행하는 것이 옳고, 그름을 행하는 것이 그르다는 것을 아는 데는 그 어떤 경험도 필요하지 않다. 하지만 특수한 행위가 그르다는 판단은 선험적 지식의 사안이 아니다. 이는 사실과 허구를 분별할 수 있는 '능력'이다."[69]라고 주장한다. 무엇이 옳고 무엇이 그른지를 분별할 수 있는 능력은 경험에 의해서만 얻어지는 것이 아니다. 옳은 것을 행동하고 옳지 않은 것을 행동하지 않으려면, 무엇이 사실이고, 무엇이 가짜인지를 판단할 수 있는 능력이 있어야만 한다는 말이다. 어느 한쪽으로 편향되어 생각하는 것이 아니라 그 현상에 대해 생각하고 말하고 행할 능력이 있다는 것이다. 교회는 생각하지 않는 죄를 멈춰야만 한다. 교회가 이 세상에 존재하면서 무엇이 옳고 그른지 분별할 수 있는 능력이 없다면 교회의 존재 가치가 없다. 세상의 어두운 곳을 비추고, 세상이 부패하지 않도록 적정량의 염도를 맞춰주고 제맛을 내게 하려면, 세상이 들어야 할 말을 교회가 할 줄 알아야 한다.

사실과 허구를 분별하기 위해서는 문해력을 키워야 한다. 전주 완산고등학교 박제원 교사는 그의 칼럼 〈한국인의 문해력은 나쁘다〉에서 한국인의 디지털 문해력에 대해서 다음과 같이 말하고 있다. "다양한 매체로부터 쏟아지는 정보 중에 가짜 뉴스 등에 휘둘리지 않고 필요한 정보를 선별하려면 메시지를 이해하고 조직할 수 있어야 한다. 그러나 한국의 디지털 문해력 수준은 OECD에서 가장 낮다. 학교에서 인터넷 정보의 편향성 여부를 판단하는 교육을 받았다는 비율도 OECD 평균에 못 미친다."[70]

문해력을 길러야 극단적 기독교라는 낙인이 찍히지 않는다. 문해력이 높아야 가짜뉴스에 속지 않는다. 문해력이 있어야 외부 압력에 휘둘리지 않는다. 현재를 사는 우리에게 사리를 잘 분별하려는 분별력을 키우기 위해서는 읽고 쓰는 삶을 회복해야 한다. 문해력은 개인과 사회 모두에게 가장 중요한 능력이다.

문해력을 키우기 위해서는 읽고 써야 한다. 읽기와 쓰기를 포기한 삶에서 비판적인 사고력은 절대 키워지지 않는다. 양귀자의 소설 《모순》에서 주인공이 자신의 사촌에게 건네는 조언은 마치 세상이 교회에 건네는 말로 들린다. "세상은 네가 해석하는 것처럼 옳거나 나쁜 것만 있는 게 아냐. 옳으면서도 나쁘고, 나쁘면서도 옳은 것이 더 많은 게 우리가 살아가는 세상이야. 네가 하는 박사 공부는 그렇게 단순한지 모르겠지만, 내가 살아보는 삶은 결코 단순하지 않았어. 나도 아직 잘 모르지만."[71] 하나님의 형상대로 창조된 사람들이 살아가는 오늘과 미래는 점점 더 복잡해지고 다양해지고 있다. 점점 다각화되는 삶을 살아가기 위해서는 문해력이 필수이다. 세상을 읽어내고 자신과 타인을 읽고 이해할 수 있는 문해력은 신앙의 이름으로 주어진 명령을 그대로 수용하는 것이 아니다. 그 의미를 묻고 질문하는 용기에서 비롯된다. 세상을 읽어내는 힘을 키워 그 질문을 세상 속 현실과 연결 지어야 한다. 교회는 '생각하는 존재'가 되어 문해력을 갖춰 세상을 품어야 한다. 창조자로서의 정체성을 회복하여 세상이 들어야만 하는 소리, 세상에 꼭 전해야 하는 소리를 낼 수 있어야 한다.

생각하는 힘을 회복하여 세상과 연결되어야 한다

교회가 생각하는 존재가 되어 자신만의 목소리를 낼 수 있으려면 교회 안에 담론 문화를 만들어 가야 한다. 교회 안에는 부서별로 모임 시간도 있고, 구역이나 목장 모임도 있다. 하지만 그 안에서 이뤄지는 대화는 개인의 삶의 범주를 벗어나지 못하는 한계성을 띤다. 세상의 이슈들을 기독교인의 시선과 가치관 안에서 어떻게 바라보고 판단해야 할 것인지에 대한 담론이 없다. 최재천 교수는 그의 책 《숙론》을 통해 토론을 뛰어넘어 성숙한 담론인 숙론이 우리 사회 곳곳에 일어나야 한다고 주장한다. 그는 숙론에 대해 다음과 같이 정의한다. "숙론은 상대를 제압하는 게 목적이 아니라 남의 이야기를 들으면서 왜 나와 상대의 생각이 다른지 숙고해보고 자기 생각을 다듬으려고 하는 행위다. 서로 충분히 이야기하면서 서로를 이해하고 인식 수준을 공유 혹은 향상하여 노력하는 작업이다. 숙론은 '누가 옳은가 Who is right?'가 아니라 '무엇이 옳은가 What is right?'를 찾는 과정이다."[72] 당장 교회에서 세상일에 관해 대화를 나누는 것이 어색할 수 있다. 그 과정 중에서 싸움이 일어나지 않을까 걱정될 수 있다. 그러나 결국 우리가 바라봐야 할 점은 교회 안에 성숙한 담론인 숙론이 일어나는 것 아닐까. 지역감정, 남녀평등, 노키즈존, 입시제도, 경쟁 사회, 노인 문제, 환경 오염, 각종 중독, 이기주의, 경제활동, 자녀교육, 부부관계, 경청, 공감, 혐오 등 수많은 대화거리가 있다. 관련 주제에 대해서 모르면 연관된 책을 읽고 함께 나눌 수 있다. 함께 나눈 후에 짧은 글을 써보면 더 좋다. 현상에 대해 자신은 어떤 생각을 하고 있는지 점검해 봐야 한다. 아무 생각도 없는데 다른 사람이 하는 말에 휩쓸려 가고 있는 건 아닌지, 가짜뉴스에 현혹되고 있는 것은 아닌지 판단해야 한다. 다른 사람은 어떻게 생각하는지 겸손한 자세로 들을 줄 알아야 한다. 위로부터 오는 혹은 힘을 가진 사람들에게서 오는 의견을 자기 생각인 양 여기지 말아야 한다.

교회는 세상과 소통하기 위해 담론의 장을 회복해야 한다. 그 구성원 하나하나가 능동적인 사고 주체가 되어야 한다. 유발 하라리는 《넥서스》에서 컴퓨터와 라디오의 차이점에 대해서 다음과 같이 설명한다. "컴퓨터가 정보 네트워크의 완전한 구성원인 반면 점토판, 인쇄기, 라디오는 단순히 네트워크 구성원들을 연결하는 장치에 불과하다. 네트워크 구성원들은 스스로 결정을 내리고 새로운 아이디어를 생성할 수 있는 능동적인 행위자다. 반면 연결장치는 구성원들 사이에서 정보를 전달할 뿐 스스로 무언가를 결정하고 생성하지 않는다."[73] 지금의 교회는 과연 그런 네트워크의 구성원인가? 교회의 구성과 연결이 컴퓨터와 같은지 라디오와 같은지 생각해 보아야 한다. 하나님의 형상을 닮은 창조자들 개개인이 모여 하나님의 세상을 향한 뜻을 이루시는 통로로 사용되는 교회는 구성원들을 어떻게 연결하고 있는가.

21세기를 살아가는 그리스도인이 세상의 빛과 소금이 되기 위해서는 세상 속에서 그리스도인다운 결정을 내리고 분열되고 갈라진 세상을 하나로 연결할 수 있는 새로운 아이디어를 생성할 수 있어야 한다. 교회의 구조를 근본적으로 성찰해야 한다. 그러기 위해서는 먼저 교회 안에서 수직적으로 내려오는 의사소통이 아닌 수평적 의사소통이 일어나야 한다. 실제의 삶 속에서 일어나는 여러 가지 문제들에 대해서 숙론할 수 있어야 한다. 그럴 때, 교회는 예수님의 마음으로 세상을 품을 수 있게 된다.

PASTORAL MINISTRY TREND 2026

박혜정 선교사

알바니아 선교사로 GMP 개발연구위원이다.
공저로 《비록 존재감은 없지만 삶은 행복해》, 《오늘도 묵묵히》 등이 있다.

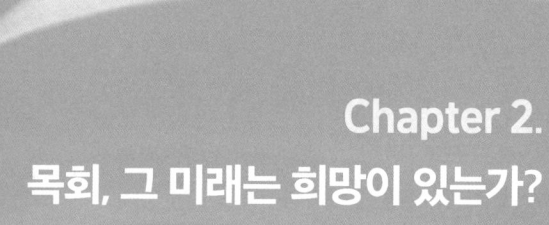

Chapter 2.
목회, 그 미래는 희망이 있는가?

PASTORAL

MINISTRY

TREND

2026

1 어둠이 짙어지고 있는 목회의 미래

이미지 추락이 교회의 미래를 어둡게 만들고 있다

목회의 미래가 밝지 않다. 미래가 밝아도 시원치 않은데 시간이 흐를수록 어두워지고 있다. 목회의 미래가 밝지 않은 여러 가지 이유가 있다. 그중 하나가 세상이 생각하는 교회 이미지이다.

교회 이미지는 어떤가? 최악이다. 친구가 이런 말을 한다. "세상 사람들은 상대방이 교회를 다니면 무조건 피하고 싶어 한다." 요즘은 애인을 만나는 조건 중 하나가 무종교이다. 불교와 천주교는 그나마 나은데 교회를 다니면 만남이 불편해 무종교인을 선택한다.

기독교윤리실천운동은 2023년 12월 16일 서울 종로구 한국교회 100주년기념관에서 '2023 한국교회의 사회적 신뢰도 여론조사 결과 발표 세미나'에서 국민의 절반을 차지하는 무교인의 기독교인에 대한 차가운 시선을 언급한다. 무교인이 교회·목회자·개신교 신뢰도 등 개신교에 대한 인식은 타 종교인보다 훨씬 더 부정적이다. 코로나 19 이후부터 청소년들도 친한 친구가 교회를 다니면 "제발, 너 교회 가지 마."

라고 한다. "너같이 착한 아이가 교회 가서 버리면 어떻게 해!"라고 걱정한다.

세상은 교회를 '막장', '개독', '혐오'로 표현한다. 최근에는 사람들이 절에는 가도 교회에는 가지 않으려 할 정도다. 교회가 진절머리 난다는 사람이 많아지고 있다. 사람들이 타 종교를 믿으면 만남을 원하지만, 교회에 다니면 만남을 꺼린다. 특히 결혼 적령기에 있는 선남선녀의 기피 대상 1호는 기독교인이다.

세상이 교회를 혐오하는 것은 교회는 하나님 믿는 곳이 아니라 돈 장사하는 곳으로 이미지화 되었기 때문이다. 몇몇 극우 목회자를 중심으로 하여 교인들이 해서는 안 될 행동을 한 것이 결정타이다. 목회자가 교회의 안 좋은 이미지를 쌓았다. 목회자의 타락, 교회의 타락이 그 중심에 있다. 목회자의 세습, 학력위조, 공금횡령, 성범죄 등등 목회자 범죄는 위험수위를 넘어선 지 오래다.

교회의 이미지 추락은 교회의 미래를 더 어둡게 만든다. 2024년 12월 3일에 촉발된 계엄령을 교회가 계몽령으로 뒤바꾼 것은 극심한 교회 이미지 추락을 가속화시켰다. 인권을 짓밟고자 내린 것을 계몽을 위한 것이라는 말도 되지 않는 말이 교회를 중심으로 퍼져나갔다.

어둠이 어느 정도 짙은가?

목회의 어둠은 새벽이 올 것 같지 않을 만큼 깊다. 어둠이 깊으니 목회자들이 목회에 희망이 없다고 말한다. 지금 우리는 꿈 없이 목회하고 있다. 어둠이 짙어지자 목회자는 승리의식이 아니라 패배의식에 잡혀 있다. 어둠이 짙어지자 젊은 목회자는 교회가 아니라 삶의 현장으로 달려간다. 삶의 현장이 차라리 낫다고까지 말한다.

한국 사회에 어둠이 짙은가? 윤석열 사건 당시 사회에 어둠이 깊었다. 소설가 이슬아는 《불안》에서 "지금 한국은 압박감은 높고 안전망은 낮은 사회잖아요."[74]라고 말한다. 교회는 이보다 더 심하다. 목회의 불안감은 그렇다 치더라도 목회는 '미래가 암울함, 경제적으로 살 길이 막막함, 추락의 끝을 모름, 패배의식에서 벗어나기도 힘든' 상태이다.

목회의 어둠이 짙어지는 이유는 하나님에 대한 믿음이 없음, 목회자의 지적인 탐구 부족, 신앙 인격의 결함 그리고 문제를 하나님 안에서 해결하려고 하지 않는 것 등이다. 지적 탐구가 부족하니 어떤 목회자는 광주 5.18 민주화 운동은 전두환이 군대를 동원한 것이 아니라 북한군이 광주에 들어와 시민을 총으로 쏴 죽였다고 말한다. 이 말을 미국에서 목회하는 목회자에게 들었다며 진실이라고 열변을 토한다. 필자는 1981년에 광주 기갑 학교에서 후반기 교육을 받았다. 당시 북한군이 쳐들어왔다는 말을 광주 시민, 기갑 학교의 교관이나 조교에게서 들은 적이 한 번도 없었다. 매일 무용담만 들었던 기억은 무엇인가?

사건을 지적으로, 객관적으로 판단할 능력이 없는 목회자에게 목회의 어둠의 터널이 깊은 것은 당연하다. 목회의 어둠이 짙으면 우리는 하나님께로 나아가야 한다. 본질을 붙들어야 한다.

교회가 짙은 어둠에 빠진 것은 교회의 정체성이 명확하게 드러나지 않기 때문이다. 예수님의 십자가와 부활이 목회에서 많이 사라졌다. 세상을 향한 사랑, 섬김, 희생, 나눔 등을 보여주지 못한다. 도리어 채움, 성공, 규모의 확대, 숫자의 많음, 재정의 풍부함 등만을 보여준다.

교회의 브랜딩은 극우, 비이성적, 반지성주의, 부정부패, 탐욕, 선동 등이 아니다. 예전처럼 '예배', '말씀', '기도', '성경공부', '제자훈련', '약자 돕기' 등이어야 한다. 세상에 비치는 교회의 이미지 즉 브랜딩이 거꾸로 가고 있다. 세상에 보여주는 이런 이미지는 교회에 어둠만 더 짙게 할 뿐이다.

교회는 브랜딩을 교회의 정체성을 보여주는 것으로 바꿔야 한다. 브랜딩이 본질을 보여주는 것이기에 그렇다. 민은정은 《브랜드가 곧 세계관이다》에서 "브랜딩은 본질을 증명하는 것이다"[75]라고 말한다. 교회의 본질은 '예수님 형상을 드러내기'이다. 예수님의 삶을 살아내는 것이다. 교회가 그 정체성인 본질을 증명하지 못하니 교회 브랜드는 '예수님 닮기'가 아니라 '예수님 버리기'를 적나라하게 보여주고 있다.

회복이 가능한가?

교회는 이미지 추락에서 정상으로 회복이 가능한가? 이 질문에 즉답이 곤란하다. 한 번 추락하면 복구하는 것이 상상 이상으로 어렵기 때문이다. 회복이 힘든 것을 보여주는 것이 파산한 기업이다. 파산한 기업이 회생한 적이 없다. 대우가 파산한 뒤 회생하지 못했다. 국제그룹이 파산한 뒤 회생하지 못했다. 신동아그룹도 파산한 뒤 회생하지 못했다.

삼성전자는 D램 분야 최고였다. D램 부문에서 33년 연속 1등이었다. 고대역폭 메모리인 HBM High Bandwidth Memory 이 각광받고 있지만 시장의 흐름을 읽지 못해 SK하이닉스에 주도권을 내주었다. 그 사이 SK하이닉스는 2025년 1분기 기준 HBM 시장의 70% 이상을 점유하며 주도권을 쥐고 있다.

예전에 반도체 하면 삼성이었다. 지금은 반도체 하면 TSMC다. 이를 회생하기 위해 2030년까지 133조 투자, 시스템 반도체 세계 1위 달성 비전을 제시했다. 하지만 쉽지 않다. 시장조사기관 트렌드포스에 따르면 2025년 1분기 삼성 파운드리의 점유율은 7.7%다. 2019년 점유율 8.1%보다 0.4%포인트 하락했다. 업계 1위인 대만 TSMC 67.6% 와 격차도 크지만 3위인 중국 SMIC 6% 와 격차도 좁혀지고 있다.

한 번 뒤처지면 회복이 쉽지 않다. 회복 탄력성이 높을 때나 가능하다. 교회는 회복 탄력성이 높은가? 회복 탄력성이 높아지려면 "본질을 붙들고 있는가?"와 "세상의 흐름을 읽어내고 있는가?"를 통해 알 수 있다. 그리고 "교회가 세상에서 좋은 이미지인가?"이다. 셋 중에 제대로 하는 것이 없다. 특히 교회는 세상에서 좋은 교회 이미지가 아니다.

교회가 좋은 교회가 될 때 회복이 가능하다. 김애란의 《안녕이라 그랬어》에서는 지수 남편 수호가 좋은 사람이란 평가를 받는다. "지수의 남편은 성실하고 조용했다. 처음 봤을 때부터 그런 점에 끌렸다. 사려 깊되 생색내지 않는 사람이라는 게. 수호는 B 시에서 십 년 가까이 전자제품 설치 기사로 일했다. 지수의 남동생 준오도 같은 회사 소속이라 두 사람은 한동안 2인 1조로 일했다. 이런 준호가 지수 남편 수호를 한 평가이다. 평가를 박하게 하기 십상일 수 있다. 세상에 자기 상사를 좋아하는 사람은 별로 없는데 준오가 이렇게 말한다. '같이 일해본 사람 중 가장 좋은 사람이야.'"[76]

가장 좋은 사람이라고 평가받으면 그 사람을 다시 본다. 그 사람과 함께 일하고 싶어 한다. 그 사람에게 친절해지고 기대감을 갖게 된다. 동료, 이웃, 친구 등은 좋은 사람에게 기대감을 품는다.

교회도 좋은 교회가 되면 회복이 가능하다. 지금은 좋은 교회라는 이미지 회복 상황이 못 된다. 세상은 좋은 사람에게 희망을 품는다. 희망의 목회를 하려면 좋은 교회, 좋은 목회자여야 한다. 좋은 교회일 때 세상이 기대감과 희망을 갖는다.

포용력이 있어야 한다

목회의 미래가 밝으려면 세상에 대한 포용력을 넓혀야 한다. 목회자는 하나님을 위해 있다. 동시에 교인들을 위해 있다. 다음으로 세상을 위해 있다. 그러므로 세상을 품어야 한다. 톰 레이너는《살아나는 교회》에서 '공세적인 교회'를 말한다. 그는 공세적인 교회를 '하나님의 능력이 함께하는 교회'라고 정의한다. 그 특징은 "공세적인, 활기찬, 끈질긴, 결단력 있는, 집요한, 지속적인"[77]이다. 하나님의 능력은 세상에서 발휘되어야 한다.

공세적인 교회란 공격적인 교회라 할 수 있다. 공격적인 교회는 먼저 포용력이 있어야 한다. 포용력 없이 공세적이기만 하면 자기 세계 안에 갇히게 된다. 포용력이란 열 수 있는 것은 열어야 한다는 것이다. 연 다음 공세적인 것이 이상적인 교회이다.

교회가 열 것은 다양한 관점, 배경, 특성을 가진 사람들을 소중히 여기는 것이다. 그런 사람들을 환영함을 물론 평등, 공감, 존중의 원칙에 기반해야 한다. 즉 교회는 세상에 포용력을 가져야 한다. 세상을 포용할 때 한국교회가 암울한 상황이 아니라 비전이 보이는 상황이 된다.

예수님은 배운 자나 못 배운 자, 부자나 가난한 자, 유대인이나 이방인을, 종이나 상전을 차별하지 않으시고 다 포용하신다. 조선을 건국한 정도전은 민심을 얻는 것은 "한없는 포용으로 구석구석 미치는 자애의 마음이다."[78]라고 말한다. 우리가 알듯이 넓은 포용력 있는 공동체에 사람들이 몰린다.

목회 어둠이 짙어지는 때에 교회는 포용력을 발휘해야 한다. 포용력이 교회를 회복으로 이끈다. 교회 이미지를 바꾼다. 품이 넓은 사람이 큰일을 할 수 있다. 하나님은 품이 넓으셔서 큰일을 하셨다. 교회의 품이 넓어야 한다. 포용력이 무한할 때 교회의 미래가 밝다. 세상에 환한 미래를 만들 수 있다. 포용력을 좁히면 어둠의 터널은 더 깊어질 뿐이다.

김도인 목사

〈아트설교연구원〉 대표이자 출판사 〈글과길〉 대표이다.
저서로 《설교는 글쓰기다》, 공저로 《세상이 원하는 교회, 교회가 그리는 교회》 등이 있다.

2 세상의 다리가 되는 교회의 미래

교회의 희망은 현장에 있다

"2024년 우리나라 기독교인은 약 828만 명으로 추산되며, 이는 총인구 5,109만 명의 16.2%에 해당한다. 그러나 기독교인 수는 점차 감소하여 2030년에는 809만 명, 2040년에는 743만 명, 2050년에는 560만 명에 이를 것으로 예상한다."[79]

지금은 교회 존폐 위기의 시대라고 해도 과언이 아니다. 앞으로 교회는 어디로 가야 할까? 교회는 이러한 현실을 냉정히 직시해야 한다. 답은 현장이다. 그 현장은 우리 마을이고 지역사회이다. 교회는 교회 안에만 갇혀 있지 말고 현장, 즉 마을과 지역사회로 나아가야 한다. 다시 말하자면 '마을 목회'이다. 여기에 희망이 있다.

'마을 목회'란 교회가 교회 담을 넘어 마을 지역사회을 선교현장으로 여기고 교회가 지역사회와의 관계를 회복하고 지역사회의 교회가 되는 것이다. 교회가 교회 밖, 즉 마을과 지역 사람들의 삶에 관심을 가져야 하는 이유는 하나님이 교회 밖의 사람들도 행복하게 살기를 원하시기 때문이다.

신뢰를 잃어버린 교회는 자성함으로 변화를 이룬다

"2019년, 강신승 목사가 AG 지구촌교회에 부임했을 때, 그는 한국교회의 신뢰도 하락과 지역사회와의 단절이라는 심각한 문제를 마주했다. 과거 교회라는 단어가 긍정적으로 받아들여졌던 시절과 달리, 이제는 부정적이고 냉소적인 시선이 지배적인 현실을 보고 깊은 고민에 빠졌다. 이러한 상황에서 강 목사는 "교회가 지역사회에서 신뢰를 회복하지 못하면 복음의 본질조차 전할 수 없다"라는 결론에 도달했다. 강 목사의 고민은 곧 행동으로 이어졌다. 그는 지역사회를 위해 교회의 문을 활짝 열고, 주민들과 함께하는 교회가 되기 위한 첫걸음을 내디뎠다. 부임 초기에 관악구 구청장과 동사무소를 찾아가 "교회가 무엇을 도울 수 있겠습니까?"라는 질문으로 대화를 시작했다. 이는 이전에 교회가 지역사회에 손을 내밀던 방식과 전혀 다른 접근이었다. 이 새로운 시도는 곧 지역 주민들에게 신뢰를 회복하고, AG 지구촌교회가 지역사회의 한 부분으로 자리 잡는 계기가 되었다."[80]

마을 목회의 시작은 예수님이시다. 예수님은 이 땅에서 3년간 사역을 하셨다. 그 사역은 한 마디로 마을을 섬기는 삶이었다. 예수님은 교회와 같은 특정한 한 공간에만 머물러 있지 않으셨다. 오늘은 이 마을에서 내일은 저 마을로 옮기시며 끊임없이 사역하셨다. 병든 자를 만나면 치유하셨고, 배가 고픈 자를 만나면 긍휼히 여기시며 오병이

어의 기적으로 먹이셨다. 삭개오처럼 소외된 자를 찾아가 친히 친구가 되어 주셨다. 제자들을 가르치시고 마을마다 들어가셔서 사람들에게 하나님 나라의 천국 복음을 전파하셨다. 예수님의 사역의 특징은 '돌봄'이었고 '마을'은 돌봄의 현장이었다. 성경은 이렇게 말씀한다. "예수께서 모든 도시와 마을에 두루 다니사 그들의 회당에서 가르치시며 천국 복음을 전파하시며 모든 병과 모든 약한 것을 고치시니라 무리를 보시고 불쌍히 여기시니 이는 그들이 목자 없는 양과 같이 고생하며 기진함이라 마 9:35-36."

이후에 예수님은 부활 승천하시면서 말씀하셨다. "오직 성령이 너희에게 임하시면 너희가 권능을 받고 예루살렘과 온 유대와 사마리아와 땅 끝까지 이르러 내 증인이 되리라 하시니라 행 1:8." 교회는 마을의 친구가 되어 돌보고, 마을의 변화에 선한 영향을 주고, 하나님 나라의 천국 복음을 전해야 한다.

건강한 마을 목회를 위해서는 세 가지가 중요하다. 첫째, 목회자가 어떤 생각을 갖고 있느냐 하는 것이다. 즉 목회자의 목회 철학이 중요하다. 둘째, 목회자와 교회 공동체 사이의 견고한 신뢰가 중요하다. 마지막으로, 교회와 마을 지역의 긴밀한 관계 유지가 중요하다. 목회자와 교회 공동체 그리고 마을 지역이 함께 하는 운명 공동체로 인식하고 성장할 때, 한국교회의 미래가 소망이 있다.

목회자의 목회 철학이 중요하다

몇 년 전에 세계적으로 유명한 '뉴질랜드 밀포드 사운드 트랙'이라는 트래킹 코스를 다녀온 적 있다. 기간은 4박 5일이었고 하루에 보통 20km 내외 정도의 거리를 산을 오르내리거나 평지를 걸었다. 날씨가 좋을 때도 있었지만 비바람이 몰아치는 험한 날도 있었다. 여정이 쉽지는 않았다. 이 트래킹에 참가했던 사람들은 등산 전문 가이드 4명을 포함해서 40여 명이었다.

트래킹을 하면서 궁금한 것이 하나 생겼다. 동양인은 우리 부부와 일본 국적의 자매들, 이렇게 네 명이 전부였다. 나머지는 모두 다 서양 사람들이었다. '동양 사람들은 왜 이런 트래킹에 많이 참여하지 않는 것일까?' 궁금했다. '아마도 동양 사람들보다 서양 사람들이 더 도전적이고 모험을 즐기는구나'라는 생각이 들었다.

이처럼 생각의 차이가 삶의 결과도 다르게 만든다. 그래서 '서양 사람들은 신대륙을 발견하기 위해 목숨을 걸고 모험을 떠났고, 심지어 다른 나라들을 식민지로 만들었구나!' 하는 결론을 내리게 되었다.

생각의 차이가 다른 결과를 만든다. 목회자가 어떤 생각을 갖고 있느냐에 따라, 목회의 결과는 달라진다. 목회자가 우리 교회만, 우리 교회 성장만 고집하면 교회 밖은 안중에도 없게 된다. 그러면 교회는 교회의 담을 넘지 못한다. 교회는 마을이나 지역사회가 어떻게 되든지 상관이 없을 것이다. 지역과 분리된 교회, 사회와 고립된 교회, 이런 교회는 마을이나 지역사회에 존재할 필요가 없을 것이다. 따라서 목회자의 생각이 중요하다. 목사가 어떤 목회 철학을 가졌느냐는 더욱 중요하다. 그런 교회에서 미래 목회의 답을 찾아야 한다.

첫째는 한남제일교회 오창우 목사이다. 그 교회는 교회가 지역을 섬기고, 지역은 교회를 살리는 것을 꿈꿨다. 그의 생각은 조금 남달랐다. "이태원로에 있는 한남제일교회 오창우 목사는 다른 지역과는 많이 다른 특별한 문화가 있던 이 교회에 1985년 부임하면서 '선교사처럼 목회해야겠다!'라고 생각한다. '나는 선교사이다!' 하는 마음으로 이태원의 문화를 이해하고 동시에 교인들만이 아니라 동네를 목회했다. 교회가 지역의 섬이 아니라 지역의 중심이자 필요가 되길 원했고, 자연스럽게 교회 마당은 마을 어린이들이 뛰어노는 곳이 되었다. 정원범 교수는 교인만을 위한 교회가 아니라 세상을 위한 교회, 마을을 위한 교회, 지역사회를 책임지는 교회라는 선교적 교회관과 목회관을 지닌 오창우의 리더십에 관해 설명한다. 그의 리더십의 결과로 교회와 교인들을 돌보는 사역뿐만 아니라 지역사회를 돌보고 섬기는 교회가 되었다는 것이다."[81] 교회의 미래는 교인만을 위한 교회로는 안 된다. 세상을 위한 교회여야 한다. 마을과 지역사회를 책임지는 교회여야 한다. 그리고 선교적 교회관을 갖고 목회해야 한다.

둘째는 용인제일교회 임병선 목사이다. "2019년, 용인제일교회는 건축을 완료하고 새로운 예배당에 입당했다. 그리고 이 공간은 주일 예배뿐만 아니라 주중에도 지역 아이들과 주민들이 사용할 수 있는 복합공간으로 설계되었다. 예배 공간만으로 쓰는 것이 아니라, 댄스 연습실로, 풋살장으로, 다양한 용도로 활용되며 지역사회의 사람들이 언제든지 편하게 이용할 수 있는 공간이 되었다. 이처럼 교회는 외적으로 보여주는 건물이 아니라 지역 주민들이 편하게 쓸 수 있는 모두의 공간으로 자리 잡았다. 댄스 연습실로 변신한 유치부실은 지역 대학생들과 청소년들의 연습 공간으로 제공되며, 풋살장은 아이들이 마음껏 뛰어놀 수 있는 운동장으로 활용된다. 임병선 목사는 교회 건축이 왜 비난받는지 고민하다가, 모든 공간을 지역 주민들과 다음 세대를 위해 내놓자는 생각을 했다. 이러한 결정은 많은 지역 주민에게 긍정적인 반응을 이끌어냈고, 교회는 지역사회의 중요한 자산으로 자리 잡게 되었다."[82]

용인제일교회는 전통교회에서 미래를 준비하는 교회로 변화하기 위해 모든 공간을 지역 주민들과 다음 세대를 위해 내놓았다. 즉 모두를 위한 공간으로 만들었다. 미래 교회는 마을 사람들과 교회의 모든 것을 공유해야 한다.

마을 목회는 신뢰가 바탕이 돼야 한다

마을 목회는 신뢰가 중요하다. 신생명나무교회는 특징이 '규모는 작지만, 고독사 없는 지역사회를 꿈꾼다.' 교회는 아주 작다. 성도의 숫자가 30여 명에 불과하다. 교회 재정도 넉넉하지 않은 편이다. 이 교회는 목회자와 교인의 신뢰가 깊다. 신뢰가 깊으니 목회자와 교인이 한마음을 갖는다. 규모가 작지만, 대형 교회 못지않게 지역사회를 사랑으로 돌본다. 이 교회는 '생명 지킴이'를 조직했다. 이들은 고독사 위험에 처한 이웃을 찾아가 도움을 주고, 그들을 교회와 지역사회로 연결하는 역할을 한다. 고독사 제로 프로젝트를 통해 회복된 분들 중에 한 분인 고령의 어르신은 매일 새벽 도시락 배달을 하며 고립된 이웃들을 돌보고 있다.

교회가 연합하여 지역목회, 마을 목회를 만들어 내는 사례도 있다. 약대동의 새롬교회이다. 이 교회는 '통합적 생명 돌봄망 만들기'를 한다. "약대동 새롬교회 하면 '꿈이식당'이 제일 먼저 생각난다. 꿈이식당은 마을의 청소년들을 위하여 일주일에 한 번 식사를 제공하는 이동형 식당이다. 꿈이식당은 거리에 머물러 있는 아이들에게 따뜻한 식사를 제공한다. 그들의 친구가 되어 준 것이다. 이 일은 약대동 일대의 3개 교회가 연합하여 시작했지만 점차 다음 세대를 함께 돌보는 마을의 일이 되었다."[83] 이처럼 미래 교회는 마을 아이들에게 따뜻한 식사 제공으로 마을과 다음 세대를 함께 돌봐야 한다.

은평구에 자랑스러운 교회가 있다. 성암교회이다. "사람들은 은평구에 살면서 좋은 것들을 이야기할 때 성암교회가 있어서 좋다고 한다. 성암교회는 어떻게 마을의 자랑거리가 된 것일까? 조주희 목사는 성암교회에 부임한 후 교회의 공적 성격에 대하여 고민하며 교회론적 전환을 시도하였다. 컨설팅 기법을 도입해 사회과학적 토대 위에서 지역에 필요한 사역을 개발하면서 교회의 사회적 설득력을 높일 수 있었다. 마을에 관해 체계적으로 알게 되면서 목회자와 교인이 함께 교회의 방향을 논의해갈 수 있었다. 이렇게 해서 성암교회는 은평구의 자랑거리가 되어 마을 사람들과 행복하게 동행하는 교회가 된 것이다. 황인성 목사는 이러한 성암교회의 변화가 바로 교회론을 전환한 것으로부터 시작해 지속적으로 내부 - 외부 간 소통함으로 가능했다고 본다."[84] 이처럼 미래 교회는 마을 사람들과 행복하게 동행하는 교회여야 한다.

교회와 지역사회의 지속적인 연결이 중요하다

미래 교회는 마을과 일방통행식으로 앞서가지 않아야 한다. 주민들과 함께 나란히 걸어가야 한다. 궁극적으로는 '이웃을 사랑하는 교회'에서 '이웃이 사랑하는 교회'로의 변화를 모색해야 한다.

그런 교회가 도심리교회 홍동완 목사이다. 이 교회는 도심리 강원도 홍천의 마을 교회이다. 이 교회가 도심리로 이주할 때 그는 주민들로부터 강력한 반대에 부딪혔다. 마을에서 이 교회를 받아줄지 말지를 논의하기 위해 마을 반상회가 열렸고 4가지 조건을 결의했다. 첫째, 장애인을 수용하지 말 것. 둘째, 기도원을 세우지 말 것. 셋째, 환경을 오염시키지 말 것. 넷째, 마을 주민들에게 예수 믿으라고 절대 전도하지 말 것. 교회는 이를 받아들였다. 그 뒤 '말로 하는 복음보다 행동하는 신앙'을 통해 지역을 섬기기로 결심한다. 이후, 홍동완 목사는 지속적으로 지역 주민들로부터 신뢰를 얻었다. 처음에 반대하던 주민들의 요청에 따라 교회를 시작하여 지역 복음화를 이루며 동네 전체가 추수감사절 예배에 참석하는 마을이 되었다.

미래 교회는 디딤돌을 놓고 함께 건너가야 한다. 제주도 구좌읍의 구좌제일교회는 디딤돌을 하나둘 건너다보니 마을과 함께 가는 교회가 되었다. 사모 박미란은 목회의 공간을 학교에서 시작해 지역아동센터로 연결시켰다. "제주도 구좌읍에 있는 학교 앞에서 전통적 전도방식이 저항을 받자 학교의 상담교사로 들어간 이후 마을 주민인 학부모들과 만나 교제하면서 마을 일에 깊이 관여하게 되고, 우연히 만난 조손 가정의 두 남매를 보고 하나님의 부르심으로 믿고 시작한 어린이 돌봄 사역이 지역아동센터와 복지, 교육, 문화 활동으로 확장되면서 동네 어른들까지 참여하여 온 동네에 변화를 가져온 행복한 교육복지공동체 이야기를 감동적으로 풀어낸다."[85] 미래 교회는 온 동네를 변화시킴은 물론 복음으로 하나가 되는 교회여야 한다. 미래 교회는 세상에서 손가락질 받는 교회가 아니라 감사 인사를 받아야 한다. 세상의빛교회는 마약 중독 청년들을 돌보는 사역을 한다. 마약중독치유 재활센터에서 생활하고 있는 많은 청년이 자신들을 새롭게 변화시킨 세상의빛교회에 감사의 말을 이렇게 전한다. "빛을 찾게 해 준 교회에 감사합니다. 저는 한때 어둠 속에 살고 있었습니다. 마약에 빠져 가족과 친구들을 잃었고, 삶의 의미도 잊었습니다. 하지만 세상의빛교회를 만나면서 제 인생은 완전히 달라졌습니다. 처음에는 아무런 희망도 없었고 누군가가 저를 돕고자 하는 마음을 이해하지 못했습니다. 하지만 교회에서의 기도와 따뜻한 돌봄이 저를 조금씩 변화시켰습니다. 세상의빛교회가 아니었다면 저는 여전히 그 어둠 속에 갇혀 있었을 것입니다. 지금은 다시 희망을 찾고, 새로운 삶을 꿈꿀 수 있게 되었습니다. 절망을 희망으로 찾아주셔서 감사합니다. 저는 정말로 끝없는 절망 속에 살고 있었습니다. 마약에 빠진 제게 세상의빛교회는 마지막 희망이었고, 그 희망은 저를 다시 일으켜 세웠습니다. 처음에는 교회의 도움이 낯설었지만, 차츰 저는 이곳이 제게 안전한 피난처가 되어 주고 있음을 깨달았습니다. 상담과 예배, 따뜻한 미소 하나하나가 저를 살렸습니다. 이제는 제가 받은 사랑을 다른 사람들에게 전하고 싶습니다. 세상의빛교회, 정말로 감사합니다."[86]

미래 교회는 마을에 희망을 줄 수 있어야 한다. 마약을 끊게 하는 것은 거의 불가능에 가깝다. 각종 중독에서 해방시켜 사람들로부터 교회에 대해 감사를 언급할 수 있게 해야 한다. 미래 목회는 교회의 역할이 마을에 적합해야 한다. 마을 사람들이 교회로부터 사람 대우를 받고 있다고, 살 맛이 난다고 고백할 수 있어야 한다.

미래 목회는 교회의 존재 가치를 남겨야 한다

목회자는 한국교회가 직면한 현실을 냉정히 바라보고, 새로운 변화를 모색할 필요가 있다. 한국교회가 점점 사회와 단절되는 현실 속에서, 교회의 존재 가치를 다시 한번 되새겨야 한다. 교회가 교회 담을 넘어 지역 주민들의 필요를 채우고 삶의 질적인 변화를 가져오는 선한 영향력을 발휘할 때 비로소 그 지역의 필요한 존재가 될 것이다.

주변의 이웃들이 "교회가 우리 주변에 있어서 참 좋다"라는 말을 들을 수 있는 교회가 되는 것이 미래 교회가 갖추어야 할 특성이다. '교회가 없어진다'라는 소식에 교인들만 아니라 지역 주민들도 "교회가 없어지면 안 되는데"하고 아쉬워할 수 있어야 한다.

교회가 어떠해야 미래의 희망이 되는가? 교회는 세상과 하나님의 사랑의 다리가 되어 주어야 한다. 교회는 마을, 지역사회와 운명 공동체가 되어야 한다. 그러면 교회는 사랑의 다리로서 지역의 빛과 희망이 될 수 있다.

노숙자 쉼터를 운영하는 세상의빛동광교회에서, 한 노숙인은 이렇게 말한다. "이곳에서 저는 처음으로 사람대접을 받는 느낌이었다. 교회는 저에게 새로운 희망을 주었다." 교회는 사람들이 미래의 희망의 다리가 됨을 주저 없이 말할 수 있어야 한다. 이런 교회를 추구하는 목회를 하기 위해 기도하며 소망하고, 지혜롭게 생각하며 열심을 내어 실천해야 한다.

PASTORAL MINISTRY TREND 2026

김지겸 목사

오클랜드감리교회(뉴질랜드) 담임이다.
공저로 《다음세대 셧다운》, 《목회트렌드 2025》 등이 있다.

3 지속 가능한 목회를 위한 교회론

청년들이 교회를 떠나고 있다

한국교회는 오늘날 전례 없는 구조적 전환의 기로에 서 있다. 단순히 교세가 감소하거나 청년층[87]이 줄어들고 있다는 문제를 넘어, 교회라는 공동체가 신앙과 삶의 연속 선상에서 여전히 의미 있는 장소가 될 수 있는가라는 근본적 질문 앞에 서 있는 것이다. 특히 30·40대와 MZ세대의 급격한 교회 이탈 현상은, 교회가 감당해야 할 신학적·목회적 과제를 전면에 드러낸다. 단적으로, 한국리서치가 2024년 12월 발표한 '2024 종교 인식조사'에 따르면, 70대 이상의 기독교인 비율은 29%에 이르는 반면, 18~29세는 13%, 30대는 16%에 불과했다.[88] 즉 70대 이상에서는 10명 중 3명이 기독교인으로 매우 높은 비율을 보이지만, 청년 세대는 10명 중 1명 정도만 기독교인으로, 청년 세대가 곧 미전도 종족이라는 말이 괜한 말이 아님을 보여준다.

이 같은 변화는 단순한 세대 간 간극을 넘어서, 교회의 구조와 리더십, 공동체 문화와 사회적 위치에 대한 재점검을 요구한다. 브리지임팩트사역원이 장로회신학대학교에서 개최한 'MZ세대와 함께 가는 교회' 세미나에서 발표자 정평진 목사는 "MZ세대가 교회의 허리

세대로 성장할 즈음 이탈 현상이 빠르게 진행되고 있으며, 한국교회는 위기의식을 가지고 이 현상을 직시해야 한다"라고 강조하였다. 그는 특히 "MZ세대가 원하는 교회는 교인 간 사랑과 교제가 활발한 공동체"라고 하면서, 교회 안에서 관계성이 진정한 영적 자산이 되어야 한다는 점을 지적하였다. 반면, 많은 청년은 교회 지도자들의 권위주의적인 태도, 그리고 시대 흐름을 쫓지 못하는 편협성과 문화적 폐쇄성에 깊은 불만을 가지고 있다는 점도 함께 지적되었다.[89]

2025년 7월, 대전에서 열린 예장합동 총회정책연구소 주관 '청년부흥: 진단과 대책' 포럼에서도 청년층의 교회 이탈 실태에 대한 분석이 이어졌다. 이 포럼에서는 이탈 요인으로 '신앙에 대한 회의'19%, '기독교의 배타적인 정서'16.5%, '보수적이고 폐쇄적인 교회문화'13.5%, 그리고 '헌금이나 봉사 등 과도한 헌신 요구'13.5%가 지목되었다. 특히 '교회의 배타적인 정서'와 '보수적이고 패쇄적인 교회문화'는 교회의 구조적 문제와 연결된다. 또한, 이탈자 중 절반 이상인 51.3%가 무종교로 전환되었고, 27.3%는 타 종교로 개종했으며, 21.3%는 소위 '가나안 성도' — 즉 교회는 떠났지만, 신앙 정체성은 유지하는 형태 — 로 남아 있는 것으로 나타났다는 점이 이 문제를 심각하게 받아들여야 하는 당위성을 제공한다. 총신대학교 양현표 교수는 이 자리에서 "지금의 청년 세대는 과거 교회 부흥기를 직접 경험해본 적이 없으며, 사회적으로도 교회의 신뢰도가 현저히 낮은 상황"이라고 지적했다. 그는 이어 "다음 세대가 아버지 세대의 교회를 떠나는 흐름은 어쩌면 자연스럽다. 교회가 청년 친화적인 공간과 사역을 과감히 열어주지 않는 한, 그들은 다시 돌아오지 않을 것"[90]이라고 진단하였다.

이러한 현실은 단순히 통계로 표현되는 위기를 넘어, 교회라는 제도와 공동체가 청년 세대의 언어와 삶, 고민과 열망을 제대로 담아내지 못하고 있음을 드러낸다. 과거에는 교회가 '돌아와야 할 곳', '머물러야 할 공간'이었다면, 오늘날의 청년들에게는 교회가 점점 낯설고 이질적인 장소로 인식되고 있다. 그들은 수평적 관계와 진정한 환대, 삶의 고민을 함께 나눌 수 있는 공동체를 원하지만, 교회는 여전히 위계적 구조와 일방적 메시지, 그리고 문화적 고립 속에 머무르고 있다. 신앙의 본질과 실천을 회복하지 않는다면, 교회는 다음 세대에게 영원히 '부재한 공동체'로 남게 될지도 모른다.

청년 세대가 머무를 수 있는 교회가 되어야 한다

한국교회는 오랜 시간 동안 '말씀 중심'과 '전통 수호'를 교회의 덕목으로 삼아 왔다. 그러나 이로 인해, 교회는 청년들과 청년 세대에게 불편한 언어, 경직된 구조, 폐쇄적인 문화를 유지하는 집단으로 인식되고 있다. 청년들이 교회에서 느끼는 피로감은 단순한 삶의 바쁨이나 신앙심의 약화 때문이 아니라, 교회 자체가 더 이상 안전하거나 소통 가능한 공간이 아니라는 인식에서 비롯된 것이다. 특히 30대와 40대는 직장과 가정, 육아와 미래의 무게를 동시에 짊어진 채 교회에 나아오지만, 교회가 이들의 언어와 감정, 현실을 제대로 이해하지 못하고 있다는 느낌을 반복해서 받고 있다.

청년 세대가 교회에 대해 불편하게 느끼는 감각은 단순한 인상비평이 아니라 구조적 현실에 기반하고 있다. 특히 장로교회를 중심으로 한 한국교회 구조에서는, 장로의 권한과 영향력이 절대적이며, 중년 이상의 남성이 대부분 이 직분을 맡고 있다. 이는 곧 여성과 청년 세대의 의견이 교회의 정책 결정 과정에서 실질적으로 제외되거나 소외되는 구조적 문제를 낳는다. 반면, 서구권 교회에서는 30대의 성도도 장로로 세워지는 것이 낯설지 않으며, 다양한 세대와 성별이 교회 운영에 참여하는 구조가 일반화되어 있다. 그러나 한국교회는 여전히 권찰 - 서리집사 - 안수집사 - 장로로 이어지는 직분 '승진'의 도식적 구조를 유지하고 있어, 청년 세대가 장로가 되려면 사실상 50대 이후가 되어야 가능하다. 이는 교회의 제도 자체가 청년 세대를 제도적 의사 결정에서 배제하고 있는 셈이다.

교회에서 의사 결정 참여의 불가능성에 더해 질문이 허용되지 않는 분위기는 청년층의 교회 이탈을 부추기고 있다. 교회는 신앙의 진리를 선포하고 가르치는 공간이지만, 오늘날의 청년 세대는 더 이상

일방적인 전달만으로는 신뢰하지 않는다. 그들은 신앙에 대해 질문하고, 공동체에 대한 비판을 허용받고, 함께 대안을 모색하는 과정에서 신앙의 의미를 되새기고자 한다. 그러나 많은 교회는 질문을 '의심'으로 간주하고, 반론을 '불순종'으로 처리하는 위계적 권위주의 문화에 갇혀 있다. 이는 청년 세대에게 교회를 지적으로 무기력하고, 감정적으로 폐쇄적이며, 영적으로 억압적인 공간으로 느끼게 만든다.

교회는 청년 세대 문제를 극복하기 위해서 교회 정책 결정과 공동체 운영에 청년 세대가 실질적으로 참여할 수 있는 구조를 마련해야 한다. 단순한 형식적 참여가 아니라, 의견이 반영되고 책임 있는 역할이 부여되는 구조가 요구된다. 이를 위해, 청년들을 장로로 세우는 방안을 제도적으로 열어 두거나, 장로 중심 의결 구조를 보완할 수 있는 위원회 중심의 운영 체계를 도입할 필요가 있다. 위원회는 각 세대와 계층, 성별을 대표하는 구성원들로 이루어져야 하며, 이들이 교회의 중대한 정책을 함께 논의하고 결정하는 방식이 보다 적합하다. 실제로 많은 청년은 자신의 직장에서는 중요한 기획과 결정에 참여하고 있는 반면, 교회에서는 아무리 오랫동안 헌신해도 실질적인 논의 구조에서 배제되고 있다는 데에서 강한 이질감을 느끼고 있다. 또한, 청년들이 일주일 동안 몸담고 있는 회사에서는 실무 회의에 임원들이 직접 참여하는 것을 경험할 수 없는 반면, 교회에서는 고령의 장로들이 여전히 실무 회의에 주도적으로 관여하는 방식이 일반적이다. 이는 세대 간 소통의 단절은 물론, 미래 교회의 주체가 되어야 할 세대에게 조직에 대한 불신과 좌절을 안겨준다.

더불어 비판과 반론이 허용되는 교회 문화가 조성되어야 한다. 비판이 공동체를 분열시키는 것이 아니라, 오히려 공동체를 정화하고 성장시키는 과정임을 신학적으로 분명히 할 필요가 있다. 루터의 종교개혁이나, 한국 초대교회의 자치운동도 모두 시대에 대한 신앙적 비판에서 출발하였다. 교회는 내부의 문제에 대해 구성원이 자유롭게 말할 수 있고, 구조나 리더십에 대한 평가와 개선의 목소리가 환영받는 공간이 되어야 한다. 그런 면에서 청년 세대의 비판은 교회를 향한 무관심이 아니라, 더 나은 교회를 위한 기대의 표현일 수 있다.

물론 이런 비판과 반론이 다툼과 상처로 결론짓는 것을 방지하기 위해서는 건강한 토론의 방식을 배울 필요가 있다. 상대방의 의견을 비성경적이라고 표현하는 것은 더 이상 대화를 하지 않고 명령하겠다는 의사표시가 될 수 있다. 다양한 성경적 반성을 가진 성도들이 서로의 경험과 생각을 나누고, 그것을 존중하고 인정해 주는 자세가 필요하다. 우리의 토론은 잘잘못을 가리려는 것이 아니라, 조금 더 나은 것을 선택하기 위한 것이기 때문이다.

무엇보다 신뢰가 회복되어야 한다. 오늘날의 청년 세대는 교회를 '신뢰할 수 있는 곳'으로 인식하지 않는다. 이는 목회자의 도덕성, 교회의 재정 운영, 대사회적 메시지 등 모든 영역에서 나타나는 문제이다. 투명한 의사소통, 회계의 공개, 목회자 윤리 강화 등의 조치는 단지 청년층을 위한 전략이 아니라, 교회 공동체 전체를 건강하게 하기 위한 필수 요소이다.

결국, 교회가 청년 세대에게 신뢰와 소속의 공간이 되기 위해서는 질문과 참여, 비판과 토론, 감정과 공감, 실천과 연대가 가능한 열린 공동체로 변모해야 한다. 교회는 더 이상 "들어왔으면 따르라"는 방식으로 목회할 수 없다. 이제는 "함께 고민하고, 함께 만들어 가자"는 방식으로 패러다임을 전환해야 할 때다.

청년 세대가 다시 오고 싶은 교회여야 한다

오늘날 청년들은 과도한 경쟁 속에서 자신을 끊임없이 증명해야 하는 사회에 살고 있다. 고용 불안정, 사회적 고립, 관계의 파편화 속에서, 그들은 끊임없는 불안과 자기검열에 시달린다. 그들은 자신을 위로해줄 '공간'을 찾고 있으며, 그런 공간이 바로 교회이기를 기대한다. 그러나 많은 경우 교회는 오히려 새로운 부담과 비교, 판단의 장소가 되기도 한다. 교회에서조차 학력, 직업, 신앙 연차 등의 기준이 작동할 때, 청년들은 그곳을 자신이 온전히 머무를 수 있는 공간으로 느끼지 못한다.

이 시대의 청년들이 교회에 바라는 것은 완벽한 프로그램도, 대단한 비전도 아니다. 그들이 진정으로 기대하는 것은 존재 그 자체로 존중받고 환대받는 공동체, 그리고 지친 삶을 위로받을 수 있는 안전한 공간이다. 성경은 일찍부터 이런 교회의 본질을 가르쳐 왔다. 누가는 사도행전에서 초대교회의 모습을 이렇게 묘사했다. "믿는 무리가 한마음과 한뜻이 되어 모든 물건을 서로 통용하고 자기 재물을 조금이라도 자기 것이라 하는 이가 하나도 없더라 행 4:32." 이 구절은 단순한 물질 공유를 넘어서, 공동체의 깊은 환대와 연대의 영성을 보여준다.

예수 그리스도는 지극히 작은 자 하나를 환대하는 것이 곧 자신을 환대하는 것이라고 말씀하셨다 마 25:40. 그리스도의 지상 사역은 병든 자, 가난한 자, 사회적 소외자들과의 식사와 만남으로 가득하다. 그는 정죄하거나 교훈하기보다, 먼저 다가가 말씀 없이 함께하시며 그들의 존재를 인정하고 존중하셨다. 교회가 오늘날 회복해야 할 것은 바로 이 예수적 환대의 영성이다. 헨리 나우웬은 《상처 입은 치유자》에서 다음과 같이 말한다. "목사가 성경에서 눈을 돌려 젊은이의 눈을 들여다봤다면 그가 바로 메시아라는 사실을 알 수 있었을 것입니다. 그렇듯이 우리는 우리의 잔학한 처사들을 피해 달아나는 이 시대 젊은이들의 눈을 들여다보아야 합니다. 그렇게 한다면 그들을 적에게 넘겨주지 않을 것이며, 그들을 그 은신처에서 데리고 나와 그들이 속한 사람들에게로 인도할 수 있을 것입니다. 그렇게 되었을 때, 우리는 두려움에서 해방될 것입니다."[91]

진정한 영적 리더십은 완벽함이 아니라 상처를 통한 공감에서 시작된다. 교회를 치유의 공간으로 만들기 위해, 지도자와 공동체 모두가 상처를 숨기지 않고, 오히려 그것을 타인의 아픔에 다가갈 수 있는 다리로 사용해야 한다. 이 시대 청년들에게 필요한 것은 정답을 주는 사람이 아니라, 그들의 고통을 함께 감당하고 침묵 속에 들어줄 수 있는 사람이다. 유진 피터슨은《다윗: 현실에 뿌리박은 영성》에서 다윗의 삶을 통해 복잡하고 현실적인 신앙 여정을 보여준다.[92] 그는 완벽한 믿음의 사람이 아니라, 때로는 넘어지고 좌절하지만, 그 안에서 하나님을 끝까지 붙잡았던 인물이었다. 교회는 그러한 인간다움과 상처를 있는 그대로 받아들이고, 청년들이 실패한 자신의 모습으로도 하나님 앞에 설 수 있음을 가르쳐야 한다. 교회는 성공한 자들의 모임이 아니라, 다시 시작하려는 이들의 도피성이 되어야 한다.

디트리히 본회퍼는《성도의 공동생활》에서 공동체란 정결함과 규율로 유지되는 것이 아니라, 고백과 용서, 침묵과 경청의 반복을 통해 유지되는 관계적 공간이라고 말한다.[93] 그는 서로를 판단하지 않고, 삶의 무게를 함께 짊어지는 것이 교회의 본질임을 강조한다. 오늘날 청년들이 교회에 실망하는 이유는 그들의 삶의 무게를 함께 져줄 동행자를 발견하지 못하기 때문이다.

이러한 환대의 영성은 누가복음 15장의 탕자의 비유에서도 강하게 드러난다. 아버지는 먼 데서 돌아오는 아들을 미리 보고 달려가 안고, 그를 책망하기보다 무조건적으로 받아들인다. 이 아버지의 환대는 공동체가 어떤 방식으로 청년들을 맞이해야 하는지를 잘 보여준다. 청년들은 세상에서 이미 충분히 실패하고 상처받고 있다. 교회만큼은 그들에게 다시 일어설 용기를 주고, "얼마나 고생 많았니"라고 말해주는 공간이어야 한다.

청년 세대는 전통적인 구조와 역할 분담 대신, 감정과 선택, 정체성을 중심으로 공동체를 구성한다. 교회가 청년들에게 '어떻게 살아야 한다'를 가르치기보다, 그들의 현재 삶을 듣고, 감정에 공감하고, 머무를 수 있는 공간이 되어 주는 것이 더 본질적인 사역일 수 있다. 이는 단순히 인테리어나 공간 디자인의 문제가 아니라, 관계의 분위기, 교회의 문화, 환대의 태도가 만드는 공동체적 환경의 문제이다.

이러한 점에서 교회는 다시 초대교회로 돌아가야 한다. 삶에 지친 이들이 마음껏 쉴 수 있는 공동체, 상처받은 이들이 자기 이야기를 할 수 있는 안전한 공간, 환대와 위로가 일상이 되는 공동체로의 정체성을 회복해야 한다. 교회는 성취가 아니라 존재를 환영하는 곳이어야 하며, 성공이 아니라 회복을 중심에 두는 공동체가 되어야 한다.

공적 참여를 지향하는 교회여야 한다

기독교 신앙의 기초는 하나님이 창조주라는 고백에서 출발한다. 창세기 1장은 하나님께서 빛과 어둠, 하늘과 땅, 땅의 생물과 사람을 창조하실 때마다 "보시기에 좋았더라"창 1:4, 10, 12, 18, 21, 25, 31라고 반복해서 말씀하셨다고 기록한다. 이는 하나님께서 창조세계 전체를 본질적으로 선하고 아름다운 것으로 평가하셨다는 것을 의미한다. 인간, 자연, 시간, 공간, 모든 존재는 하나님의 주권 아래서 각기 고유한 존엄과 질서를 부여받은 피조물이다. 그러므로 창조 신앙은 단순히 "하나님이 세상을 만드셨다"라는 선언에 그치지 않고, 하나님의 창조 질서가 지금도 유지되고 있다는 믿음으로 확장되어야 한다.

하지만 인간은 창조주의 관점을 상실한 채, 피조물들을 자신만의 기준으로 평가하고 판단하기 시작했다. "보시기에 좋았더라"라는 하나님의 선언은 잊히고, 우리는 외모와 성취, 배경과 경제력 등 인간의 눈으로 좋고 싫음을 가르며 차별하고 배제하는 죄의 구조를 만들어 냈다. 이것은 하나님을 창조주로 인정하지 않기 때문이며, 동시에 죄의 결과이기도 하다. 교회는 이러한 흐름에 정면으로 맞서야 한다. 모든 인간은 존재 그 자체로 하나님 보시기에 아름답고 존귀한 존재임을 고백하는 공동체가 되어야 하며, 이웃과의 관계 속에서도 존재론적 사랑이 실현되어야 한다.

창조 신앙은 인간뿐 아니라 자연을 바라보는 시선에도 깊은 영향을 미친다. 하나님께서 창조하신 세계는 인간의 소유물이 아니라, 하나님의 통치 아래 있는 피조물로서 본래의 질서와 조화를 유지해야 할 대상이다. 자연은 하나님이 주신 '소비재'가 아니라 '선물'이며, 우리에게 위탁된 유산이다. 그럼에도 우리는 산업화와 편리함이라는 이름으로 자연을 파괴하고, 생태계를 훼손하며, '하나님의 선물'을 남용하고 있다. 교회는 이 점을 심각하게 반성하고, 피조 세계에 대한 '선량한 관리자'로서의 책임을 감당하는 일에 앞장서야 한다.

창조주 하나님은 오늘도 이 세계를 다스리고 계시며, 성도는 그 다스림에 동참하는 존재로 부름을 받았다. 따라서 교회와 성도는 하나님의 통치가 현실 속에서 구현되도록 공적 삶에 적극적으로 참여하는 책임을 져야 한다. 창조 신앙은 단지 교리적인 선언이 아니라, 이 세상에서 하나님 나라의 가치가 구체적으로 드러나도록 실천하는 동력이 되어야 한다. 이웃을 사랑하고, 약자를 보호하며, 정의와 평화를 실현하는 일은 하나님의 창조 목적에 응답하는 삶이며, 동시에 교회의 존재 이유를 드러내는 길이다.

오늘날 우리 사회는 점점 더 약육강식의 법칙으로 기울고 있다. 강자는 약자를 함부로 대하고, 경제적 효율을 이유로 인간의 존엄성과 자연의 가치가 경시된다. 기독교인은 이러한 현실에 침묵해서는 안 된다. 창조 신앙을 고백하는 자는 모든 생명을 향한 하나님의 긍휼과 주권을 대변하는 공적 발언자가 되어야 한다. 교회는 사회의 아픔과 고통에 눈 감는 집단이 아니라, 하나님의 뜻이 땅에서도 이루어지기를 구하며 적극적으로 공적 담론에 참여하고 실천해야 하는 공동체다.

공적 참여란 단지 성명을 발표하거나 시위에 동참하는 것을 넘어선다. 그것은 교회가 지역사회의 일원으로서 이웃의 안전과 복지를 위해 실질적인 기여를 하는 것을 포함한다. 가난한 이웃을 위한 돌봄 사역, 환경 보호 캠페인, 지역 정책 결정 과정에의 참여, 청소년과 약자를 위한 지원 등이 모두 여기에 포함된다. 교회는 예배당 안에 머무는 신앙을 넘어서, '세상의' 소금과 빛으로 부름 받았다는 사명을 실천하는 공적 기관이 되어야 한다.

결국, 창조 신앙으로 양육된 성도는 하나님이 보시기에 좋았던 그 세계를 회복하고 지켜내는 공적 책임의 주체가 되어야 한다. 그리고 교회는 그 책임을 함께 감당하는 공적 공동체로 다시 서야 한다. 하나님 나라의 통치는 언젠가 오직 하나님에 의해 완성되겠지만, 그날이 오기까지 우리는 이 땅에서 하나님의 창조 질서를 증언하는 공적 교회로 살아가야 할 소명을 받고 있다.

김민석 교수

백석대학교 조직신학 교수이다.
저서로 《Public Theology in Korea?》가 있다.

4 가정과 교회의 신앙과 시민교육

가정은 하숙집으로 전락하고 있다

"아이들 밥만 잘 챙겨주면 돼."

사춘기 아이들을 둔 가정을 향해 흔히들 하는 말이다. 아무런 잔소리도 하지 말고 아이들 마음을 편하게 해주라는 말일 것이다. 필자도 세 자녀를 양육하면서 처음엔 이 말에 동의했다. 경쟁의 틈바구니에서 좋은 점수를 얻기 위해 학교로 학원으로 녹초가 되어 집으로 돌아오는 아이들에게 부모가 해줄 수 있는 역할은 그저 밥만 잘 챙겨주면 되는 거였다. 그런데 자녀가 성인이 되기까지 시간이 얼마 남지 않았는데, 정말 밥만 잘 챙겨주면 되는 것일까? 의문이 든다.

가정은 인간이 태어나서 처음으로 경험하는 공동체이다. '가정'을 통해서 인간은 자신이 누구인지 알고, 이해관계로 얽히지 않는 순수한 사랑과 돌봄을 경험하면서 타인을 경험한다. 개인과 공동체의 오묘하고도 신비로운 이 조합은 개인의 삶의 토대이면서 사회를 향해 뻗어 나가는 교두보가 된다. 가정 안에서 적절한 돌봄과 양육을 받고, 인간으로서 갖추어야 할 기본 소양을 배운다. 가정 없이는 개인이 존재할 수 없고, 가정 없이는 나라도 존재할 수 없다.

특별히 그리스도인이 만들어 가는 가정의 모습은 더 독특하다. 그리스도인의 가정 안에는 일반적인 양육과 돌봄 외에도 '신앙과 신앙인으로 사는 삶의 방식'의 대물림이 존재한다. 믿지 않는 가정과 믿는 가정의 가장 큰 차이점은 개인과 가정 공동체 삶의 중심에 '하나님'의 존재 여부다.

그런데 요즘에는 믿는 가정과 믿지 않는 가정의 모습이 비슷해 보인다. 믿는 가정의 모습이 차별화되지 않고 있다. 믿는 가정의 부모들, 자녀들이라고 해서 세상 사람들과 별반 다를 것이 없다. 믿는 가정의 부모님도 사랑, 헌신, 배려, 공감 등을 가르치기보다는 어떻게 하면 이 세상에서 경제적으로 여유 있게 살 수 있을까를 더 궁리한다. 믿는 가정의 자녀들도 주일에 학원에 가기 위해서 주일 예배를 빼는 것은 예삿일이 되었다. 다른 아이들과 똑같이 학원에 다니고 게임을 하고 친구들을 만난다. 교회에 다닌다고 굳이 말을 하지 않으면 신앙을 가졌는지 알기 어렵다. 가정이 밥만 주는 하숙집이 되면서, 부모의 말과 삶을 통해 이루어졌던 비형식적 교육, 신앙과 가치관의 전수가 자취를 감추었다. 그 결과, 하나님이 중심이 되어야 할 그리스도인의 삶은 다음 세대에게 '살아있는 유산'으로 전달되기 어려워졌다.

믿는 가정은 부모와 자녀의 삶에서 하나님의 뜻을 구하는 태도, 공동체를 향한 섬김, 예배 중심의 일상, 세상의 빛과 소금의 역할을 감당하는 그리스도인이 되는 것에 중심을 두어야 한다. 하지만 지금은 그런 중심이 '실질적 우선순위'가 되지 않고 있다.

코로나를 거치면서 한국교회에서는 다음 세대에 대한 고민이 날로 깊어지고 있다. 몇십 년 후면 전국의 교회에 교육부서가 없어질지도 모른다는 불안감이 팽배하다. 반타작이 난 교회학교를 보면서 다음 세대의 신앙에도 경고등이 켜졌다.

다음 세대의 믿음이 회복되고 다시 불꽃을 피우기 위해서는 가정이 먼저 바로 서야 한다. 다음 세대를 품고 있는 1차원적 공간은 '가정'이다. 교회는 부모들, 아이들과 연계되어 그 1차원적인 공간인 가정이 바로 서도록 도와야 한다.

교회는 가정의 돌봄을 책임지는 부모들이 흔들림 없는 신앙 안에서 살아가도록 돕고, 그 자녀들을 세상 속에서 빛나는 그리스도인으로 자라나게 해야 한다. 《그릿》의 저자 김주환 교수는 성공적인 인생을 위해 반드시 필요한 세 가지 역량으로 소통능력, 자기조절력, 자기동기력을 주장한다. 이 세 가지 중에서 중요한 능력인 자기 조절력을 키워주는 가장 효율적인 방법으로 소통능력을 강화하고 인간관계를 맺는 능력을 키워주는 것을 든다.[94]

교회와 가정은 바로 이런 능력을 키워주는 중요한 공간이다. 입시 경쟁에 지친 다음 세대에게 교회와 가정은 주님, 인간과 관계 맺는 능력을 키워주어 스트레스를 낮추고 자기를 조절하는 능력을 길러주는 유일한 장소일지도 모른다. 이 공동체적 기능이 회복될 때, 가정은 더 이상 밥만 주는 하숙집이 아닌, 자녀를 품고 삶을 가르치는 살아있는 교육의 공간으로, 그리고 교회는 세상을 섬길 하나님 자녀를 길러내는 복된 터전으로 다시 자리매김할 수 있을 것이다.

가정은 사랑과 겸손을 심고 키워야 한다

기독교 신앙은 종교가 아니라 삶이다. 삶은 곧 관계의 연속이며 관계의 기록이다. 기독교 신앙은 하나님과 개인의 관계, 개인과 자신의 관계, 개인과 타인의 관계 속에서 발현된다. 가정은 이 관계를 배워나가는 최초의 관문이다. 혼자 스스로 존재할 수 있는 사람은 아무도 없다. 부모와 자녀의 연결로 인간의 삶도 시작된다. 타인과의 관계는 하나님과의 관계를 회복하는데 필요한 모퉁이 돌이다.

가정 안에서 인간 삶의 전부이면서 기본이라고 말할 수 있는 '관계' 수업이 시작된다. '부모'는 자녀를 사랑과 인내로 양육해야 한다. 이는 자녀가 하나님과 신실한 관계를 맺기 위함이다. 인간의 삶에서 최초로 맺어지는 부모와 자녀로서의 관계가 잘 세워지지 않으면, 자녀가 하나님을 바로 알기 어렵다.

자녀는 부모의 행동을 보고 자란다. 부모의 말을 먹고 자란다. 부모의 가치관을 흡수하며 자란다. 부모가 하나님과 어떤 관계를 맺고 있는지, 하나님이 부모의 삶에 어떤 영향을 끼치는지를 보며 삶의 가치와 우선순위를 배운다. 그런데 아무리 믿음이 좋은 부모의 모습을 보인다고 하더라도 부모의 양육에 '사랑'과 '인내'가 동반하지 않는다면 자녀는 그 믿음을 위선으로 받아들인다.

자녀가 가정 안에서 올바른 '하나님 상像'을 갖는 유일한 방법은 부모의 모습을 통해서이다. 자녀가 '하나님으로부터 전적인 사랑과 신뢰를 받고 있다, 자신의 실수는 용납되고 있다, 완벽하지 않은 모습이어도 존재 자체로 지지받는다, 자신 안에는 주님이 계신다.'라고 믿게 하기 위해서는 부모가 자녀를 그렇게 대하면 된다. 그러면 자녀는 저절로 하나님의 사랑과 공의를 배운다. 자녀는 하나님을 사랑하고 자신을 사랑하게 된다.

"스카웃, 결국 우리가 잘만 보면 대부분의 사람은 모두 멋지단다."[95]

하퍼 리의 소설 《앵무새 죽이기》의 마지막 대사다. 무고한 누명을 쓴 흑인을 변호하기 위해 마을에서 손가락질을 당하고 목숨을 위협당하던 변호사 아빠는 편견에 사로잡혀 진실을 보지 못했다는 아들의 고백에 대부분의 사람은 모두 멋지다는 말을 남긴다. 단, 여기에는 조건이 있다. '우리가 잘' 봐야 한다. 사람의 겉모습을 보는 것이 아니라 그의 내면을 바라봐야 한다. 세상의 모든 사람은 하나님의 형상대로 지음 받았고 귀하다. 그런데도 세상 모든 사람이 귀하다고 여김 받지 못한다. 우리는 종종 어떤 사람을 외모나 학력, 주거지와 소유물, 인종과 종교로 구분 짓고 단정 짓는다. 자신이 편안하게 느끼는 기준으로 사람을 보기 시작하면 쉽게 자신의 편을 만들 수 있다. 자신과 비슷한 성장배경을 가진 사람들과는 함께 지내는 데에도 큰 힘이 들지 않는다. 그렇게 우리 안에 보이지 않는 선과 벽들이 만들어진다.

가정에서는 무엇보다 '겸손'을 배워야 한다. 하나님과의 관계 다음으로 배워야 하는 것은 사람과의 관계이다. 사람과의 관계에는 '겸손'이 필요하다. 겸손은 바로 자신이 귀하고 가치 있는 것만큼 타인도 그렇다는 것을 배우는 것이다. 겸손을 배울 때, 타인을 인격적으로 대할 수 있다. '차별과 혐오, 무시, 배제'라는 단어는 자신이 상대방보다 더 낫다고 생각할 때 힘을 발휘한다. '겸손'이라는 단어는 상대방이 자신보다 더 낫다, 상대방으로부터 배울 것이 있다, 상대방을 위해 자신을 낮춘다는 의미이다. 겸손을 배우고 겸손할 줄 알 때 타자를 향한 배려와 사랑이 시작된다. 겸손할 때 모든 사람이 멋져 보인다.

교회는 먼저 부모세대를 지원해야 한다

교회는 그리스도인 부모가 '좋은 부모'가 되도록 지원해야 한다. 좋은 부모는 물질적인 풍족함을 제공하는 부모가 아니다. 좋은 부모는 자녀에게 세상이 주는 두려움에서 벗어나 삶을 살아가는 지혜를 가르쳐준다.

부모는 아이를 낳는 그 순간부터 두려움을 먹고 산다. 부모의 두려움은 자녀를 양육하는데 과잉으로 몰두하게 만든다. 자신의 자녀만을 바라보도록 만든다. 친구들 사이에서 학교 폭력을 당하지 않기를, 선행학습으로 학교에서 뒤처지지 않기를, 영어만큼은 잘하기를, 공부도 잘하면서 예체능도 잘하기를, 좋은 학교에 진학하고 좋은 회사에 들어가기를, 남들이 하는 만큼은 하면서 살기를, 신앙이 있지만, 너무 교회에 빠지지는 않기를, 사람들이 고개를 끄덕일만한 배우자를 만나기를, 풍요로운 노후를 보내며 살기를…. 자녀 삶의 모든 과정이 다 걱정이다.

걱정이 많은 부모는 좋은 부모가 아니다. 김용규는《어제보다 조금 더 깊이 걸었습니다》에서 좋은 부모에 대해서 다음과 같이 정의한다. "좋은 부모는 자녀에게 역경이 없기를 바라지 않습니다. 오히려 자녀에게 역경을 스스로 헤치고 나갈 지혜를 줍니다."[96]

그리스도인 부모가 두려움에 휩싸이지 않고, 자녀에게 지혜를 전수하려면 부모가 먼저 지혜가 있어야 한다. 하나님을 향한 믿음이 견고해야 한다. 자신의 삶과 자녀의 삶 각각을 선하게 인도하실 것이라는 믿음이 있어야 한다. 교회는 부모가 두려움에서 벗어나도록 도와야 한다. 그러기 위해서는 두 가지 교육이 필요하다.

첫 번째로 교회는 부모를 대상으로 하는 신앙교육을 지원해야 한다. 부모가 흔들리지 않는 믿음을 가시고 살아갈 수 있도록 도와야 한다. 단순히 주일 예배를 출석하고 봉사 자리에 있는 것이 아니라 매일의 삶 속에서 말씀을 중심으로 자녀들과 대화할 수 있도록 도와야 한다. 부모가 자녀와 신앙적 대화를 할 수 있도록 이끌어줘야 한다.

신앙적 대화란 신앙을 주입식으로 전달하는 것이 아닌 질문을 통해 스스로 생각하게 하는 것이다. 그리스도인 부모는 종종 자녀가 어릴 때는 마치 세뇌 교육하는 것처럼 신앙을 주입하다가도 자녀가 중고등학생이 되어 입시 준비에 들어가면 신앙 교육하기를 그친다. 교회에 그 책임을 미뤄두고 가정에서는 학교와 학원에 잘 다니는 것으로 만족하기 일쑤다. 교회는 부모가 끝까지 자녀의 신앙 성장의 주체자가 되도록 도와야 한다. 자녀가 한 명의 책임감 있는 성숙한 시민과 그리스도인으로 성장하기 원한다면 가정 안에서 질문은 멈추지 말아야 한다. 부모와 자녀 사이에는 자신과 하나님의 관계를 생각하게 하는 질문, 믿음에 관련된 단어들이 개인에게 어떤 의미인지를 묻는 말, 신앙과 세상을 연결하는 질문, 개인과 타인을 연결하는 질문이 오고 가야 한다.

김종원은 《부모의 질문력》에서 부모는 자꾸 아이에게 주입하려고 하지만 인성은 그런 식으로 길러지지 않는다고 강조한다. 좋은 질문은 좋은 인성을 형성하는 데 필수적인데, 그것은 부모와 자녀와의 일상에서 뻔한 '정답'이 아닌 특별한 '질문'을 발견해야 한다고 강조한다. 질문의 핵심은 주입하며 가르치는 것이 아니라, 아이 스스로 깨닫고 자기 일상을 아름답게 가꾸어가는 것에 있다고 말한다.[97]

자녀의 의식주만 챙겨주는 것이 아니라 자녀의 생각도 챙겨줘야 한다. 자녀가 신앙을 지키며 치열한 현실 속에서도 평안을 갖기 위해서는 부모의 시의적절한 질문이 필요하다. 자녀가 자신의 삶을 선택하고 개척해 나갈 수 있도록 때마다 질문과 대화로 도와야 한다. 교회는 부모가 자녀가 성인이 될 때까지 세상 속의 그리스도인으로서 고민하고 생각할 수 있도록 길잡이가 되어줘야 한다. 예를 들면, 주일 설교와 관련된 연관 질문을 제공해 주중에 가정에서 신앙 대화가 일어나도록 도울 수 있다.

두 번째로 교회는 자녀의 성장 시기에 맞는 부모 교육을 제공해야 한다. 박인경은 《부모 면허》에서 자녀가 어릴수록 가장 중요한 부모의 역할은 '양육자'이며, 자녀가 커가면서는 '상담가와 코치' 역할이 절실하게 요구된다고 강조한다.[98] 양육자, 상담가, 코치의 역할을 감당하기 위해 부모는 자녀의 성장 시기별 특징을 아는 것에서부터 시작해 시기별로 필요한 양육의 태도와 언어를 알아야 한다. 또한, 부모가 믿음 위에 중심을 잡고 서서 자녀를 양육할 수 있어야 한다. 자녀에게 주님 보시기에 기쁜 삶의 방향과 가치관을 가르쳐 주기 위해서는 부모가 먼저 그런 삶을 살아야 한다. 세상의 흐름과 지식에 대해서도 잘 알아야 한다. 부모가 먼저 배우는 모습을 보여야 한다.

교회는 자녀 시기별 맞춤 교육을 제공하고, 소그룹을 운영할 수 있다. 교회는 독서 모임이나 글쓰기 모임 등을 통해 부모의 언어, 관계 형성과 회복, 자녀에게 행하는 경제교육, 기독교 세계관으로 문화보기, 한국사와 세계사, 고전, 자기계발 등 여러 분야의 공부를 할 수 있도록 도울 수 있다.

부모 혼자 이런 공부를 찾아서 하기는 쉽지 않다. 의식주를 채우기에도 버거운 세상이기 때문이다. 교회가 가정을 향해 공동양육자로 손을 내밀어야 한다. 교회와 가정이 함께 그리스도인 부모 됨을 부지런히 배우고 나누고 기도하고 실행할 때, 가정이 살아난다. 교회가 살아난다. 가정이 살아나면 다음 세대가 믿음을 유산으로 받는다. 또한, 다음 세대는 세상을 끌어안을 수 있는 적극적인 시민으로 성장한다. 교회는 세상을 변화시키고 성장시키는 공간으로 변화한다.

교회는 학교와 학원이 줄 수 없는 것을 제공하라 1 _ 문해력

교회의 교육은 세상의 교육과 달라야 한다. 교회만이 할 수 있는 교육을 학부모와 학생에게 제공해야 한다. 성경을 중심으로 하면서 전인격적인 그리스도인으로서 성장할 수 있게 하는 교육이어야 한다. 세상에서 해결할 수 없는 것, 학교와 학원에서도 해결해 줄 수 없는 것을 가르치면 된다. 교회만이 할 수 있는 교육이 이루어지면 학부모와 학생의 가치관이 바로 정립된다. 한발 더 나아가 학부모와 학생이 교회를 떠나지 않는다. 오히려 떠나갔던 사람들이 교회로 돌아올 것이다.

세상이 세상의 힘으로 해결할 수 없는 문제는 다음과 같다. 첫 번째는 문해력 교육이다. 문해력 문제는 전 세계적으로 논쟁거리가 되는 문제다. 개인 차원을 넘어 사회적 차원으로 확장되었다. 선진국의 여러 나라가 현격히 저하되고 있는 문해력 문제를 해결하기 위해 다시 '책'을 선택한다. 우리나라도 문해력 문제에서 예외가 아니다. 2024년에 발표된 제4차 성인문해능력조사 결과는 충격적이다. 우리나라 성인 가운데 3.3%인 146만 명이 기본적인 읽기, 쓰기, 셈하기에 어려움을 겪는 비문해 성인으로 밝혀졌다.[99] 이는 성인 100명 중 3명은 초등학교 1-2학년 수준의 문해력을 가지고 있다는 것을 뜻한다. 교사들도 수업 진행이 어려울 정도로 학생들의 문해력이 떨어졌음을 호소한다.[100]

문해력 문제가 그리스도인의 삶과 무슨 관계가 있느냐고 묻는 이도 있을 것이다. 문해력은 자신을 이해하고 타인을 이해하는 가장 기본적인 능력이다. 김지원, 민정홍의 《문해력 격차》에서는 문해력을 다음과 같이 정의한다. "OECD에서는 '문해력 literacy'을 '일상적인 활동이나 가정, 일터 및 지역사회에서 문서화된 정보를 이해하고 활용할 수 있는 능력'이라고 정의하고 있다. 문해력은 글이나 문서를 매개로 한 것이라면 여러 다양한 매체에 적용할 수 있으며, 이해를 넘어서 직접 쓰고 전달하고 의견을 나누는 것에도 해당된다. 나아가 타인의 정보와 생각, 의도, 감정을 이해하고 이를 바탕으로 타인과 소통하는 데 있어 기본이 되는 능력이고, 또한 자기 생각과 감정을 표현하는 능력이라고 할 수 있다."[101]

그리스도인에게 문해력이란 성경이라는 텍스트를 통해 하나님과 자신, 타인의 생각과 의도, 감정을 바로 알고, 보고, 공감하는 능력이다. 나아가 성경을 중심으로 하여 세상을 읽고 세상과 소통하는 능력이다.

긴 글을 읽기 싫어하고 귀찮아하는 이 세대의 특징은 어른과 아이 할 것 없이 모두에게 공통으로 나타나고 있는 현상이다. 성경이라는 방대한 텍스트 위에 세워진 교회 공동체에 긴 글을 읽고 또 읽고 묵상하고 현실에 적용하는 능력은 필수이다. 성경을 묵상하는 힘이 없다면 교회 공동체와 그리스도인의 존재 자체가 불가능하다.

세상의 문해력이 단지 책을 읽지 않고, 타인과의 의사소통에 문제가 있는 수준이라면, 그리스도인의 문해력 상실은 하나님과의 소통 단절을 의미한다. 다음 세대에게 믿음을 전수하기 위해서는 교회 안에서 문해력 향상을 위한 교육이 반드시 이루어져야 한다.

필자는 교육부서와 목장 등의 소그룹에서 독서, 글쓰기 활동을 하길 제안한다. 그동안 질문에 답하는 식의 나눔이 있었다면 이제는 그 질문에 대한 글을 쓴 후, 돌아가면서 소리 내어 읽으면서 나누는 방법도 가능할 것이다. 혹은 주일 예배와 연관하여 2주나 한 달에 한 개씩의 핵심단어를 잡고 그 핵심단어와 연계된 책을 읽고 나누기, 핵심단어를 주제로 글쓰기를 하는 식의 독서, 글쓰기 나눔을 할 수 있다.

예를 들면, 이번 달의 핵심단어가 섬김이라면 섬김에 관련된 책을 읽고 나눈다. 모임에서 구성원이 돌아가면서 책을 소리 내 한 바닥씩 읽을 수도 있다. 책을 읽고 서로 가장 마음에 와닿는 부분, 밑줄 그은 부분을 나눌 수 있다. 인도자가 있다면 책에서 읽은 내용을 자신에게 어떻게 적용할 수 있는지 질문을 던질 수도 있다. 책에서 읽은 부분과 자신의 삶을 연관 지어 짧은 글을 써 보고 함께 읽으며 나눌 수 있다. 섬김에 대한 자신만의 정의는 무엇인지 써볼 수 있다. 방법은 다양하다. 구성원의 개성과 원하는 방법으로 자유롭게 진행할 수 있다.

문해력을 회복하고 성장시키는 일은 어떤 일보다도 중요하다. 문해력을 잃을 때, 가정에서나 교회에서나 말씀을 이해하고 소화해서 자기 삶에 적용하는 일은 일어나지 않는다. 진정으로 다음 세대의 믿음을 걱정하고 있다면, 교회학교에서 문해력을 강화하는 활동의 도입이 시급하다. 부모들도 먼저 성경을 읽고 책을 읽는 삶을 회복하는 모습을 자녀들에게 보여야 한다. 각종 영상매체와 AI에 휩싸인 이 시대에 그리스도인은 문해력을 회복해야 한다. 문해력은 단순한 기술이 아니라, 하나님과 세상, 그리고 자신과 깊은 연결을 회복하는 길이다.

교회는 학교와 학원이 줄 수 없는 것을 제공하라 2 _ 연결의 경험

교회에서만 배울 수 있는 두 번째는 '연결의 경험'이다. 세상에서 관계없이 홀로 있는 것은 아무것도 없다. 사람도, 동식물도, 심지어 단어조차도 그렇다. 황선엽 교수는 《단어가 품은 세계》에서 낮과 밤, 남자와 여자, 오른쪽과 왼쪽 등 단어에도 상호 의존적이면서 한쪽이 다른 한쪽의 존재를 전제로 하는 개념이 많다며 인간관계도 이와 같음을 강조한다. "다양한 나의 역할과 나를 둘러싼 관계에 대해 의문이 들거나 힘이 드는 순간이 온다면, 모든 관계는 누가 먼저랄 것 없이 상호 의존적이라는 것을 기억해 보기 바랍니다. 상대방이 있어야 비로소 나의 존재가 드러난다는 것을 인식한다면 관계가 바로 보이고 존중하는 마음도 가질 수 있을 것입니다."[102]

학교와 학원, 자기계발을 가르쳐 주는 곳에서 가르쳐 줄 수 없는 것을 교회가 제공해야 한다. 고립을 자처해 가는 시대에, 교회는 관계를 가르쳐 주는 곳, 관계를 회복시키는 곳이 되어야 한다. 한병철은 《투명사회》에서 현시대를 다음과 같이 진단한다. "다중이 아니라 고독이 오늘의 사회 상황을 특징짓는다. 사회의 전 영역에서 함께하는 태도, 공동체적인 정신이 무너져가고 있다. 연대 의식은 희귀해진다. 사유화 과정은 영혼 깊은 곳에 이르기까지 계속된다. 공동체적 정신의 침식으로 인해 공동의 행위가 이루어질 가능성은 날이 갈수록 희박해진다."[103] '사람'을 '영혼'으로 바라보게 하고 연대를 경험하는 것, 그것이 바로 교회가 해야 할 일이다. 하나님의 형상을 따라 지음 받은 귀한 영혼으로, 자신이 하나님의 창조물인 것처럼 타인도 하나님의 창조물이라는 가치를 배우고 실천 방법을 가르쳐 주는 곳이 교회여야 한다.

교회는 연결을 회복하는 공동체여야 한다. 하나님과의 연결, 타인과의 연결을 회복해야 한다. 코로나를 거치면서 핵 개인화가 가속되고 있다. 이는 개인주의를 넘어 고립으로까지 진행되고 있다. 여성가족부와 한국청소년정책연구원은 2025년 3월 25일 '2024 고립·은둔 청소년 실태조사' 결과를 발표했다. 조사 결과 전체 응답자 1만 9160명 가운데 고립·은둔 청소년은 각 2412명, 2972명으로 전체의 28.1%로 확인됐다.[104] 서울 권역 내 고립·은둔 청년은 서울시에 거주하는 전체 청년 인구 중 4.5%, 약 13만 명에 달한다고 한다.[105]

고립·은둔 청소년들이 가장 필요로 하는 공간은 다른 사람의 눈치 보지 않고 마음 편하게 있을 수 있는 곳이었다. 기존에 교회를 다니고 있던 학생들도 중학생이 되고 본격적으로 입시를 준비하는 학원에 다니게 되면서 교회를 떠나게 되는 경우가 많다. 이는 학업을 위해서이기도 하지만, 하나님과의 연결, 타인과의 연결이 느슨하다 못해 형성되지 않았기 때문이다. 아이들이 교회라는 공간에서 의미를 찾기 어렵기 때문이다.

교회는 다음 세대에게 특별한 공간이 되어 줄 수 있다. 조 모란은 《단어 옆에 서기》에서 성당의 배려에 대해서 말한다. "성당은 신앙이나 헌신을 요구하지도, 손가락을 펼쳐 놀리며 밝게 춤을 추거나 참여해서 의견을 말하라고 요구하지 않고 사람들을 성전으로 초대한다. 나는 세상이 악을 쓰며 물건을 강매하는 것처럼 느껴질 때 성당에 가서 잠시 홀로 앉아 있는다. 성당은 그저 그곳의 고요함과 나의 고요함을 가만히 포개기만을 요구한다."[106] 교회 역시 경쟁도 걱정도 없이 누구나 거할 수 있는 공간이어야 한다. 교회는 더는 자신만의 철옹성 안에 머물러서는 안 된다. 잃어버린 영혼을 향한 주님의 사랑과 이웃 사랑을 위해, 세상 속으로 문을 활짝 열어야 한다.

다음 세대는 교회를 통해 주님의 환대, 타인과의 연대를 경험해야 한다. '교회 안에서는 거룩해야 한다', '교회 안에서는 단정해야 한다', '교회 안에서는 이런 모습이어야만 한다'라는 문턱을 조금만 낮추자. 학생들이 주님과 또래들과 어른들과 교제할 수 있도록, 자신이 속한 모임을 아끼고 가치 있다고 느끼도록 만들어 보자. 교회는 누구나 갈 수 있고, 언제든 환대받는 곳이라고 느끼도록 해보자. 그럴 때, 다음 세대가 교회의 손을 놓는 일은 없을 것이다. 공동체와의 연대를 경험할 때, 다음 세대는 교회를 떠나지 않는다.

가정과 교회, 연결된 교육의 순환을 회복하라

신앙생활에 있어 가정과 교회는 분리될 수 없는 교육의 두 축이다. 가정이 개인의 내면을 형성하는 첫 터전이라면, 교회는 그 내면을 공동체 속에서 가꾸어가는 두 번째 집이다. 이 두 공간은 신앙과 시민의식을 동시에 심고 자라게 하는 토양이다.

오늘날 우리는 그 연결이 느슨해지고 고립의 벽이 높아지는 현실을 마주한다. 가정은 하숙집처럼 기능적 공간으로 축소되었다. 교회는 영적 공동체의 기능을 잃어가고 있다. 다음 세대는 이 공간들 속에서 연결의 끈을 놓아버린다. 신앙심은 있지만, 종교는 없는 상태로 전락한다.

가정 안에서 가족끼리의 연결을 회복해야 한다. 부모와 자녀 사이에 끊어진 대화를 회복해야 한다. 자녀가 고학년이 될수록 부모 자녀 간의 의미 있는 대화는 줄어든다. 잔소리로 변질하기 쉬운 부모의 언어는 자녀와의 소통을 단절시킨다. 결국, 서로 아무 말 없이 밥이나 잘 먹고, 부모는 자녀가 학교와 학원에 결석 없이 오가면 만족해한다. 가족 안에서 사랑과 감사, 배려와 공감을 회복해야 가족끼리 함께 드리는 예배, 과거와 현재, 미래를 향한 의미 있는 대화가 가능해진다.

가정과 교회는 주일과 주중의 연결을 회복해야 한다. 주일에서 예배드리는 시간과 주중의 삶이 동떨어져 있는 경우가 많다. 예배는 예배, 섬김은 섬김이지만, 주중에서 벌어지는 부모와 자녀의 삶 속에서 주님은 찾아보기 어렵다. 시험을 보기 전이나 긴급한 상황에서만 하나님의 이름이 불린다. 가정과 교회는 서로 긴밀하게 연결되어 말씀의 생수가 주일에서 주중으로 흐르도록 해야 한다.

가정과 교회가 느슨해지고 끊어진 연결을 회복할 때, 지식 전달이 아니라 존재를 빚는 과정으로의 교육이 회복된다. 존재는 관계 속에서 드러나고, 관계는 사랑과 신뢰, 그리고 공동체 안에서 완성된다. 《공자》에서는 지혜자의 모습을 이렇게 묘사한다. "하루 종일 말해도 남에게 근심을 주지 않으며, 하루 종일 행해도 남에게 재앙을 끼치지 않음은 오직 지혜가 있는 사람만이 할 수 있는 일이다."[107] 가정과 교회가 함께 교육의 연대를 회복할 때, 다음 세대의 말과 행동은 타인에게 근심이 아닌 축복이 된다. 고립에서 벗어나 하나님 안에서 자신을 발견하고 세상을 향해 나아가는 신실한 시민으로 자라게 될 것이다. 지금이 그 시작이어야 한다. 가정에서 심기고, 교회에서 자라나며, 세상으로 퍼져나가는 그리스도의 향기가 되게 하는 교육의 회복이 바로 우리의 공동 책임이며, 소명이다.

박혜정 선교사

알바니아 선교사로 GMP 개발연구위원이다.
공저로 《비록 존재감은 없지만 삶은 행복해》, 《오늘도 묵묵히》 등이 있다.

5 목회의 미래에 도움을 주는 AI 활용법

교회는 AI의 시대를 묻고 넘어가야 한다

AI 인공지능의 시대다. 이 시대는 디지털 문명의 정점이라 할 수 있다. AI 시대는 단순한 도구를 넘어 인간 삶의 방식, 사고 체계, 심지어 관계성마저 재정의하게 만든다. 많은 것을 바꾸어 놓은 AI는 교회와 목회에도 피할 수 없는 도전이다. AI는 이전의 인터넷 시대, 스마트폰 시대처럼 새로운 도전을 주고 있다. AI의 발전 속도는 상상 이상이다. 그렇다고 무서워할 일만은 아니다. AI는 과거에 머물러 있다면 인간은 미래를 바라보고 가기 때문이다.

AI의 역할은 점점 더 커질 것이다. 유영만 교수는 이 시대의 인공지능을 두고 "모두 인공지능 백신은 맞았는데 아무도 똑똑해지지 않았다"[108]라고 통찰하며, 정보의 홍수 속에서 AI의 역할이 더 커지고 있다고 말한다.

AI의 정보 데이터 홍수가 일상을 집어삼키고 있다. "디지털과 인공지능이 만들어 내는 데이터 홍수가 예고도 없이 일상을 집어삼키고 있다. 우리는 그 안에서 무엇이 떠내려갔는지, 어디로 휩쓸려 가고 있는지조차 모른 채 더 많은 정보의 신세계를 향해 손가락을 놀린다"[109]라고 덧붙이며, 무비판적 정보 소비가 인간 존재를 어떻게 붕괴시키는지를 경고한다. AI의 한계도 분명하다. "인공지능은 누구나 따르고 지켜야 할 선과 악의 기준인 보편적인 도덕은 제시할 수 있지만, 딜레마 상황에서 저마다 다른 좋음과 나쁨의 윤리적 행동 지침은 제시할 수 없다."[110] AI의 한계는 윤리적인 행동이다. 우리는 이를 반드시 해결하고 넘어가야 할 큰 과제를 안고 있다.

AI는 방대한 데이터를 제공한다. 하지만 그것이 말하는 바를 해석하지 않는다. 정답을 빠르게 제시하지만, 그 정답이 가지는 의미는 말하지 않는다. AI로 우리의 지식은 늘어가지만, 지혜는 사라지고, 더 많이 알고 있음에도 불구하고 더 깊이 생각하지 않으며, 더 빠르게 반응하면서도 진실하게 관계하지 못하는 시대를 살아가고 있다. 정보 데이터는 넘치지만, 삶의 통찰은 사라지고, 소통은 활발하지만, 공감은 희박해진다.

AI는 기술적 환경이 아니라 '인간됨'의 정의를 던지게 한다. 이런 조건 속에서 목회의 본질을 다시 물어야 한다. 그리고 목회의 정의 또한 물어야 한다. 과연 기계가 도울 수 있는 목회는 어디까지이며, 침범해서는 안 되는 본질은 무엇인가? AI가 일상의 삶에 미치는 영향은 목회의 패러다임에 어떤 영향을 미칠까? AI가 주도하는 시대에도 과연 교회는 존재 할 것인가? 등을 고민할 때이다.

AI는 목회의 어디까지 대체할 수 있는가?

AI는 목회에 많은 부분 변화를 줄 것이다. 지금도 AI로 인해 목회는 크고 작은 영향을 받고 있다. 그 영향을 교회는 어느 정도 수용할 것인가? 목회자의 역할은 어떻게 규정할 것인가를 고민해야 한다.

첫 번째 물을 것은 목회이다. 과연 AI는 목회를 대신할 수 있는가? 우리가 알듯이 AI로 만든 로봇이 인간을 대신해 제품은 만든다. 목회에서도 많은 부분 대신한다. AI가 설교문을 써줄 수 있다. 문제는 '어느 정도까지 받아들일 것인가?'이다. 아무리 AI가 설교에 영향을 주지만 목회자가 해야 하는 것을 대체하는 것은 제한적이다. 말씀을 품고 기도하며 밤을 지새우는 설교자의 마음은 AI로 대체할 수 없다.

AI는 치유의 조언을 줄 수 있지만, 병상 곁에서 손을 붙잡고 침묵하며 위로를 대신할 수 없다. AI가 더 많은 정보와 지식을 전달해주지만, 그것을 통해 사람을 변화시킬 수 있는 공감적 능력은 대신할 수 없다. AI가 성경의 지식과 논문을 대신할 수 있지만, 그가 전해주는 지식이 신앙과 믿음의 결과물은 아니다.

AI가 목회에 일정 부분 도움을 줄 수 있지만, 목회자는 이를 잘 분별해야 한다. 목회의 본질적인 것, 극히 인간적인 것에서의 역할은 아주 미미하다. 지금 생성형 AI를 지나 에이전트 AI로 이동하고 있는데 그럴지라도 목회의 핵심이자 본질인 영적인 것은 대신하지 못한다. 목회자는 이 시대에 맞게 AI가 할 수 있는 것과 할 수 없는 것을 정확하게 알고 도움받을 수 있는 일과 도움받을 수 없는 일을 정리할 수 있어야 한다. 미래의 목회는 근본적인 인간의 본질에 대한 질문과 답을 가지고 깊은 사색의 결론을 도출해 낼 수 있는가의 문제이기 때문이다.

목회에서 AI는 방대한 데이터를 분석하고, 패턴을 찾아내며, 효율을 추구하는 데 탁월한 능력으로 도움을 줄 수 있다. 하지만 목회는 '효율'보다 '관계'와 '본질'에 뿌리를 두고 있으므로 그 영향을 적정한 선에 두어야 한다. AI는 인간의 감정을 모방할 수는 있어도 '공감'을 체현하지 못한다. AI라는 기계는 위로의 말을 생성할 수 있지만, '눈물 흘리는 자와 함께 울지' 롬 12:15 못한다.

목회는 사람을 향한 하나님의 마음을 전하는 사역이다. 그 사역의 중심에는 '영혼 돌봄 Cura animarum'이 있다. 기계는 정보를 전달할 수 있지만, 영혼을 만지는 설교, 회개의 눈물을 이끄는 기도, 상실 앞에 침묵하는 동행은 흉내 낼 수 없다.

목회에서 필요한 AI의 영역이 있다

AI는 목회에 큰 도움을 줄 수 있다. 하지만 어느 영역까지 목회를 대신할 수 있을지 예측이 쉽지 않다. 지금까지 발전해온 AI는 아직 인간 본연의 문제인 영혼의 문제, 감정의 문제, 인격의 교류와 공감의 문제까지는 넘볼 수 없는 영역임이 분명하다. AI 연구의 선구자로 컴퓨터 과학 분야의 노벨상이라는 A.M 튜링상 수상자인 요슈아 벤지오 Yoshua Bengio는 효율과 옮음만을 강조하는 AI 사회로의 변화는 끔찍함 그 자체라고 말한다. "요슈아는 생애 처음으로 진지하게 걱정하기 시작했다. 그는 쳇GPT의 능력에 완전히 놀랐고 충격을 받았다. 그는 자신이 살아있는 동안 인간과 지적으로 소통하는 컴퓨터를 보게 될 것이라고는 상상하지 못했다."[111]

AI가 생각 외로 큰 발전을 거두었다. 그럴지라도 AI는 목회의 영역에서 한계가 분명하다는 것을 목회자는 인지하고 도구로 활용을 적절하게 해야 한다. 그렇지 않으면 AI에 목회를 넘겨줄 수도 있다.

AI가 목회에서 도움을 줄 수 있는 세 가지 영역이 있다. 첫째, 설교이다. 둘째, 상담이다. 셋째, 교회 행정이다. 먼저, 설교이다. AI는 설교자가 될 수는 없다. 설교는 하나님과 인간 사이의 인격적 만남이며, 이는 오직 인격을 가진 존재만이 가능하기 때문이다. 다음으로, 상담이다. AI 챗봇은 심리 상담의 일차적 지원 역할을 할 수 있으며, 초기 감정 정리에 도움을 줄 수 있다. 하지만 인간 내면의 깊은 죄책감, 영적 갈등, 회개와 회복의 여정을 인도하는 일은 영적 분별력과 공감 능력이 요구되는 일에는 제한적이다. AI는 데이터에 근거한 일반적 조언은 가능하지만, 성령의 인도하심에 따른 목회적 직관은 대체할 수 없다.

마지막으로 교회 행정이다. AI가 가장 효율적으로 도울 수 있는 영역이 교회 행정이다. 출석 관리, 헌금 통계, 양육 이력 추적, 사역 매칭 등에서 자동화는 목회자의 부담을 줄이고 사람을 돌보는 일에 더 집중할 기회를 제공한다. 하지만 교회는 단지 영적인 공동체일 뿐 아니라, 실제적인 운영과 관리를 필요로 하는 조직이기도 하다. 사무실 문서관리, 회계 정산, 일정 조율, 교인 데이터베이스 관리, 홍보 디자인, 출결 시스템 등은 모두 '행정'의 범주에 속한다. 이 부분에서 AI는 반복적이고 구조화된 업무를 빠르고 정확하게 수행하는 데 큰 장점을 가진다.

예컨대, AI를 활용하여 교인 출석 데이터를 분석하면 청년들의 이탈률이나 특정 연령대의 참석 변화를 감지하고, 사역 전략을 수정할 수 있다. 또한, 교회 재정의 흐름을 시각화해 보고하거나, 자동 이메일 및 문자 시스템을 통해 구성원들과의 소통을 강화할 수도 있다. 이는 모두 '모든 것을 품위 있고 질서 있게 하라 고전14:40'는 성경의 원칙과 부합된다.

AI는 설교, 심방, 행정에 목회 비서로서의 역할을 충실히 감당할 몫이 있다. 하지만 제한적이고 부분적이다. 그러므로 목회자는 미래 목회에 AI를 활용하되 목회자가 할 수 있는 인간적, 영적인 일은 자신의 몫인 것을 알고 더 세심하고 관리해야 한다.

미래 목회는 호모 스파티움(Homo Spatium) 활용을 통해 찾아야 한다

호모 스파티움 Homo Spatium 은 '공간을 잘 이용해서 발전하고 진화한 인간'의 의미이다. 'Spatium'은 라틴어로 '공간', '간격', '거리'를 뜻하며, 이 신인류는 물리적 거리만이 아니라 심리적, 사회적 거리까지도 적극적으로 확보하고자 하는 '공간 중심의 인간'을 말한다.

미래 목회를 위해 호모 스파티움에 관심을 가져야 하는 이유는 현대인은 점점 더 자기만의 공간을 고집하며 살아가기 때문이다. 카페에서 노트북을 펴고, 이어폰으로 세상을 차단하고 자기만의 시간을 즐기며, 집에서는 나만의 방과 콘텐츠, 취향 속에 파묻혀 산다. 자기만의 공간을 확보하며 살아야 한다. 하지만 다른 사람과의 관계는 더 멀어졌다.

목회에서 호모 스파티움의 특징을 알고 목회하면 목회를 어떻게 해야 할지 답을 찾을 수 있다. 공간 중심의 인간은 자기만의 루틴, 자기만의 콘텐츠, 자기만의 묵상 공간에 대해 집착한다. 이들은 공동체적 예배보다, 개인적 예배에 익숙하다. 집단의 의사 결정보다 나의 취향을 우선한다. 그 결과, 교회는 점점 개인화된 신앙 소비자들로 가득 차고, 함께 울고 웃는 '신앙의 몸'body of Christ은 해체될 위기에 놓여 있다.

이러한 흐름으로 세계 교회는 공동체 없는 신앙, 즉 관계없이 영성을 추구하는 경향을 심각하게 직면하고 있다. 코로나 19 이후 온라인 예배가 보편화되며, 예배는 더욱 개인화된 소비 행위로 자리 잡았다. 신앙은 예배당이 아니라 '나만의 조용한 공간'에서만 작동하는 정적 영성으로 변질되고 있다. 하지만 성경은 분명히 말한다. "두세 사람이

내 이름으로 모인 곳에 나도 그들 중에 있느니라 마 18:20."

신앙은 결코 혼자만의 방에서 완성될 수 없다. 하나님 나라는 철저히 '함께 있음'의 영성 안에서 드러난다. 목회자는 '함께 있음' 영성을 깊이 고민해야 한다. 성도가 어느 공간에서 함께 있을 때 어떻게 목회를 해야 하는 가에 대한 답이 명백해야 한다.

호모 스파티움은 신앙의 자율성과 자기 성찰이라는 유익이 있다. 동시에 고립과 회피, 책임 없는 관찰자의 영성이라는 위험성도 있다. '나는 혼자 믿는다'라는 착각은 결국 하나님 나라의 핵심인 '관계와 책임'을 거부하는 영적 탈주다.

목회자는 신인류를 대하는 2026년, 교회에 물리적인 공간과 영적인 관계의 공간 사이에 신학적인 관계를 부여해 대안을 찾아 목회하려 해야 한다. 그 대안이 '환대'이다. 김진혁은 《환대의 신학》에서 교회에 필요한 환대는 단순한 태도뿐 아니라 환대가 이루어지는 공간까지 포함되고 있음을 강조한다. "공간이 물리적 차원과 인간 활동이 함께 엮어 만들어지는 관계적이고 유동적인 구성물이라면 각기 다른 모습으로 사회 내에 현존하는 개개인이 공간과 맺는 관계는 균일할 수가 없다. 그런 만큼 누군가의 사람됨 혹은 권리를 논할 때 사회적 삶의 배경이 되는 공간을 빼놓고 이야기하기 힘들다."[112] 공동체로 모이는 모임에서 공간은 물리적인 공간만이 아니라 사람들의 상호 작용으로 형성되는 관계적인 공간으로 확장되어야 한다. 자신만의 공간을 고집하는 현세대의 그리스도인들에게 다가가기 위해 교회가 회복해야 할 2026년 목회적 트렌드는 환대다.

오늘날 교회가 실천해야 할 환대는 단순히 사람을 맞이하는 따뜻한 태도에 그치지 않는다. 환대가 실현되는 '공간'까지 포괄하는 전인적 개념이다. 그리스도인이 모이는 공간은 예수님처럼 모시는 감동적인 환대가 이루어져야 한다.

환대가 이루어지는 공간은 단순한 물리적 장소가 아니다. 그것은 사람들 사이의 관계와 상호 작용 속에서 형성되고 변화되는, 유동적인 삶의 장이다. 그렇기에 한 공간 안에 존재하는 사람들은 결코 동일한 방식으로 그 공간을 경험하지 않는다. 그 공간이 기억과 추억 그리고 하나님의 은혜를 경험하는 곳이어야 한다.

교회가 환대를 실천한다는 것은 단순히 문을 여는 것이 아니라, 모든 이들이 환대받을 수 있도록 그 공간 자체를 다시 구성하는 일이다. 즉 공간은 머무름과 만남, 그리고 소속감의 경험이 일어나는 관계적 터전이 되어야 한다.

호모 스파티움으로서의 환대가 이루어지는 공간은 '누구나 환영받는 공동체'가 된다. 그 환대는 예배의 형식이나 말뿐 아니라 교회 건물과 모임의 구조, 심지어 자리를 배치하는 방식과 사람들이 정서적으로 느끼는 감정까지 스며들어야 한다.

미래 교회는 호모 스파티움을 향해 '공간을 넘어서는 복음', '함께 있음의 기쁨'을 회복하는 공동체이어야 한다. 온라인 공간이 확장되더라도, 교회는 반드시 만남의 현장성과 몸의 공동체성을 회복해야 하며, 각자의 공간에 갇힌 신앙인들을 말씀과 식탁의 공동체에서 환대를 경험하고 환대를 나누는 공간이 되어야 한다.

신앙은 나만의 방에서 자라지 않는다. 참된 복음은 함께 걷고, 함께 울고, 함께 기도할 때 살아난다. 그리고 환대를 통해 꽃을 피우고 열매를 맺게 된다. AI 시대로 발전을 거듭할수록 감동을 느낄 수 있는 환대를 사람들은 기대할 것이다.

미래 목회는 호모 에클레시아(Homo Ecclesia)로 엮어져야 한다

AI 시대로 발전을 거듭하자 그리스도인은 고립의 시대가 아닌 연결의 삶을 갈망한다. 개인화, 고립, 디지털 피드백, 중독의 피로 속에서, 다시 공동체를 인간이 머물 수 있는 새로운 인간형을 꿈꾼다. 이를 호모 에클레시아 교회로부터 찾으려 한다.

사람들이 찾는 새로운 인간형이 호모 에클레시아이다. 'Ecclesia'는 '불러냄을 받은 자들의 모임', 곧 교회이다. 이 새로운 인간형은 진정한 관계, 온전한 만남, 의미 있는 소속을 회복하고자 한다. 더 이상 피상적인 연결이 아닌, 깊이 있는 연대를 찾는다. 갈수록 기계화되어 가는 AI 시대에 교회는 더 소속감이 강화된 교회, 공동체적인 교회여야 한다. AI 시대에 새로운 인간형은 예배 등 만남에서 함께 모이는 것에 의미를 부여하고자 한다. 교회는 단지 예배를 드리는 장소가 아니라, 모이는 행위 자체가 복음의 일부이기 때문이다. 공동체로 부름 받은 이들은 단지 같은 메시지를 듣는 소비자가 아니라, 서로를 세우고, 함께 하나님을 경험하는 '신앙의 몸'을 추구한다. AI 시대에는 서로를 위하고 감싸고 함께 어우러져 하나 됨의 가치를 더 갈구한다.

예수님은 제자들과 함께 먹고, 걷고, 기도하며 모임을 통해 하나님 나라를 구현하셨다. 초대 교회 역시 날마다 마음을 같이하여 성전에 모이기를 힘썼다 행 2:46. 모임은 곧 교회의 존재 방식이며, 복음이 육화되는 장이다. 예수님 당시나 초대교회만 모이기를 원하는 것이 아니라 AI 시대는 더 갈급해 한다. 그리스도인이 AI와 친근해지면 홀로 있는 시간이 많아진다. 이러한 상황에 미래 교회는 '함께 있음'의 목회를 지향해야 한다. 그때 하나님의 영성을 회복하고 공동체의 가치가 드러나는 최적의 예배, 친교 등의 공간이 된다.

현대인은 자기만의 공간에 익숙해져 있지만, 신앙은 자기만의 공간을 뛰어넘는 초대, 환대 그리고 응답의 연습이다. 미래 교회는 그리스도인들이 함께 있음의 가치를 공유해야 한다. '혼자 믿는 신앙에서, 함께 살아내는 신앙으로', '디지털 연결에서, 삼위일체적 연대로' 나아가야 한다. AI 시대에 미래 교회의 방향은 함께 있을 수 있는 작은 모임이 중심에 있어야 한다. 초대교회처럼 작은 무리로의 모임을 회복해야 한다.

거대한 집회, 대형 교회 중심의 신앙 트렌드를 넘어 서로의 이름을 아는 공동체를 구성해야 한다. 떨어져 있음이 아니라 함께 있음으로 공간에 모여야 한다. 함께 있음이 기대되려면 성육신적인 관계를 위해 함께 할 수 있는 프로그램들을 개발해야 한다. 함께 걷기, 함께 하는 캠핑, 함께 차와 다과를 나누는 모임, 함께 읽고 쓰는 모임, 삶을 함께 나눌 수 있는 교회 스테이지 같은 프로그램을 기획하는 것도 중요한 방향성이 될 수 있다.

교회를 건축물이나 건물이 아닌 함께 사는 방식으로 이해하고 성도들 역시 서로의 생활공간 속으로 들어갈 수 있는 삶의 방식으로 나가는 것이 AI 시대에 절실하다.

호모 에클레시아는 단지 '교회에 출석하는 사람'을 의미하지 않는다. 그는 다시 공동체를 갈망하고, 그리스도 안에서 함께 살아가는 존재로 회복되기를 원하는 자다. 미래 교회는 그 갈망을 분별하고, 함께 있음의 복음으로 응답하는 공동체 재건의 복음적 실험장이 되어야 한다.

PASTORAL MINISTRY TREND 2026

박종순 목사

제자들교회(미국 렌초) 담임이다.
저서로 《열혈독서》, 《메타씽킹》, 《천년의 지혜 독서 멘토링》 등이 있다.

Chapter 3.
목회, 상식이 통하는가?

PASTORAL

MINISTRY

TREND

2026

1 비호감 시대의 미래를 여는 목회적 방향성

교회가 세상의 짐이 되었다

코로나의 강을 건너고, 계엄과 탄핵의 강을 건너면서 교회는 몰상식한 집단으로 인식되었다. 목회데이터연구소 자료에 따르면 기독교 비호감도는 91%까지 폭발적으로 증가했다. 그 이전까지도 한국교회는 부, 명예, 권력의 세습으로 혼란스러웠다. 세상이 미투 운동을 하면서 목회자들의 성 문제도 사회적 이슈로 드러나기도 하였다. 초대형교회의 불법건축과 여러 목회자의 표절 시비의 문제로 시끄러웠다.

    게다가 계엄과 탄핵의 시간을 거쳐 오면서 극우적 행보를 이어간 정치 목사들의 문제는 교회에 대한 신뢰를 잃어버리게 하였다. 이념적 광기와 종교적 광신이 만나면서 짐을 지고 가야 하는 교회가 세상의 짐이 되었다. 상식을 무시하는 교회는 길가에 버려진 맛 잃은 소금처럼 밟히고 있다.

비호감 증가는 무종교인 층에서 두드러진다

불신자의 호감도가 9%이고, 비호감도가 91%라면 기독교는 이미 버림받은 종교, 외면당하는 종교일 것이다. 그렇다면 왜 이토록 세상은 교회에 대해서 이토록 비호감일까?

첫째, 코로나 상황에서의 비호감 증가 이유를 진단할 필요가 있다. 코로나시기에 많은 교회는 국가와 국민과 함께 호흡하고 발을 맞추었지만, 일부 교회는 종교의 자유라는 이름으로 국가와 국민과는 엇박자의 길로 갔다. 그 결과 국민과 국가를 생각하지 않는 모습에서 신천지와 같은 광적인 집단인 이단과 사이비를 떠올리게 했다. 교주의 말에 맹종하면서 사회적 안전과 안녕은 외면하는 이단과 사이비 집단의 광신의 모습을 본 것이다. 코로나라는 전염병 가운데 깊이 있는 사랑의 섬김이 아닌 이기적인 모습은 기독교에 대한 치명적 이미지를 각인하는 계기가 되었다. 상식을 무시하는 모습으로 비친 것이다.

둘째, 계엄과 탄핵 상황에서의 비호감 증가 이유를 진단할 필요가 있다. 계엄과 탄핵 정국을 거치면서 극우의 정치 편향적인 목사들은 성도들을 부추겨서 광화문으로 내몰았다. 광화문 광장에서 태극기와 성조기를 흔들고 심지어 이스라엘을 상징하는 시온 깃발을 흔들고 있는 모습은 이성과 지성을 중시하는 세상 사람들에게는 낯설었다. 그 모습은 생명의 에너지보다는 죽음의 그림자를 느끼게 했다. 생명의 에너지는 사회를 건강하게 만들고, 사회의 불의와 불법을 저항하게 한다. 그러나 죽음의 그림자는 배후의 조종자들에 의해서 사회를 광기와 광란으로 몰고 간다. 안타깝게도 그러한 모습이 기독교의 대표 이미지로 각인 되었다. 게다가 천주교의 대표적인 성직자들은 상식과 법에 기초하여 계엄의 불법성을 말하고 시민 사회와 함께 호흡하였지만, 그와 달리 개신교에서 소리를 낸 일부 개신교를 대표하는 보수적 단체의 성직자들은 계엄과 반탄핵을 옹호하는 목소리를 높였다. 그 결과 기독교는 상식과 법조차도 무시하는 몰지각한 집단으로 이미지가 각인되었다. 소수가 다수를 대변하지 않지만, 다수의 침묵이 소수의 목소리가 기독교를 대변하는 것처럼 들렸을 것이다. 게다가 리박스쿨과 유사한 일부 극우적인 대안학교의 그릇된 역사관과 교육이 기독교를 반시민적이고 비민주적인 집단으로 보이게 했다. 이러한 전체적인 모습은 역사의식의 빈곤과 자유민주주의에 대한 왜곡으로 비쳐 교회는 상식이 통하지 않는 집단으로 세상에 보인 것이다.

셋째, 이단과 사이비의 증가와 거짓된 사역자들로 인한 비호감의 증가 이유를 진단할 필요가 있다. 하나님의 교회는 안상홍증인회로 장길자를 하나님 어머니로 부르는 집단인데 세상은 그들을 기독교로 오해한다. 신천지는 이만희라는 교주를 이긴 자로 추종하는 집단이고 이단의 계보에서 파생한 한국형 이단인데 교회나 목사라는 호칭을 사용하니 기독교로 착각한다. 정명석, 이재록, 신옥주 등 한국에서 자생한 이단과 사이비류가 많은데 이들 또한 교회와 목사라는 호칭을 사용하니 불신자들은 그들을 기독교라고 생각한다. 언론은 이들에게 이단과 사이비라는 정확한 표현을 사용하는 것이 아니라 그들이 사용하는 그대로 교회, 목사, 전도사라는 단어를 사용함으로 이단과 사이비마저도 기독교로 오해하고 착각하게 만든다. 이단과 사이비는 윤리성이 없다. 도덕성이 없다. 투명성이 없다. 거짓과 미혹이 특징이다. 교주들은 위선과 가식이 특징이다. 또 대부분의 이단과 사이비 교주는 돈 문제가 있고 성적인 문제가 있다. 이들이 언론에 비치는 모습이 기독교에 대한 비호감을 증가시키고 몰상식한 집단으로 오해하게 만들었다.

끝으로 기독교 내부의 자정 능력의 부족으로 인한 비호감의 증가 이유를 진단할 필요가 있다. 기독교 내부를 본다면 건강한 자정작용이 있는가? 교단장이 모텔을 들락거리고도 모텔에서 상담했다고 변명하고 교단의 치리를 받지 않는다. 교단의 헌법이 정한 세습 금지를 하는 법을 어기고도 치리를 받기는커녕 오히려 그들 앞에 줄 서고 절하지 않으면 교단의 부총회장이나 총회장에서 탈락되는 현실은 아이러니 그 자체. 황금송아지 우상과 다를 바 없다. 가장 거룩하고 성스러워야 할 성직자 집단이 가장 추악한 모습을 보이는 곳에서 희망을 발견하기란 쉽지 않다. 성도들의 헌금으로 자녀 유학에 해마다 억대의 돈을 사용하는 일부 목사들의 이탈은 수많은 성도의 교회 이탈로 이어졌다. 부, 명예, 권력을 세습하고 성도들의 헌금으로 만든 재단을 가족들이 사유화한다. 이런 현실 앞에서 신은 죽었다고 절규하며 교회를 떠나는 가나안 성도들이 증가하였다. 결국, 기독교 내부의 건강한 자정 능력 없음으로 기독교의 일부 목사들의 위선과 거짓이 기독교 전체를 병들게 하고 세상이 기독교를 몰상식한 집단으로 이해하게 만들었다.

지성과 공감을 여는 목회로 가야 한다

기독교 비호감의 흐름을 바꾸지 못하면 기독교는 더는 세상의 희망이 되지 못할 것이다. 세상에 속하지 아니하였으나 세상 속으로 보내심을 받은 그리스도인은 세상의 소금, 세상의 빛으로 세상 속에 읽히는 그리스도의 편지가 되어야 한다. 그렇지 못하다면 더 이상 십자가를 지고 예수의 길을 가는 것이 아니라 세상 속의 짐짝 취급을 받을 것이다. 그러면 어떻게 할 것인가?

첫째, 상식과 지성을 중시하는 기독교를 회복해야 한다. 기독교는 몰상식과 반지성을 넘어서서 이 땅에 희망을 심는 소망의 등대였다. 기독교를 통해 일제 식민지와 6.25 전쟁을 극복하고 후진국에서 선진국으로 도약한 나라가 우리나라 대한민국이다. 그 중심에는 기독교인이 있었다. 기독교는 성경을 읽는 운동으로 한글을 깨우치게 하였고, 교회를 지으면서 동시에 학교를 짓는 1교회 1학교 운동을 통해 암울했던 식민지 시대를 넘어 민족의 미래를 열었다. 연세대, 이화여대, 숭실대, 서울여대를 비롯한 수많은 대학을 세워 민족의 지도자를 키워내었다. 상식과 지성을 중시하였기에 불신자들도 자녀들에게 교회에 다니라고 권유할 정도였다. 다시 지성적 제자도를 회복해 간다면 시대의 문제를 해결하는 희망과 미래를 열어가는 소망의 등대가 켜질 것이다.

둘째, 담을 헐고 담을 넘어서는 기독교로 회복되어야 한다. 기독교는 점점 스스로를 울타리 속에 가두는 형국이다. 세상과 공유, 공감, 소통하는 것이 아니라 담을 만들고 있는 모습이다. 사회적 이슈를 이끌어 가고 미래의 대안을 제시하는 것이 아니라 사회적 불안을 조성하고 혐오와 배제를 만드는 트러블메이커가 되고 있다. 예수님은 서기관과 바리새인과 달리 경계를 넘어서고 한계를 넘어서서 복음으로 사람을 치유하고 세상을 회복하는 일을 하셨다. 바리새인들이 위선과 가식적인 신앙으로 사람들을 비난하고 비판하고 정죄하면서 옥죄일 때, 예수님은 진리로 그들을 풀어놓아 자유롭게 하셨다. 세리가 변화되었다. 창기도 변화되었다. 먹기를 탐하는 자라는 비난과 조소에도 불구하고 예수님은 죄인들과 함께 먹고 마시며 그들의 삶으로 들어가서 그들을 하나님 나라의 복음으로 변화시키셨다. 바리새인들이 정한 선과 경계와 한계를 허무시는 예수님의 모습은 혁명과 혁신에 가까웠다. 오늘날 한국교회는 그 예수의 정신이 보이지 않는다. 고통당하고 소외된 이들을 불쌍히 여기신 예수님의 마음이 잘 드러나지 않는다. 그것이 기독교 추락의 핵심이다. 예수 그리스도의 마음이 목회자와 성도들에게서 보이고 들려진다면 담을 헐고 담을 넘어서는 변화와 변혁의 소식들로 넘쳐날 것이다.

상식과 공익을 추구하는 목회로 가야 한다

상식이 통하는 목회, 지성적 제자도를 추구하는 목회, 담을 헐고 담을 넘어서는 기독교로 가기 위해서 어떻게 할 것인가? 불신자도 자녀들에게 교회를 추천하며 보내는 그런 미래와 희망을 여는 교회를 세워가려면 어떻게 할 것인가?

첫째, 초월성과 지성이 만나는 영성을 겸비하라. 기독교는 상식이 통하고 상식을 지키는 것은 기초요, 기본이다. 그러나 그것이 끝이 아니다. 복음과 하나님 나라에는 상식을 넘어서는 초월성이 존재한다. 초월성은 상식을 무시하거나 외면하지 않는다. 오히려 예수님의 복음 사역 현장에 나타난 이적과 기적처럼 창조주 하나님과 연결됨으로 경험되는 하나님 경험이 초월성이다. 상식만 있으면 메마른 신앙이다. 지성이 사람을 바꾸는 것은 아니다. 상식과 지성에 기초하지만, 초월성과 만나는 지점에서 영혼의 변화가 나타난다. 그러기 위해서 말씀 운동과 독서 운동에 기초한 기도 운동이 필요하다. 기도는 영적 호흡의 회복이다. 하나님과 사귐의 회복이다. 기도를 주술적으로 하거나 중언부언하는 것은 영적 호흡을 멈추는 것이다. 기도는 성경에 기초해서 성령의 감동 감화를 따를 때 초월성으로 연결되고 하나님 경험이 일어나는 것이다. 욕망을 탐하는 기도가 아니라 하나님과의 사귐을 추구하는 더 깊은 기도 가운데 하나님을 경험하는 초월성을 맛보면 생명의 말씀이 있는 곳을 그 누구도 떠나지 않는다.

둘째, 개인적 변화와 사회적 변혁을 추구하라. 한국교회는 너무 개인적인 신앙을 강조해 왔다. 그러다 보니 수단과 방법을 가리지 않고 성공하고, 신앙마저도 도구화하여 복 받는 수단으로 사용을 해 왔다. 그 결과 세상에서 성공하고 출세하는 기독교인은 많아졌지만 성경 정신으로 세상을 품고, 섬기고, 변화시키며 하나님 나라를 추구하는 그리스도인은 잘 보이지 않는다. 우리 시대는 다시 개인적 구원에 머무는 현실 도피적이고 현세적인 기복적 신앙이 아니라 사회 변혁적 신앙을 겸비해야 한다. 느헤미야가 그 예일 것이다. 느헤미야는 신앙의 좋음이 자신만 성공하고 출세하는데 그치는 것이 아니라 자신에게 주신 모든 것을 총체적으로 사용해서 하나님 나라를 추구하고, 하나님의 영광을 추구하고, 하나님의 뜻을 이루고자 하였다. 일상과 일터가 그에게는 신앙고백의 자리였다. 직업이 소명으로 연결되고, 일을 통해 신앙을 고백했다. 개인적 변화와 사회적 변혁이 그의 신앙과 삶의 자리에서 나타나자 사회 통합과 변혁의 리더십을 가져왔다. 한국교회는 세상적으로 성공한 고지를 점령한 이들이 필요한 것이 아니라 하나님 나라의 가치와 의미를 세상 가운데 드러내는 이들이 필요하다. 영국의 윌버포스나 네덜란드의 아브라함 카이퍼는 자신의 정치 영역에서 하나님 나라 가치를 추구하였다. 영혼 구원에 머무는 신앙이 아닌 피조 세계 전체를 사회를 변화시키는 사회 변혁적 신앙의 자리로까지 간 것이다. 우리나라의 김구와 안창호 그리고 윤동주처럼 각자의 분야에서 하나님 나라를 담아내는 사회 변혁가들이 지금 여기에서도 계속 나온다면 호감도가 91%가 되고 비호감도가 9%로 바뀌는 반전을 보게 되리라.

셋째, 온라인 공간을 선교적 공간으로 만들라. 세계는 하나의 온라인 공간으로 이어지고 연결된다. 유튜브, 페북, 인스타는 민족과 나라를 넘어선다. 인종과 지리를 넘어선다. 종교와 언어도 넘어선다. 온라인은 모두에게 열린 공간이다. 24시간 일하는 공간이다. 과거에는 방송국과 신문사가 언론의 허브였고 모든 소식의 통로였다. 이제는 세상이 바뀌었다. 개인 방송국의 시대다. 크리에이티브의 시대다. 누구나 자신의 소리로 자신이 전하고자 하는 것을 담아내는 시대이다. 그렇다면 온라인 공간을 선교적 공간으로 만들어 가야 한다. 이것이 우리 시대에 가장 중요한 일 가운데 하나라고 본다. SNS는 단순한 공간이 아니라 복음과 하나님 나라를 확산시키는 공간으로 인식하고 적극적으로 건강하고 바른 신학과 신앙을 공유하고, 공감, 소통해야 한다. 안타깝게도 현실은 이단과 사이비 그리고 숱한 음모론과 거짓 뉴스의 추종자들이 점령하고 있다. 이제는 유튜브, 페북, 인스타는 선교의 공간이다. 쇼츠, 릴스, 틱톡은 선교적 도구이다. 몰상식을 상식으로 바꾸는 곳도 SNS다. 이곳이 영적 전쟁터이다. 온라인 공간에 투자해야 한다. 짝퉁들의 소리로 가득하여 기독교를 오해하도록 하는 곳에서 진리와 진실을 추구하는 온라인 전사들이 오해를 이해로 바꾸어 가는 일을 더 적극적으로 해가야 한다.

교회는 담장을 넘어야 한다

기독교는 온갖 경계와 한계의 담장을 넘어서고 거짓된 벽을 무너뜨리며 역사의 진전을 이루어 가는 핵심에 있었다. 진정한 기독교는 시대 어둠의 문제를 해결하고 미래를 열어가게 한다. 건강한 역사의식과 사회적 책임을 추구하는 담장을 넘어서는 신앙과 삶을 추구하는 교회여야 희망이 있다. 신앙이 좋다고 하는데 온갖 부정부패, 비리, 탐욕의 추구, 세습, 죄와 악행, 거짓, 속임수, 음모론 등에 머물고 있다면 그 신앙은 자기 욕망의 추구이지 하나님 나라의 추구는 될 수 없다. 성경은 열심히 읽지만, 삶이 엉망진창이고 인격이 엉망이라면 그것은 거짓된 바리새인과 같은 영성이다. 참된 하나님과의 관계성을 가진 영성은 아니다.

건강한 역사의식과 사회적 책임의 실종은 서서히 기독교를 침몰시킨다. 지금 사회 변혁적 영성이 사라진 교회로 인해서 청년과 성도들이 심히 방황하고 있다. 건강한 신앙을 가진 성도들은 성경에 비추어서 생각하고 분별하고 고민하고 고뇌한다. 성도들은 교회가 상식 이하로 향하지 않기를 바란다. 오히려 사회적 책임을 감당하기를 바란다.

뭣이 중한가? 개인 영성은 사회적 영성의 열매라고 하든지, 개인 영성과 사회적 영성이 같이 간다고 하든지, 결국 그 열매로 그들을 분별하여야 할 것이다. 좋은 말이나 글이 그 사람을 보여주지 않는다. 화려한 말과 글이 그 사람의 신앙 수준을 말하는 것이 아니다. 그 사람의 인격과 사생활 그리고 공적인 삶이 그 사람이 누구인지 신앙 수준이 어떠한지를 잘 보여준다. 건강한 논쟁이 주는 유익이 있다. 바로 잡음이 필요하다.

우리 시대에 필요한 것은 케케묵은 논쟁이 아니라 건강한 논쟁이다. 누군가를 증오하고 죽이려는 논쟁이 아닌, 나와 다른 생각도 경청하는 대화가 이루어져야 한다. 더 나아가 성경 본질에 충실하려고 씨름하면서 동시에 삶도 사회 구조적 악의 문제에 대해서 저항하는 것이 종교개혁의 본질에 가까울 것이다. 이것이 상식이다. 이러한 상식이 숨 쉬는 교회여야 한다. 그런 의미에서 건강한 영성은 신앙과 삶을 함께 다루어야 한다. 일터를 다루어야 한다. 정치를 다루어야 한다.

고통과 눈물이 깃든 삶의 영역들을 다루어야 한다. 그래서 하나님 보시기에 부끄럽지 않은 역사의식을 가져야 한다. 무엇보다 왜곡된 개인 영성으로 치우쳐 무너져 내린 황폐한 이 땅 구석구석에서 사회적 책임을 다함으로는 공적 신앙의 무너진 성벽을 회복해 가야 한다. 그것이 기독교의 침몰을 막는 길이고 민족의 미래를 여는 길이다.

필자는 개인적으로 청년사역연구소라는 페이스북 페이지를 통해서 상식이 통하는 기독교, 초월성을 경험하는 기독교, 하나님 나라의 의미와 가치를 추구하는 기독교, 개인적 변화와 더불어 사회 변혁을 추구하는 기독교를 재건하고자 1일 1글을 쓰고 올리고 나눈다. 부족하지만 유튜브를 통해 진리를 선포하는 생명의 말씀을 나누고 쇼츠를 만들어서 공유한다. 작지만 할 수 있는 만큼 빛을 비추는 것이다. 네이버와 다음에도 카페와 블로그를 만들고 기회 있는 대로 글을 올리고 자료를 정리한다. 최근엔 인스타를 만들어서 다음 세대와 소통하고자 시도한다. 크고 거창하지 않아도 자신이 머무는 오프라인과 온라인 공간에서 복음으로 경계와 한계를 넘어서고, 하나님 나라 가치를 붙잡고 담을 허물고 담장을 넘어서서 축복의 통로가 되기를 소망한다.

필자뿐만 아니라 모든 목회자가 온라인 공간에서 유튜브, 페북, 인스타, 네이버와 다음의 블로그와 카페에서 진리와 진실을 공유하고 공감하고 소통하는 작업을 멈추지 않기를 바란다. 빛을 비추는 그 밝기만큼 어둠은 밀려가기 때문이다. 언제부터인가 민족교회가 세상의 소금과 빛이 아닌 세상의 짐이 되어버린 현실을 직시하고 직면하면서 모든 동역자가 거룩한 싸움과 씨름을 포기하지 않고 전진하기를 소원한다. 지금이야말로 우리 시대 목회자와 성도들은 민족과 역사 앞에서 "짐이 되는 것이 아니라 짐을 지고 가야 할 때"이다.

이상갑 목사

산본교회 담임이자 청년사역연구소 대표이다.
저서로 《설래임》, 《바이블정신》, 《결국 말씀이다》 등이 있다.

2 목회자의 정체성 바로 세우기

목회자의 자질이 상식 있는 목회를 하게 한다

목회는 상식적이어야 한다. 상식 있는 목회는 목회자 수준을 높일 때 가능하다. 목회자의 자질이 높아지면 교회가 상식에서 벗어나는 일은 현저히 줄어들 것이 틀림없다. 따라서 '상식이 통하는 목회'를 위해서 먼저 목회자의 자질을 높여야 한다.

목회자의 수준은 계속적인 배움에서 나온다. 목회자가 배움을 멈추었을 때, 무지하고 무례하며 몰지각하게 된다. 목회자의 배움이 계속 이어지지 않으면 상식에서 어긋난 비이성적인 결정을 내리기 쉬워진다. 특별히 목회자가 배움이 단절될 때는 자신만의 세상에 고립될 수 있다.

배움이 멈추면 교회 밖의 사람들과 대화나 소통도 쉽지 않다. 왜냐하면, 대화를 나눌만한 충분한 배경 지식이 부족하기 때문이다. 목회자가 배움을 멈추면 과거에 배웠던 것만을 되풀이하고 시대에 뒤떨어진 꼰대가 되기 쉽다.

김요한은 《상식이 통하는 목사》에서 목회자가 공부가 부족하면 일어나는 현상과 그 대안에 대해서 이렇게 이야기한다. "목회자에게 공부가 부족하면 어떤 현상이 벌어지는가? 첫째, 성서의 내용에 대한 치밀한 분석과 해설 없이 기성 종교의 전통에 일방적으로 호소한다. 하나님의 말씀 대신 전통이 계시가 되고 법이 된다. 둘째, 성직자의 권위를 앞세우거나 혹은 본인이 신적인 대리인임을 내세워 독재를 시도한다. 셋째, 건강한 토론과 대화가 실종된다. 넷째, 교회 안에서 질문과 의심이 억압당한다. 다섯째, 설교가 추상적인 개념과 이야기로 일관한다. 쉽게 말해 늘 뻔한 종교적 이야기만 무성하다. 여섯째, 설교 시 튀어나오는 사회적 현상에 대한 분석과 통찰이 밥상머리 대화 수준 이상을 못 벗어난다.

목회자는 평생 학습자로서 살아가야 한다. 이런 삶을 살려면 몇 가지 지침이 필요하다. 첫째, 매일 일정한 시간을 빠짐없이 공부해야 한다. 둘째, 공부는 자기 스스로 해야 한다. 셋째, 군인이 전투에서 승리하기 위해서는 총을 잘 정비해야 하듯이, 목회자가 공부에서 승리하기 위해서는 책을 잘 선정해서 읽어야 한다. 넷째, 책을 열심히 읽고 공부해도 그 결과를 잘 정리해서 암기하지 않으면 결코 내 것이 되었다고 말하기가 어렵다. 책을 읽고 공부한 다음에는 그 내용을 잘 요약해서 정리하는 것이 필수다."[113]

목회자가 공부가 부족하면 논리적으로 말을 하지 못하고 대신 감정에 호소한다. 목회자가 계속 배우지 않으면 진리보다는 전통으로 사람들을 억누른다. 자질을 갖추지 않으면 대화가 대화가 아니라 일방적인 명령과 협박이 될 가능성이 농후해진다. 따라서 목회자는 평생을 배우는 자로 살아야 한다. 그래야 세상을 넓게 보고 통찰력 있게 목회를 할 수 있다. 김요한은 여기에 덧붙여서 '세상을 넓게 볼 수 있는 방법'으로 동종교배의 폐단을 이야기한다.

동종교배적인 현상을 탈피해야 한다

"대학의 '동종교배' 현상이란 유달리 모교 출신을 선호하는 국내 대학의 교수 채용 현상을 꼬집는 표현이다. … 우선, 목회자가 목회자들끼리만 어울려 대화하고 친교하다 보면 신도들이 어떻게 살아가는지를 제대로 알 수가 없다. 교회에 갈등이 생겼거나 이해관계를 다투는 예민한 문제가 발생했을 때도 이를 갖고 목회자들끼리만 의논하면 결국 목회자들의 시각과 입장에서 문제에 접근할 수밖에 없다. 목회자 입장에서야 그것이 정당하고 또 교회를 위한 것으로 보이겠지만, 그러나 목회자를 제외한 다른 사람들이 볼 때는 상당수 목회자 집단의 이기주의에 발현에 지나지 않을 때가 많다. **실제로 시찰회나 노회, 지방회에서 목회자들끼리 모여 내리는 결정 중에 이런 부분이 얼마나 많던가!** 더 나아가 목회자들끼리 보내는 시간이 많아질수록 교회 밖에서 일어나는 일들에 대해 그것을 시대정신과 흐름에 맞춰 균형 있게 성찰하는 것이 아니라 철저히 내부자의 시선에서 한쪽으로 치우쳐 바라볼 수밖에 없다. 그 결과 교회와 사회의 괴리와 간격이 점점 더 벌어지게 되므로 교회가 게토 집단으로 전락할 가능성이 더욱 커진다. 목회자들이 동종교배를 할수록 목회자 개개인뿐 아니라 집단적 차원에서도 열성 존재가 되는 것이다. 하물며 같은 신학교 출신, 같은 교단 소속 목회자들끼리만 어울림으로써 초래되는 퇴행 현상은 말할 것도 없다. 따라서 목회자들이 이 문제의 위험 가능성에서 벗어나려면 인간관계의 폭을 대폭 늘릴 필요가 있다. 같은 업계? 종사자인 동료 목회자뿐 아니라 신자들과 만남과 대화의 시간을 확보하고, 나아가 비신자, 심지어 타 종교의 성직자나 무신론적 신념을 가진 사람들과의 만남과 대화를 통해 교회 안에서 세상을 보는 방식이 아니라 교회 밖의 시선과 기준으로 교회를 들여다보는 연습을 병행해야 한다."[114]

상식이 있는 사람은 동종교배의 폐단을 알므로 모교 출신 중심으로 관계를 맺으려 하지 않는다. 심지어 우리나라 민법은 8촌 이내의 혈족 간 결혼을 금지한다. 그렇다면 정의롭고 평등해야 할 목회자 사회에도 혈연, 지연, 학연의 끈끈함을 버려야 한다. 목회자 세계에도 학연의 폐해는 깊다. 목회지 이동 시 혈연, 지연, 학연이 큰 역할을 한다. 이런 행태는 상식적이지 않다. 그러므로 동종교배적인 모습은 지양해야 한다.

정서적으로 안정감이 있어야 한다

목회자는 감정노동자이다. 이 정체성을 벗어날 수 없으니 안고 가야 한다. 감정노동자이므로 언제나 정서적 안정감으로 살아야 한다. 목회자에게 정서적 안정감이 필요한 이유가 있다. 오전에는 상가에서 유가족을 위로하고 장례를 인도한다. 오후에는 교인 가정을 방문해서 돌이나 회갑 잔치의 기쁨을 함께 나눈다. 때로는 장례식에서 때로는 돌잔치 같은 극단적인 상황에 있어야 하므로 목회자의 얼굴에 슬픔과 기쁨의 기색이 자주 교차한다. 따라서 감정을 잘 조절할 줄 알아야 한다.

분노 조절을 잘하지 못하면 목회는 한순간에 무너진다. 그 회복은 쉽지 않을뿐더러 회복이 되더라도 오랜 세월이 필요하다. 목회자가 감정이 상하면 실수하기 쉽고, 순간적으로 상식에서 벗어난 결정도 하게 된다.

김요한은 목회자의 '감정노동'에 대해 이렇게 이야기한다. "목회자는 대표적 감정노동자 직군에 포함된다고 할 수 있을 것이다. 첫째, 설교에 대한 여러 비평을 받을 때 스트레스 지수가 확 올라간다. 둘째, 애정을 쏟았던 교인이 어느 날 한마디 말도 없이 교회를 옮길 때 엄청난 배신감을 느낀다. 셋째, 교인들이 어려운 일에 연루될 때, 마치 자신의 고통인 양 힘들고 괴롭다. 넷째, 아무리 목회적인 열심을 내도 교회가 부흥하지 않고 교인들이 변하지 않는 것 같을 때 자괴감이 든다. 그 외에도 이러저런 이유로 목회자의 감정은 늘 높은 파도처럼 일렁인다. 내 경험상 목회자는 특히 세 가지 감정 관리를 잘해야 목회를 롱런할 수 있다. 첫째, 각종 중압감을 오랫동안 움켜쥐고 있기보다는 훌훌 털어버릴 수 있어야 한다. 둘째, 가능한 한 강단에서는 화를 내지 않는 것이 좋다. 셋째, 어떤 일이 있어도 교인들과는 일체 다투거나 싸우지 않는 것이 최선이다."[115]

목회자는 대표적 감정노동자 직군이므로 자신의 정체성을 확인하고 그것에 맞게 대처하는 능력을 길러야 한다. 감정 조절하는 능력이 목회자로서의 정체성을 확인받는 시간이므로 자신 안에서 감정 조절의 대가가 되어야 한다.

목회자는 정직하게 설교해야 한다

목회자의 대표적인 정체성은 설교하는 자라는 것이다. 목회자는 강단에서 설교하는 것이 일과의 시작이자 마침표이다. 목회자가 설교하는 것은 자신에게 그럴만한 충분한 능력이 있거나 실력이 있어서가 아니라 설교를 할 수 있는 권한이 주어졌기 때문이다. 목회자가 강단에서 설교할 때, 표절 설교를 하면 우선 설교자 본인의 양심이 찔린다. 그리고 하나님과 교인들 앞에서도 떳떳하지 않다. 설교자는 정직해야 한다. 자신이 정직하지 않은데 과연 교인들에게 세상에 나아가 정직하게 살라고 설교할 수 있을까?

목회자는 설교 표절에서 자유로워야 한다. 그렇지 않다면 목회자의 정체성에서 중요한 요소인 정직함을 잃는다. 김요한은 목회자의 설교 표절에 대해 다음과 같이 이야기한다. "우선, 전달하려고 하는 성서 본문에 대한 깊은 주석적 신학적 이해가 있어야 한다. 또한, 그 설교를 듣게 될 청중에 대한 사려 깊은 이해와 따뜻한 연민이 있어야 한다. 그리고 그 둘을 적절하게 연결할 수 있는 인문학적 소양과 기법이 있어야 한다. 나아가 설교가 단순히 종교적 지혜나 통찰력의 전달이 아니라 살아있는 하나님의 말씀으로 역사하기 위해서는 설교자의 영성이 뒷받침되어야 한다. 여기에 설교자의 인격과 삶이 뒤따라야 하는 것은 당연지사다. 이런 의미에서 설교는 가히 종합예술이라 할 수 있다. 따라서 상당 수준 이상의 설교문을 작성하기 위해서는 매일 몇 시간씩 투자한다고 해도 일주일에 1편 이상의 설교문을 만들기가 쉽지 않을 것이다. 현실이 이렇다 보니 많은 목회자가 설교 표절의 덫에 빠진다. 절대다수의 목회자들이 유명 목회자의 설교집에서 아이디어나 논지, 예화를 베껴서 자기 설교에 사용하고 있는 것이 사실이다. 목회자들 세계에 설교 표절이 만연한 까닭이 무엇일까? 크게 3가지 이유를 꼽아볼 수 있겠다. 첫째, 꽤 많은 목회자가 자기 힘으로 설교문을 작성할 능력이 없기 때문이다. 둘째, 설교를 일종의 지식이나 정보의 전달로 생각하기 때문이다. 셋째, 설교를 잘하고 싶어서다. 바꿔 말하면, 설교 못 한다는 말을 듣고 싶지 않아서다. 문제는 남의 설교를 도둑질하면서까지 설교를 잘하려는 것이다. 이런 식의 사고방식은 목적만 괜찮다면 어떤 수단을 사용하든지 문제가 없다는 비뚤어진 의식의 발로일 뿐이다."[116] 목회자는 정직하게 설교하는 자여야 한다. 왜냐하면, 이것이 목회자의 중요한 덕목, 즉 도덕성이기 때문이다.

목회자가 설교를 준비하기에 환경이 너무 벅차고 분주하다면 목회의 현장을 개선하는 것이 바람직하다. 설교를 준비할 때, 다른 사람의 자료를 가져올 경우에는 정직하게 출처를 밝히는 것이 좋다.

목회자는 언행일치의 삶을 추구하는 자이다

목회자는 잘 듣고 동시에 많은 말을 한다. 말할 때 목회자가 어떤 사람인지 알게 된다. 목회자는 말과 행동이 일치해야 한다. 말하는 것과 행동이 일치할 때 사람들에게 영향력을 미칠 수 있다. 하지만 말과 행동이 다르다면 사람들에게 외면을 받을 뿐만 아니라 상식이 없는 자로 낙인이 찍힌다.

목회자는 세상적인 유혹을 많이 받는다. 따라서 목회자는 자신의 욕망을 잘 관리해야 한다. 그렇지 않으면 말과 행동의 일관성이 사라진다. 폴 트립은 《목회, 위험한 소명》에서 목회자가 겪는 유혹에 대해서 이렇게 이야기한다. "목회자는 '예수님의 은혜'라는 보물을 의지하기보다 세상의 보물에 희망을 두려는 유혹을 받는다. 세상의 속된 보물이 내 사역을 지배하기 시작할 때 문제가 발생한다. 내 마음을 지배하는 보물이 은밀하게 변하기 시작하면 나의 언행이 거기에 영향을 받게 된다. 목회자의 마음속에서 쉽게 일어나는 보물의 변화를 설명한다. 첫째, 영적 건강을 말씀의 거울이 아니라 성공적인 사역을 통해 판단하려는 유혹을 받는다. 둘째, 그리스도의 영광보다는 칭찬받고 싶은 욕망 때문에 사역을 한다. 목회자는 자신의 평판을 보물처럼 떠받들고 싶어 하는 유혹을 받는다. 셋째, 하나님의 도구가 아니라 직접 자신이 하나님이 되려고 한다. 넷째, 은혜를 겸손히 의지하기보다는 자신의 경험과 은사를 과신한다. 이때 사역의 주최는 '나'라고 생각하기 때문에 그리스도의 은혜가 절실히 필요하다는 생각 없이 사역을 하고, 다른 사람들의 도움을 구하지 않는다."[117]

목회자는 세상 보물에 대한 유혹에 어떻게 대처하느냐가 중요하다. 특히 하나님이 되고 싶은 욕망을 절제를 잘해야 한다. 목회자가 가장 조심해야 할 욕망 중의 하나가 자신의 이름을 널리 알리고 싶은 욕심이지 않을까. 그래서 목회자들에게는 감투가 많은 것에서 그 이유를 찾을 수 있다. 교회 성장은 좋은 일이지만, 목회자에게 개인 야망을 위한 것이 되어서는 안 된다. 또한, 목회자의 개인 야망을 위해 교인들을 동원하지 말아야 한다.

시인 기형도의 시 〈우리 동네 목사님〉에서 이런 대목이 나온다. "성경이 아니라 생활에 밑줄을 그어야 한다." 이 대목이 우리에게 시사하는 것은 우리의 일상에 무게를 두고 사는 삶이다. 목회자의 설교는 강단에서 시작하는 것이 아니라 삶에서 시작된다. 따라서 목회자의 언행일치의 삶은 참 귀하고 소중하다.

언행일치의 목회는 목회자를 투명하게 만들어준다. 목회자는 재정관리, 인사관리, 회의 진행 등 행정을 해야 한다. 이 행정을 투명하게 해야 한다. 교인들 사이에서 자주 하는 것이 "쉬!", "쉬!"하는 입술을 막는 표현일 것이다. 이 행동은 주로 뭔가 떳떳하지 않을 때이거나 남들에게 널리 알려져서는 곤란한 상황일 때 사용한다. 하지만 교회는 이런 일이 비일비재하다. 이렇게 해서는 교회가 세상을 이끌어 갈 수가 없다.

교회 염증을 치료해야 한다

한번은 필자가 목회하는 교회에 이런 일이 있었다. 어느 주일에 아이들이 교회 마당에서 공놀이를 하고 있었다. 그런데 놀이 중에 유리창이 깨졌다. 당시 우리 교회는 뉴질랜드 현지인 키위 교회를 빌리고 있던 터라 아이들이 유리창을 깼으니 수리를 해야 했다. 그래서 여기저기 관련 업체들을 알아보고 견적을 받았다. 그 후 키위 교회 행정 책임자와 이 일을 의논했다.

그 책임자가 나에게 대뜸 "견적의 비용이 어떻게 되느냐?"고 물었다. 나는 아무 생각 없이 비용 지급 방법 두 가지를 이야기했다. 하나는 인보이스_{세금 포함 결제}로 얼마이고, 또 다른 하나는 현찰로 하면 얼마라고 금액을 이야기했다. 문제는 여기에서 발생했다. 그 행정 책임자가 비용 지급 방법 중에서 세금을 내지 않고 현찰 거래 이야기를 언급했다는 것만으로 나에게 불쾌함을 드러냈다. 어떻게 교회가 세금을 내지 않을 방법을 이야기할 수 있는지 이해가 안 된다는 표정이었다. 그때 그 이야기를 듣고 나서 나는 창피해서 쥐구멍에라도 들어가고 싶은 심정이었다.

교회는 신뢰받을 정도로 재정관리, 인사관리, 행정체계가 투명해야 한다. 교회 헌금을 입출금할 때에는 시스템으로 운영이 되어야 하고, 영수증 관리도 철저하게 잘해야 한다. 비품구입을 할 때는 정당하게 해야 한다. 목회자가 회의를 소집할 때는 절차를 지키고 여러 사람이 발언할 기회를 충분히 주고 사전에 몇 사람이 모여 입을 맞추는 일이 없어야 한다. 왜냐하면, 교회는 밀실 정치를 하거나 끼리끼리 하는 모양새가 없어야 하기 때문이다. 회의에 논의되었던 것에 대해서는 기록으로 남겨야 한다. 또한 목회자가 뭔가 일을 잘못했을 경우는 사과할 줄 알아야 한다.

교회는 교회로서의 정체성이 선명해야 한다. 만약 정체성이 선명하지 않으면 상식이 없는 교회가 된다. 교회가 교회와 세상에서 상식이 없을 때 비난거리가 된다. 이로 인해 세상은 교회에 대한 비호감이나 혐오감을 느낀다. 이런 것들이 바로 '교회 염증'이다. 이로 인해 한국교회는 가파르게 쇠퇴 중이다.

교회 염증을 개선해야 한다. 이를 개선할 방법이 있다면 그것은 무엇일까? 결국은 사람이다. 상식이 있는 목회자들이 많이 배출되고 이들이 '상식이 통하는 목회'를 하면 나아진다. 한국교회가 세상에서 상식이 잘 통하는 교회가 될 수 있도록 목회자의 정체성을 확고히 하며 목회해야 한다.

PASTORAL MINISTRY TREND 2026

김지겸 목사

오클랜드감리교회(뉴질랜드) 담임이다.
공저로 《다음세대 셧다운》, 《목회트렌드 2025》 등이 있다.

3 가정에서의 자녀교육

신앙교육의 패러다임이 바뀌고 있다

코로나 팬데믹은 단지 바이러스 위기가 아니었다. 그것은 교회와 가정, 공적 신앙과 사적 신앙의 균형을 근본부터 흔드는 사건이었다.[118] 주일 예배가 중단되고 교회학교가 멈추자, 많은 가정은 신앙교육의 어려움을 경험했다. 동시에 그것은 가정이 다시 "작은 교회"로 회복될 가능성을 보여주는 계기도 되었던 것이 사실이다.

목회데이터연구소의 조사에 따르면, 크리스천 부모의 절반 정도가 자녀의 신앙교육에 대한 구체적인 방법을 모르고 있었다. 82%가 자녀 신앙교육 방법을 배우고 싶어 한다는 결과도 있었다.[119] 주일 1시간이 아니라 일상 167시간 동안 부모가 보여주는 신앙의 모습이야말로 자녀의 신앙을 결정하는 핵심이다. 최정민에 의하면, "하나님은 부모들에게 자녀의 신앙교육의 우선적인 권한과 책임을 부여하셨다."[120]

이제 교회의 역할은 가정을 지원하고 부모를 훈련 시키는 방향으로 전환해야 한다. 가정예배 자료 제공, 세대통합 콘텐츠 개발, 부모 훈련 등의 사역은 교회가 진지하게 준비해야 할 영역임이 드러나고 있다.

2026년은 우리가 예측하기 불가능한 미래이다. 기술의 급변, 기후 위기 심화, 사회적 양극화 등 불확실성은 삶의 상수가 되었다. 특히 대한민국은 맞벌이 가정이 보편화 되면서 부모의 시간적 제약이 더욱 커지고 있다. 통계청 자료에 따르면 2024년 맞벌이 가구는 6백만여 가구로 전체 가구의 상당 비율을 차지하고 있다.[121] 자녀 양육과 교육에 대한 부모의 책임감은 여전하지만, 바쁜 일상 속에서 효과적인 자녀 신앙교육을 실천하기란 쉽지 않은 것이 사실이다.

하지만, 신앙교육을 위한 대안은 있다! 가정이 그 해법이다. 부모와 자녀 간의 깊은 사랑이 회복되어야 한다. 상호 간의 진솔한 대화가 필요하다. 그리고 살아있는 신앙교육을 통해 신앙의 전수가 이루어져야 할 것이다. 가정에서의 신앙교육이 살아나야 다음 세대에 소망이 있지 않겠는가?

가정, 다시 교회가 되다

신앙교육의 패러다임이 바뀌고 있다. 최정민은 〈기독교 가정교육의 과제와 전망〉에서 현대 기독교 가정교육의 문제점을 이렇게 진단한다. "신앙교육에 있어서도 기독교인 부모들은 자신들의 교육적 권한과 책임을 등한시함으로써 자녀의 신앙교육을 교회학교에 위임하는 경향이 있다."[122]

코로나 팬데믹은 이러한 현실을 더욱 명확히 드러냈다. 교회 출석이 제한되면서 많은 가정이 신앙교육의 공백을 경험했다. 동시에 가정이 "작은 교회"로서의 역할을 회복해야 한다는 필요성이 드러났다. 사회와 가정의 변화 속에서 가정이 담당했던 교육적 기능을 다른 교육기관이나 전문 교사에게 위탁해 버리게 되었다.

인젠리의 책 《좋은 엄마가 좋은 선생님을 이긴다》에 나오는 이야기이다. "어떤 농부가 옥을 얻었다. 그는 옥을 정교하고 아름답게 조각하고 싶었지만, 그가 가진 도구라고는 곡괭이밖에 없었다. 옥을 곡괭이로 조각하기 시작한 지 오래지 않아 옥은 조각나버렸고 그 모양은 거친 돌멩이 같아서 쪼갤수록 본래의 아름다움을 잃었다. 부모가 자녀를 키우는 이치도 이와 같다. 귀여운 아이라는 옥을 얻어도 몇 년 후 어떤 부모는 만족스러운 작품을 만든 반면 또 어떤 부모는 눈살이 찌푸려질 정도로 실망스러운 작품을 만든다. 둘의 차이는 곡괭이를 어떻게 사용했는가에 따라서 생겨난다."[123] 부모의 가정교육이 얼마나 중요한지를 강조하는 이야기이다. 신앙교육도 마찬가지이다. 아무리 좋은 교회, 좋은 교사의 영향력도 필요하다. 하지만, 부모가 사랑으로 자기 자식을 가르치는 일은 누구도 흉내 낼 수 없는 일이다.

이렇게 중요한 가정의 신앙교육을 위해 가정이 해야 할 일은 무엇인가? 디지털 성경 세계관 교육을 강화해야 한다. 자녀가 즐겨 하는 게임이나 미디어 콘텐츠를 함께 보며, 그 안에 담긴 세계관이 성경적 가르침과 어떻게 다른지 정기적으로 대화를 가져야 할 것이다. 가족 보드게임이나 야외 활동을 하며 대화의 시간을 많이 가져야 할 것이다. 이를 관계 대체 활동이라고도 한다.

    교회는 어떻게 가정을 도울 수 있는가? 교회는 부모 대상 "부모 학교"를 정기적으로 개최해도 좋겠다. "토요 패밀리 워십"이나 "금요 심야 가족 기도회" 등을 기획해도 좋겠다. 그뿐만 아니라, 교회는 이동 중에도 시청할 수 있는 짧은 영상을 제작하여 교육 자료로 제공하면 좋겠다.

가정의 "영적 공동체" 강화가 시급하다

불확실한 미래 앞에서 자녀들에게 필요한 것은 외적인 성공 기준이 아니다! 어떠한 상황에서도 흔들리지 않는 내면의 견고한 영적 뿌리가 중요하다. 목회데이터연구소의 조사에 따르면, 한국교회 기독교인 가정 중 주 1회 이상 가정예배를 드리는 가정은 14%에 불과한 것으로 나타났다.[124] 이는 부모의 신앙 수준과 자녀의 신앙 수준이 강한 상관관계를 가지고 있음을 보여주는 지표이다. 부모의 신앙 수준이 높을수록 현재 자녀 세대의 신앙 수준도 높아지는 경향을 보인 것으로 확인되었다. 자녀 신앙 양육을 위해 매우 노력하는 부모는 14%에 불과한 것이다.

이를 위해 가정에 필요한 것을 제안해보고자 한다. 퇴근 후 15분 자녀와 집중 대화의 시간을 가져 보자. 자녀의 눈을 보고 하루 있었던 일, 느낀 감정을 듣고 공감하는 시간을 가지면 좋겠다. 매일 잠자리 전 또는 주 1회 주말 저녁 가족 기도회 시간을 정해보자. 의식적으로 자녀의 작은 노력과 성취를 구체적으로 칭찬하고 감사를 표해보면 좋겠다. '감사 일기 및 기도 노트'를 함께 기록해 보자. 매일 잠들기 전, 감사했던 일 세 가지와 오늘 겪었던 어려움을 기록하고, 그 어려움을 위해 기도하는 시간을 가진다. 부모는 자녀의 기록을 함께 읽고, 어려움에 대한 자녀의 감정을 공감해 주자. 함께 기도하며 하나님께 의탁하는 대화를 나눈다. 바쁜 부모는 자녀의 일기 내용을 문자 메시지나 짧은 음성 메시지로라도 확인하고 격려의 답장을 보내는 등 비대면 소통을 활용할 수도 있다.

교회는 무엇을 해야 할까? 주중 온라인 가정예배 콘텐츠를 제공한다. 5~10분 분량의 짧고 핵심적인 온라인 가정예배 콘텐츠를 제공해주면 좋다. 가정에서 부모와 함께 성경 일독 프로젝트를 시행한다. 성경을 낭독하면서 녹음하여 그 파일을 교회학교 교사에게 제출한다. 1년 동안 성경 1 독 한 아이들에겐 교회에서 특별 선물을 제공하면 좋다. 모 교회에서는 성경 1 독과 추천도서 100권을 읽은 아이들에겐 아이패드를 선물로 주기도 했다. 이는 부모의 적극적인 도움이 필요한 일이었다.

부모는 자녀의 목회자다

신앙 모델링의 회복이 필요하다. 부모는 자녀의 교과서이다. 말보다 삶이 가르친다. 9개월 만에 미숙아로 태어난 아이를 보았을 때 그 부모 마음은 어떠했겠는가? 200년 전의 일이다. 더욱이 이 아이가 태어나면서 탯줄을 목에 감고 나왔다. 그러니 뇌에 산소 공급이 안 되어 약하게 태어난 것이다. 주변 사람들도 의사도 아이를 포기하라고 했다. 그러나 그의 아빠는 확신이 있었다. 하나님께서 주신 선물인데 건강하게, 그것도 천재로 키우겠다고 결심한다. 이것이 가능할까? 사람들은 조롱했다.

놀랍게도 이 아빠의 믿음은 그대로 이루어졌다. 비록 저능아였지만, 생후 15일부터 아빠는 아이 교육에 들어간다. 시를 읽어주었다. 좋은 클래식 음악을 들려주었다. 아빠의 목소리로 수준 높은 고전을 낭랑하게 읽어주었다. 여러 종류의 장난감을 만들어 주었다. 여러 가지 색상을 보여주면서 그림 공부도 시켰다. 그 아이는 6살이 될 때, 독일어는 물론, 프랑스어, 영어, 그리스어, 심지어는 그 어렵다는 라틴어까지 구사하는 아이가 된다.

이 아이를 위해 부모가 양질의 책을 읽도록 하면서 동시에 자연에서 하나님의 창조 손길을 배우게 했다. 공부만 시킨 것이 아니라, 자연에서 뛰어놀게 했다. 꽃과 새들과 곤충들의 이름을 알려주었다. 지도를 펴놓고 각 나라의 특징과 전쟁사를 들려주었다. 이 아이는 성장해서 13세에 박사학위를 받는다. 16세에는 대학의 교수로 발탁된다. 자녀를 하나님의 선물로 믿고 하나님의 자녀를 최선을 다해 키워드리겠다는 마음이었다고 한다. 이 아이의 이름이 칼 비테 주니어이다. 그의 아버지는 칼 비테 목사님이다. 자녀교육의 경험을 담아낸 책이 바로 칼 비테의 《자녀 교육법》이다. 그래서 부모는 자녀의 목회자라고 말할 수 있다.

가정에서 부모가 자녀 신앙교육의 주체로서 역할을 포기할 때, 신앙교육의 주 무대가 가정에서 교회학교로 옮겨오게 되었다. 그러나 성경은 그렇게 말하지 않는다. 사사기 13장을 보면, 하나님께서는 삼손의 부모에게 아이보다 먼저 부모가 준비되어야 함을 강조하셨다. 아이에게는 삭도를 대지 말라는 명령을 했지만, 그 엄마에겐 독주와 부정한 것을 만지지 말라고 명하셨다. 자녀교육 이전에 부모 교육을 먼저 하신 것이다.

부쉬넬은 은총의 매개 개념을 이렇게 말하고 있다. "부모의 그리스도적 삶과 영혼이 자녀에게로 흘러 들어가서 자녀는 그리스도인으로 성장하게 되는 것이다. 부모와 자녀가 맺는 유기체적 사랑의 관계 안에 성령이 임재함으로 기독교적 양육이 이루어진다."[125]

이를 위해 부모는 자녀 앞에서 기도하는 모습을 보여주어야 한다. 성경을 펴서 읽는 모습을 보여주어야 한다. 특별히 그 말씀을 실천하기 위해 노력하는 모범을 보여주어야 한다. "신앙은 명사가 아니라, 동사"라는 말이 있다. 관념적인 추상명사가 아니라 실천하는 동사임을 부모가 먼저 보여주어야 할 것이다. 부모가 텔레비전 앞에 늘 앉아 있는 것이 아니라, 그 손에 책이 놓여 있어야 한다. 잔소리로 강조하지 않아도 부모의 그 모습을 보는 아이들의 마음에는 그 아름다운 형상이 멋진 조각품처럼 새겨질 것이다.

거실이 세대통합 신앙교육의 장이다

가정은 가장 작은 교회이자, 가장 강력한 세대통합 공간이다. 교회 교육은 흔히 나이별로 분리되어 있다. 그러나 가정은 다르다. 거실과 식탁은 유아, 아동, 청소년, 청년이 함께 예배하고 대화할 수 있는 세대통합 교육 공간이다.

가족이 함께 말씀을 읽고, 나누고, 찬양할 때 전 세대가 함께 성장한다. 주일 중심의 신앙에서 벗어나야 한다. 평일의 삶 속에서 하나님을 인식하고 기뻐하는 습관을 들이는 것이 중요하다. 초대교회 때를 보면, 가정은 예배와 교육과 교제가 이루어지는 장소이었다. 교회는 가정적인 친밀함을 보여주었다. 가정은 초대교회를 구성하는 기초 단위이었다.

이를 위해 가정에서 한 달에 한 번, "가족 찬양의 밤"을 마련해보

자. 아이들이 악기를 연주할 수 있다면, 각자 장기자랑처럼 연주할 수도 있을 것이다. 여름 휴가를 가족 수련회로 하면 어떨까? 할아버지, 할머니, 부모, 자녀 세대가 함께 모여 휴식도 하고 저녁 찬양의 밤을 마련해보면 좋겠다. 거실에서 부모가 자신의 신앙 간증을 해보면 어떨까? 하나님의 선하심을 간증할 때 자녀들의 신앙은 장마철에 나무가 자라듯 아름답게 성장하게 될 것이다.

자녀교육의 주체는 교회가 아니라 가정이다! 부모는 자녀의 첫 번째 목회자이다. 살아있는 교과서이다. 이 사실을 회복할 때, 다음 세대의 신앙은 견고해질 것이다. 목회데이터연구소 조사에서 확인된 바와 같이, 현재 기독교인으로서의 정체성에 영향을 미친 것으로 66%가 '기독교 가정에서 태어나고 자란 것'을 꼽았다. 학창 시절 신앙에 영향을 미친 사람은 부모님이 67%인 반면, 목회자는 13%에 불과했다.[126] 또한, '학창 시절 정기적으로 가정예배를 경험한 자와 그 자녀의 경우' 전체 평균보다 신앙 수준이 더 높은 편으로 조사되었다. 그러니 가정예배와 가정 신앙교육이 얼마나 중요한 것인가? 무엇보다 부모의 역할이 중요하다. 부모는 자녀의 목회자 역할을 해야 한다. 가정은 신앙교육의 장이 되어야 한다. 부모의 모범은 자녀의 평생을 좌우할 것이다! 가정은 작은 교회이다!

박윤성 목사

기쁨의교회 담임목사이자 예장 총회 교회자립개발원 이사장이다.
저서로 《톡톡 요한계시록1, 2》, 《포스트 코로나시대의 리더십, 정의로운 교회》 등이 있다.

4 그리스도인의 참 시민 되기

교양이 없어도 신앙만 좋으면 좋은 그리스도인이라고 한다

"교회에서 오신 분들은 사양합니다."

한 카페에 붙어있는 공고문이다. 노키즈존, 노시니어존, 노유튜버존 같은 말은 들어봤지만, '노처치피플존'은 생소하다. 이유를 물어봤더니 교회에서 오신 분들은 마음대로 테이블을 주르륵 붙여놓고는 모임이 끝난 후 의자도 정리하지 않고 그냥 간다는 것이었다. 손님을 받아야만 하는 사업장에서 흐트러져있는 의자들과 테이블이 얼마나 골칫거리였으면 아예 이런 손님은 안 받아도 되겠다고 선언했을지 같은 신앙인으로서 우리의 모습을 되돌아보게 된다.

일부 무례하고 상식이 통하지 않는 교인 때문에 대부분의 교양있는 그리스도인이 욕을 먹는다. 일부 극우 교회 때문에 전체 기독교에 대한 신뢰도가 떨어지고 있는 것과 비슷하다.

하나님을 사랑하고 이웃 사랑을 실천해야 하는 그리스도인이 어떻게 교양이 없을 수 있을까? 그 이유는 '신앙만 좋으면 된다'라는 생각 때문이었다. 그런데 여기서 '신앙'에 대한 정의가 다르게 내려졌다. 세상의 중심에서 진리를 외치는 것이 아니었다. 신앙은 신앙으로,

세상은 세상으로 선을 그어놓았다. '하나님'의 이름을 크게 부르기만 하면, 교회 일에 적극적으로 참여하기만 하면, 모든 일에 하나님의 이름을 갖다 대기만 하면 신앙이 좋은 사람으로 인정했다. 그의 언행이 어떻든지 신앙만 좋다면 교회 안에서 권력을 가질 수 있었다. 이런 사람들의 특징은 자신이 알고 있는 것은 절대 틀릴 리 없다고 생각한다. 또한, 자신과 생각이 다른 사람을 인정하지 않는다. 다름을 인정하지 않는다. 자기편으로 만드는 것을 좋아하고 자기 쪽으로 설 것인지 아닌지 선택을 종용한다. 대부분의 성도가 공공질서를 지키며 최소한의 교양과 상식을 갖추기 위해 노력한다. 극으로 치우쳐 있는 이런 사람들 때문에 신실한 그리스도인까지 욕을 먹고 있는 것이 작금의 현실이다. 리처드 마우는 《무례한 기독교》에서 오늘날의 문제 중 하나는 예의 바른 사람은 종종 강한 신념이 없고, 강한 신념을 가진 사람은 예의가 없다는 점이라고 안타까워하며 신념 있는 시민 교양을 계발하는 것이 시급하다고 강조한다.[127]

그리스도인은 교양인이 되어야 한다. 교양을 갖추지 못하고 시민 사회에서 거부당하는 그리스도인은 세상을 변화시킬 힘이 없다. 강영안 교수는 《생각한다는 것》에서 성도의 삶과 세상이 분리될 수 없음을 다음과 같이 강조한다. "예수님도 하이데거와 마찬가지로 우리는 '세상에 사는 존재', '세상 안의 존재'라고 말씀하십니다. 우리는 시간과 공간 속에서 타인과 함께 주어진 여러 자원들을 가지고 살아가는 존재입니다. 성도들도 세상이라는 삶의 장소를 떠나 살 수가 없습니다."[128] 성도가 세상이라는 삶의 장소에서 교양을 갖추고 의식 있는 존재가 될 때, 세상의 빛과 소금, 그리스도의 향기가 될 수 있다. 무례한 기독교인으로 낙인찍히는 한, 세상 사람들이 상종하고 싶지 않은 존재가 될 뿐이다.

교양인은 곧 시민이다. 우리는 시민이면서도 그리스도인, 그리스도인이면서 시민인 정체성을 가져야 한다. 신진욱은 《시민》에서 '시민'을 정의한다. '시민'은 자유주의와 민주주의를 공통 뿌리로 가지고 있는 공화주의를 표방하는 나라의 국민이다. "공화국의 시민은 다른 시민들과 평등한 관계에서 타인의 자유와 권리를 인정하는 가운데 서로 연대하여 공동체의 공공선을 함께 만들어가고자 한다."[129] 한 나라의 국민으로, 시민으로 살아가는 그리스도인은 하나님 나라의 백성이라는 그리스도인의 정체성을 가지면서 동시에 성숙한 시민이 되어야 한다. 그리스도인이 사랑과 겸손으로 참 시민이 될 때, 기독교에 대한 신뢰도는 회복될 것이다.

그리스도인은 공의를 나누는 시민이 되어야 한다

그리스도인은 하나님의 공의를 세상에 드러내야 한다. 그리스도인인 시민이 믿지 않는 시민과 가장 큰 차이점은 하나님 나라에 속한 백성이라는 점이다. 하나님 나라에 속한 백성은 하나님의 공의, 하나님의 통치에 따른다. 세상의 이익과 명예를 좇지 않는다. 그러기 위해서는 편견과 혐오의 잠에서 깨어나야 한다. 페터 비에리는 《자기 결정》에서 교양을 쌓는다는 것은 잠에서 깨어나는 것과 같다고 역설한다.[130] 잠에서 깨어난다는 것은 무엇을 해야 할지 아는 것이다. 잠에서 깨어난다는 것은 중심을 제대로 잡고 다가오는 시간을 목도한다는 것이다. 하나님의 공의는 좌로나 우로나 치우쳐 있지 않다. 그리스도인은 모든 상황에서 주님의 공의를 생각해야 한다.

편견과 혐오의 잠에서 깨어나기 위해서는 사고할 수 있는 능력이 필요하다. AI 시대를 살아가는 우리는 종종 사고하기를 포기한다. 시청각으로 쏟아져 들어오는 감각에 몸을 맡기고, 사고와 판단의 영역은 AI에 넘기려고 한다. 갈수록 간편하고 빠르고 쉬운 과정을 선호한다. 사고 능력의 상실은 인간의 권리를 포기하는 것과 같다. 칼 세이건은 《코스모스》에서 사고하고 책임지는 인간의 격을 지켜야 한다고 주장한다. "하나의 종으로 인간을 특징지을 수 있는 것은 감정이 아니라 사고할 수 있는 능력이다. … 우리는 비비나 도마뱀의 유전적 행동 양식에 더 이상 묶여 있어야 할 필요가 없다. 그 대신 자신이 뇌 속에 집어넣은 것에 대해 스스로 책임을 질 줄 알아야 한다. 각자는 한 사람의 성숙한 인격체로서 누구를 아끼며 무엇을 알아야 하는가에 대해 스스로 책임져야 하지, 파충류 수준의 두뇌가 명령하는 대로 살아야 할 필요는 없다."¹³¹ 하나님께서 다른 창조물과 다르게 인간에게 특별하게 부여하신 능력은 생각하는 능력이다. 이는 하나님께서 인간에게 가치와 의미, 본질을 추구하라고 주신 명령이다. 인간은 사고하는 능력을 잃지 않기 위해 몸부림쳐야 한다.

생각하는 능력은 인간의 의식이 깨어있는 의식으로 발전하게 한다. 깨어있는 의식 없이는 확증편향이 되기 쉽다. 자신이 옳다고 생각하는 것, 자신이 좋아하는 것에 동의하는 사람들과 함께 있는 것은 편하고 쉽다. 그런 이유로 우리는 알게 모르게 확증편향이 되어 한쪽으로 치우친다. 옳고 그름을 분별하고 자신이 틀렸음을 인정하는 힘은 깨어있는 의식이 있을 때만 가능하다. 데이비드 포스터 월리스는 《이것은 물이다》에서 깨어있는 의식이란 일상의 평범함 속에서 끊임없이 현실을 인식하려는 자발적 성찰이며, 집중과 자제, 반복적 노력, 그리고 타인에 대한 진심 어린 배려와 희생의 의지가 깃든 실천적 자유라고 정의한다.[132] 하나님의 말씀을 중심으로 하여 타인을 돌아보고 세상을 돌보는 것은 그리스도인 시민의 중심 책무이다.

깨어있는 의식을 가질 때, 세상의 문제를 품는 선지자적 태도를 가질 수 있다. '나'만을 바라보던 사고가 '세상'으로 확대된다. 더는 개인의 안위에만 머무르지 않고 세계 시민으로서 공공선을 추구하는 가치관을 가지게 된다. 우리보다 앞서 예수님의 제자가 되었던 믿음의 선배들은 개인 구원에만 머물러 있지 않았다. 시대의 아픔을 끌어

안고 하나님의 공의가 실현되기를 위해 힘썼다. 장준식 목사는 《기후 교회로 가는 길》에서 성장 대신에 탄력성을, 소비 대신에 협력을, 발전 대신에 지혜를, 중독 대신에 균형을, 과잉 대신에 적당함을, 편리 대신에 비전을, 무관심 대신에 책임성을, 그리고 자기중심적 두려움 대신에 자기를 내어주는 사랑을 오늘 우리에게 필요한 제자도로 제시한다.[133] 현재를 사는 우리에게 하나님께서 요구하시는 애통함의 대상이 무엇인지 찾아야 한다. 그럴 때, 개인과 지역, 나라를 벗어나 전 지구적인 문제로 대두되는 혐오와 배제, 전체주의, 포퓰리즘, 기후 문제, AI 윤리, 전쟁, 기아 등의 문제에 적극적으로 나설 수 있게 된다.

공의를 나눈다는 의미는 공의를 살아낸다는 것이다. 하나님의 성품을 일상 속에 구체적으로 구현하는 삶의 방식이다. 가정과 직장, 학교, 지역사회에서 정직과 배려를 실천해야 한다. 관계 속에서는 편견 없이 판단하며 약자를 보호하며 화해를 추구하는 태도로 드러난다. 교회 안팎의 삶이 말씀을 중심으로 일관성 있게 이어질 때 그리스도인이면서 참된 시민이 될 수 있다. 더 나아가 치우치지 않는 객관적 사고를 유지하고 언제든지 배우려는 태도는 사회적 구조 속에서 불의한 체계를 인식하고 저항할 수 있는 능력을 갖추게 한다. 기후 정의와 정치참여, 공동선에 대한 책임 있는 태도로 확장된다. 결국, 공의는 추상적인 이상이 아니라, 타인을 향한 책임 있는 사랑을 반복적으로 실천하는 깨어있는 의식의 결과이다. 하나님 나라를 현재 속에서 살아내는 선지자적 제자도의 모습이다.

그리스도인은 환대를 나누는 시민이 되어야 한다

그리스도인의 삶은 하나님을 사랑하고 자신을 올바로 이해함으로써 자연스럽게 이웃 사랑으로 이어지는 관계적 신앙의 여정이다. 그러나 현대 사회는 핵 개인화와 자기실현 중심의 문화 속에서 '자신'을 찾는 데에만 머무르라고 한다. 이러한 현상은 이웃과 사회를 품는 책임에는 도달하지 못하게 한다. 그리스도인의 정체성은 자기 발견에서 멈추는 것이 아니라, 타인에게 손을 내미는 실천으로 확장되어야 한다. 타인을 향한 사랑과 희생이야말로 세상이 여전히 살 만하다고 느끼게 하는 신앙의 증거가 된다.

그리스도인은 이웃으로서의 환대를 나누는 시민이다. '이웃'이 된다는 의미는 그 대상과 '환대를 나눈다는 것'이다. 김현경은 《사람, 장소, 환대》에서 기독교식 사랑에 대한 아렌트의 신랄한 비판에 관해 이야기한다. 그의 비판은 현재에도 유효하다. "기독교적 사랑은 타자에게 모든 것을 내주는 것처럼 보이지만, 실제로는 타자에게 무관심하며 어떤 의미에서 타자를 이용한다. 타자에 대한 그 같은 헌신 밑에 있는 것은 증여를 통해 자아의 결핍을 메우려는 욕망이다."[134] 김현경은 사람을 조건 없이 사람답게 대할 방법은 사랑이 아닌 우정이고, 우정의 조건은 환대임을 강조한다. "환대란 타자에게 자리를 주는 것 또는 그의 자리를 인정하는 것, 그가 편안하게 '사람'을 연기할 수 있도록 돕는 것, 그리하여 그를 다시 한번 '사람'으로 만들어주는 것이다. 환대는 자원의 재분배를 포함한다."[135]

누가 우리의 이웃인가? 길에서 강도를 당해 위급 상황에 닥친 사람만이 우리의 이웃이 아니다. 우리는 어쩌면 갑자기 우리 눈앞에서 큰 어려움을 겪는 사람들을 만날 마음의 준비를 하고 있을지 모른다. 그들을 만나면 기꺼이 그들의 선한 이웃이 되어 주겠다고 다짐한다. 하지만 정작 바로 눈앞에 있는 작은 도움이 필요한 사람을 외면하는 경우가 허다하다.

이웃은 가상의 상황 속이 아닌 실제의 삶 속에서 자주 부딪히는 사람들을 말한다. 직장에서, 자녀들의 학교생활 가운데서, 주거지에서, 우리가 존재하는 시간과 공간을 정기적으로 나누는 사람들이다. 자주 만나는 사람들이 바로 이웃이다. 그렇지만 그들은 우리의 '이웃'이기 보다는 '아는 사람'에 불과하다. 익명의, 본 적이 있는 얼굴들일 뿐이다. 하나님 사랑에 이은 이웃 사랑이 그리스도인의 두 번째 사명이라면 우리는 그 사명을 철저하게 저버리고 있다. 일부러 외면한다는 말이 맞겠다. 내 일도 하기 바빠서, 우리 가족도 돌보기 힘에 부치는데 어떻게 이웃까지 돌보냐면서 말이다. 우리는 친밀함이 곧 부담이 될까 봐 두려워한다. 관계가 책임을 요구할까 봐 피한다.

이웃 사랑은 말로만 사랑한다는 것이 아니라 행동을 수반하는 것이다. 혼자서 무거운 쓰레기를 정리하시는 경비아저씨를 마주쳤다면 잠깐 시간을 내어 손을 거들 수 있다. 동네에 사는 다문화 가정의 부모나 아이를 만나면 따뜻한 안부를 건넬 수도 있다. 교회나 집 주변의 마트나 상점에서 일하시는 분들과 인사를 나눌 수 있다. 길 위에 버려져 있는 쓰레기를 줍는다. 자기계발의 목적도 그리스도인에게는 '자아'를 위함이 아니라 '이웃'을 위함이다. '배워서 남 주자'라는 말은 이를 잘 표현한다.

개인이 하기 어려운 일은 교회를 통해 공동체적인 이웃 사랑을 실천할 수 있다. 개인적으로는 사회적 약자를 만나기 쉽지 않다. 교회를 통해 지역에 소외된 사람들이 누구인지 찾아보고 그들을 향한 맞춤 섬김을 제공할 수 있다. 교인들이 함께 거리 청소에 나설 수도 있다. 교회의 공간을 이웃을 위해 나눌 수 있다.

'이웃 시민'이란 정기적으로 마주치는 얼굴들 속에서 책임을 발견하고, 그 작은 틈을 사랑으로 메우는 사람이다. 프랑스 철학자 시몬 베유는 《신을 기다리며》에서 "이웃에 대한 완전한 사랑은 그저 상대에게 "네 괴로움은 무엇이냐?"고 물을 수 있는 것이다. 그 불행한 사람이 존재함을 아는 것이다."[136] 라고 강조한다. 사랑은 고통을 동반한다. 사랑은 늘 좋지만은 않다. 아프고 힘들다. 아무도 알아주지 않는 일을 왜 해야 하는지 모를 때가 있다. 모두가 우리 마음 같지 않아 애도 끓는다. 더 좋은 것을 주고 싶지만, 홀로 감당하기에는 힘에 부치기도 한다. 좋은 방향으로 이끌어 주고 싶지만, 방법을 모를 때도 있다. 그러나 하나님만은 우리가 하는 작은 이웃 사랑을 알아주신다.

우리의 역할은 '환대'하는 이웃이다. 하나님은 우리가 할 수 있도록 은혜를 주셨다. 예수님을 통해 받은 사랑은 우리가 사랑할 수 있도록 힘을 주신다. 우리 힘이 아닌 주님의 힘으로 사랑할 수 있게 해 주신다. 개인이면서 동시에 공동체로 사랑할 수 있게 해 주셨다. 우리 안에는 충분히 사랑의 고통을 감내할 수 있는 역량이 있다. 마르지 않는 사랑으로 묵묵하게 환대할 수 있는 시민은 그리스도인밖에 없다. 우리는 그렇게 이웃 된 시민이 되어야 한다.

그리스도인은 '연결'을 나누는 시민이어야 한다

그리스도인은 믿지 않는 시민과 구별된다. 그리스도인은 하나님과 연결되어 있다. 그리스도인은 하나님과의 연결을 세상에 나누는 시민이 될 수 있다. 스캇 맥나이트는 《서로 다른 우리, 하나의 교회》에서 교회의 뜻을 다음과 같이 정의한다. "교회를 가장 잘 나타내는 단어는 사귐이며, 이는 한마디로 우리가 삶을 서로 나눈다는 뜻이다."[137] 삶을 나눈다는 것은 '나'의 삶, '나'의 신앙이 아닌 함께 만들어나가는 '우리'의 삶, '우리'의 신앙을 만들어 가는 것을 의미한다. 그것이 연합하신 삼위일체 하나님의 뜻을 따르는 길이다.

'우리'의 삶, '우리'의 신앙을 만들어 가기 위해서는 '연결'이 필수이다. 사도 바울이 섬겼던 초대 교회에서는 유대인과 헬라인, 종이나 자유인, 남자와 여자, 할례파나 무할례파, 야만인이나 스구디아인 모두가 예수 안에서 하나였다.[138] 모두가 예수님을 중심으로 연결되어 있었다. 비슷한 사람들끼리 몰려 있고 싶었지만 결국 그러지 않았다. 그들은 연합했다. 지금을 살아가는 그리스도인도 초대교회의 이 연합된 모습을 배워야 한다. 극우와 극좌, 남자와 여자, 모태 신앙인 사람과 아닌 사람, 순수 한국인과 외국인 국적자, 양부모 가정과 한 부모 가정, 기혼자와 비혼자, 장애가 있는 사람과 장애가 없는 사람들, 부자와 가난한 자, 정규직과 비정규직 등 다양한 형태의 삶을 살아가고 있는 사람들을 구분 지으면 안 된다. 모두가 예수님을 중심으로 연결되어 있어야만 한다.

필자는 선교지에서 예배를 드리면서 예수님께서 다시 오실 때의 장면을 종종 경험한다. 세상 모든 민족이 주님께 예배드리는 바로 그 모습이다. 우리가 드리는 예배의 구성원은 다양하다. 한국인, 미국인, 알바니아인, 중국인, 집시, 글씨도 읽을 줄 모르는 사람부터 박사학위를 가진 사람까지, 다리 한쪽이 없는 사람부터 사지가 모두 있는 사람까지, 삼십 대 중반인데도 손자가 있어 할머니인 사람과 같은 나이인데도 미혼인 사람까지, 우리의 예배는 너무나도 다양한 사람들을 통해 드려진다. 그런데 우리는 예수님으로 인해 연결되어 있다. 이 안에서 사회적 지위의 높고 낮음도, 이 정도면 자신은 꽤 괜찮은 사람이라는 자의식도 존재하지 않는다. 우리 각자는 그저 예수님으로 인해 구원받은 존재이며, 주님이라는 포도나무에 뻗은 가지이다. 우리는 바람에 흔들릴 수는 있지만, 예수님이라는 뿌리 때문에 서로가 부러지지 않도록, 더 많은 가지를 칠 수 있도록 지지하고 돕는다.

'연결'하는 그리스도인 시민이 되기 위해서는 개인적인 노력과 공동체적 노력이 필요하다. 개인적인 노력에는 다음과 같은 것들이 있다. 첫째, 차별어를 사용하지 않는다. 차별어는 특정 집단을 낮추거나 배제하는 언어 표현으로, 무심코 사용해도 누군가에게 상처가 될 수 있다. 예를 들면, '틀딱', '잼민이', '지잡대', '불우이웃', '애자', '처녀작', '결손가정' 등이라는 단어는 사용하지 않는다. 대체 가능한 단어들을 찾아 사용하려는 노력을 기울여야 한다. 둘째, '불편한 연결'을 감수한다. 정치적 입장, 성별, 신앙 배경, 가정환경이 다른 이들과도 대화를 나누고 교제하려는 열린 마음을 갖는다. 셋째, 누구든지 인격적으로 대한다. 이를 위해서는 '인격적'으로 대한다는 것이 무엇인지 공부해야 한다. 개인마다 구체적인 적용점을 찾아 공동체 안에서 나누고 실행하는 것이 필요하다.

공동체적인 노력에는 다음과 같은 것이 필요하다. 첫째, 교회 공동체 밖의 사람들과도 연결될 수 있는 활동을 한다. 수원시는 시민 사회의 적극적인 참여와 소통의 플랫폼을 만들어 시민의 아이디어를 시민 사업에 적용했다. '손바닥 정원'과 '수원새빛돌봄'은 대표적인 시민 주도 사업이다. 시민들이 함께 도시 곳곳에 정원을 만들고, 발달장애인, 고령층, 1인 가구 등의 사회적 약자와 다양한 계층을 위한 맞춤형 돌봄 정책이다.[139] 교회는 이런 성공적인 사례들을 벤치마킹하여 개교회의 상황에 맞게 적용할 수 있다. 둘째, 교회 내의 소모임 안에 존재하는 장벽을 허문다. 직업, 결혼, 나이, 출신 배경 등으로 나누지 말고, 관심사 기반의 열린 모임으로 재구성한다. 교인들이 교회 내의 소그룹에 낄 수 있는 곳이 없다고 느끼면 안 된다. 셋째, 세대가 연결된 소그룹 모임을 시도한다. 어린이, 청소년, 청년, 장년, 노년이 함께 하는 소그룹 활동을 만들어 본다. 넷째, 연합 예배를 만든다. 지역에 있는 외국인, 다문화 가정, 장애인들과 함께 어우러져 예배를 드린다. 함께 예배드리고 식사 나눔을 통해 '우리'의 신앙을 다져나간다.

혐오와 배제가 팽배한 이 시대를 회복할 수 있는 시민은 '그리스도인'의 정체성을 가진 시민뿐이다. 루스 벤 기앗은 《극우, 권위주의, 독재》에서 다음과 같이 주장한다. "우리 사회에서 양극화와 혐오가 확산될 때 우리가 선택할 수 있는 길은 두 가지가 있다. 골을 더 깊이 파거나, 아니면 독재자가 가장 두려워하는 것이 바로 연대, 사랑, 대화임을 알고 반대편을 향해 손을 내밀어 새로운 파괴의 굴레를 멈추는 것이다."[140] 진실한 그리스도인이라면 반드시 행해야 하는 일이다. 반대편을 향해 손을 내밀고 연대하고 사랑하고 대화하는 행위는 될 수 있으면 모든 사람과 화평하라는 성경 말씀과도 부합한다.

'그리스도인 시민'은 하나님의 시각으로 세상을 볼 수 있는 특별한 시민이다. 그가 존재하는 곳에 그리스도의 평화가 깃든다. 도움이 필요한 사회적 약자를 그저 자비를 베풀 대상이 아닌 '하나님의 형상으로 창조된 존귀한 영혼'으로 볼 수 있는 하나님의 시각을 갖추었다. 그리스도인은 연결되고 연합하는 시민이 되어 분열된 사회의 아픔을 치유하는 사명을 가졌다. 이 세상의 객체들을 잇는 연결고리의 역할을 그리스도인 시민이 감당해야 한다.

교인이 참된 시민이 되면 교회의 명예는 회복된다

"너 소용돌이에 빠지면 어떻게 해야 하는 줄 알아?"
도담이 해솔을 보며 물었다.
"어떻게 해야 되는데?"
"수면에서 나오려 하지 말고 숨 참고 밑바닥까지 잠수해서 빠져나와야 돼."[141]

소설 《급류》 중의 한 대목이다. 2025년, 한국교회는 와류에 빠졌다. '와류'는 계곡물 아래 움푹 팬 웅덩이에 생기는 소용돌이다. 그 소용돌이에 빠지면 아무리 수영을 잘하는 사람이라도 빠져나오지 못한다. 그곳에서 빠져나오기 위해서는 수면에서 나오려 하지 말고 숨을 참고 밑바닥까지 잠수해서 빠져나와야 한다. 코로나 19를 거치면서 한국교회를 향한 신뢰도는 처참하게 무너졌다. 회복하려고 발버둥 치는데, 다시 12.3 탄핵을 겪으며 시민 사회에 역행하는 교회를 보여주었다. 신앙의 이름으로 행해진 폭력과 침묵은 교회와 시민 사회와의 연결을 끊어놓았고, 도덕적 신뢰를 상실하며 와류에 빠지게 했다. 시민 사회에 다시 받아들여지기 위해서는 철저하게 자신의 잘못을 되돌아봐야 한다. 그런 성찰 없이는 와류에서 빠져나오지 못한다.

다행히 와류는 고립만을 의미하지 않는다. 그것은 재구성의 시작이기도 하다. 이제 교회는 와류에서 빠져나와 모든 생명을 품는 바다가 되어야 한다. 정의와 평화를 향한 예언자적 성찰, 소수자와 아픈 이웃을 향한 감정적 연대, 그리고 시민 사회와의 겸손한 대화를 통해, 한국교회는 다시 성숙한 시민 공동체라 불릴 수 있는 길을 걸어야 한다. 와류를 빠져나오는 길은 더 깊은 질문을 향한 항해이며, 교회는 그 질문에 응답함으로써 끊어진 연결을 잇는 회복의 공간이 될 수 있다.

그리스도인의 사명은 시대의 아픔을 끌어안는 것이다. 시대의 아픔을 외면하는 것은 하나님의 공의와 사랑을 저버리는 행위다. 구약시대부터 현세까지 공의와 사랑에 반하는 일이 있을 때마다 그리스도인은 침묵하지 않았다. 구약시대 타락함 속에서 구원과 회복을 외쳤던 선지자들은 말할 것도 없다. 도저히 허물어지지 않을 것 같았던 민족과 신분, 성별의 벽까지도 허물었던 초대 교회, 오직 말씀으로 돌아가기 원했던 청교도, 일제의 압제 속에서 민족과 나라를 지키기 위해 헌신한 사람들, 자유 민주화 운동으로 국민으로서 자유와 존엄을 지키려 했던 사람들, 그들의 중심에는 그리스도인이 있었다.

그러나 자본주의와 개인주의에 떠밀려 그리스도인의 야성을 잃게 되었다. 시대를 읽고 시대를 품는 그리스도인은 점점 사라져갔다. 개인, 가족이 잘 되는 것으로 만족하는 '나' 중심의 삶은 적극적인 시민의 정체성을 잃게 했다. 교회의 부조리, 더 나아가 사회의 부조리를 보면서도 침묵했다. 자신이 있는 자리에서 최선을 다하면 된다는 착하지만, 소극적인 자세로 만족했다. 적극적인 행동은 '오지랖'으로 비치면서 "너나 잘하세요."라는 말 뒤로 숨었다.

세상을 품지 못한 그리스도인이 발휘할 수 있는 영향력은 없다. 세상은 철저하게 보이는 모습으로만 판단한다. 기독교에 대한 호감도가 곤두박질치고, 교회에 나가는 사람을 상대하지 않으려는 모습은 세상 곳곳에서 쉽게 볼 수 있다. 김애란의 소설 《바깥은 여름》에 나오는 한 문장이 개념 없는 그리스도인 때문에 분통을 터뜨리는 시민을 위로하는 말 같다. "너무 스트레스받지 마. 가진 도덕이, 가져 본 도덕이 그것밖에 없어서 그래."[142]

교회의 명예는 교인이 참된 시민으로 살아가는 데서 회복된다. 참 시민은 자신의 인격이 중요한 만큼 타인의 인격이 중요함을 안다. 참 시민은 '나'를 위한 삶이 아닌 '우리'를 위한 삶을 추구한다. 참 시민은 시대의 아픔과 요구에 민감하다. 참 시민은 정의와 자유를 지키기 위해 애쓰고, 누구와도 연결될 수 있는 사람이다. 《천국의 열쇠》의 주인공 치점 신부는 체육 및 레크리에이션 회관에 대한 아이디어를 냈다는 이유로 임지에서 쫓겨나야 하는 상황에서 이렇게 말한다. "저는 다만 이곳 노동자들을 위해서 조금이라도 도움이 되고 싶었던 겁니다."[143]

시대의 아픔과 필요를 끌어안는 그리스도인은 세상의 빛과 소금으로 존재한다. 하나님의 공의와 사랑을 실천하는 증인이 된다. 사회적 약자와 소수자에 대한 돌봄을 회복해야 한다. 폭력과 혐오를 조장하는 언어를 거두고, 공감과 연대의 언어로 말해야 한다.

땅에 떨어진 이름의 회복은 단숨에 이루어지지 않는다. 하루씩, 하루씩 변화를 선택하는 삶이 결국 품격을 높여준다. 메이는 《아프다는 것에 관하여》에서 회복에 대해 다음과 같이 말한다. "회복은 선형이 아니라 상승과 하강을 거듭하는 구불구불한 곡선이었다. 나는 언제까지 계속할 수 있을지 아직도 의심하며 그럴 때마다 다시 하루씩, 하루씩만이라고 되뇐다."[144] 무너진 신뢰를 회복하기 위해서는 시간이 오래 걸린다. 세상 사람들에게 '그리스도인은 참 시민이구나, 교회는 세상에 반드시 있어야 할 존재구나.'라는 인식을 심어주기 위해서는 매일 매일 변화하는 그리스도인과 교회의 모습을 보여줘야 한다. 교회는 다시금 세상을 품는 선지자, 치유자가 될 수 있다. 세상이 찾고, 다시 바라보게 될 공동체로 거듭날 수 있다. 하나님께서 일하실 그 자리에 우리 삶이 함께 놓인다면 말이다.

박혜정 선교사

알바니아 선교사로 GMP 개발연구위원이다.
공저로 《비록 존재감은 없지만 삶은 행복해》, 《오늘도 묵묵히》 등이 있다.

5 상식이 통하는 교회를 위한 공공신학

한국교회의 상식이 무너졌다

독일의 철학자 위르겐 하버마스는 《공론장의 구조변동》에서 공론장을 국가 권력으로부터 독립된 시민 사회 구성원들이 자유롭게 모여 공공의 문제를 토론하는 공간으로 정의한다.[145] 그는 근대 민주주의가 성립되기 위해서는 시민들이 이성적 대화를 나눌 수 있는 공간이 반드시 필요하며, 그 공론장에서는 권위나 계급이 아니라 오직 '이성의 힘'이 작동해야 한다고 강조한다. 이러한 공론장의 개념은 단지 정치 철학에 머물지 않고, 오늘날 교회와 사회의 관계를 성찰하는 데에도 깊은 통찰을 제공한다. 교회 역시 사회 구성원들과 더불어 공공의 문제를 성찰하고 대화할 수 있어야 하기 때문이다.

오늘날 한국교회는 더 이상 이성과 상식이 작동하는 공론장의 주체로 인식되지 않는다. 오히려 교회는 사회적 소통을 방해하거나, 자신들만의 폐쇄된 언어와 규범 속에 갇혀 외부와의 대화를 거부하는 공간으로 인식되곤 한다. 실제로 대중은 한국교회가 공공의 이익보다는 자기 집단의 이익을 앞세운다고 평가하고 있으며, 그 결과 교회는 더 이상 공적 담론의 장에서 환영받지 못하고 있다. 이처럼 공적 소통이 단절된 교회는 사회 안에서 "대화 종결자 conversation stopper"가 되었으며, 공론장의 한 축으로 기능하기보다 점차 주변화되고 있다.

이러한 현실은 단순히 사회로부터 교회가 외면당하고 있다는 사실을 넘어서, 신학적 차원에서도 심각한 문제를 제기한다. 교회는 하나님의 말씀을 세상 가운데 전하고, 그 말씀으로 세상과 대화하며, 치유와 화해의 통로가 되어야 한다. 지금의 한국교회는 그러한 소명을 감당하기보다, 신자들만의 폐쇄된 공간에서 자체 담론을 재생산하며 상식의 붕괴를 외면하고 있다. 결국, 공공의 자리에서 말할 자격을 상실한 교회는, 복음의 진리조차 설득력 있게 전할 수 없는 처지에 이르고 있다.

엠브레인 트렌드모니터가 2020년 6월 발표한 '종교 및 종교인 과세 관련 인식 조사'에 따르면, 우리 국민은 불교와 천주교에 대해 온화한, 따뜻한, 윤리적인, 절제하는, 착한 등의 매우 긍정적인 이미지를 보인 반면, 개신교에 대해서는 '거리를 두고 싶은' **32%**, '이기적인' **27%**, '배타적인' **23%** 등의 부정적 이미지가 형성되어 있다고 응답했다. 이는 시민들이 종교 자체에 대한 거부감이 아니라 불통의 이미지를 가진 기독교에 대한 거부감을 가지고 있다는 것을 보여준다.[146]

기독교에 대한 거부감은 단지 대중의 오해나 편견 때문만은 아니다. 교회가 스스로 만든 언어의 울타리에 갇혀, 세상과 소통하는 능력을 잃었기 때문이다. 공공신학은 이 지점에서 중요해진다. 공공신학은 교회가 사회와 대화할 수 있도록, 복음을 '이해 가능한 언어'로 번역하는 작업을 요청한다. 신앙의 진리를 훼손하지 않으면서도 그것을 사회적 언어로 전달하고, 공적 가치로 환원하는 능력, 즉 '이중 언어 능력'이 필요한 시점이다. 이를 위해서는 목회자와 신학자들이 철학, 정치학, 사회학, 경제학 등 다양한 영역을 가로지르는 간학문적 학습에 개방되어야 한다.

한국 사회는 크리스탠덤 christendom 이 아닌 다원주의 사회라고 볼 수 있다. 이는 교회가 더는 '당연히 신뢰받는 기관'이 아니라, 신뢰를 획득해야 하는 하나의 시민 집단으로서 공적 책임을 져야 한다는 뜻이다. 따라서 교회는 게토화된 공동체가 아니라, 세상 속에서 빛과 소금으로 기능하는 공동체로 다시 태어나야 한다. 상식을 회복하는 일은 곧 교회의 사회적 회복력을 회복하는 일이다. 교회는 성도들이 교회 안에서만 봉사하고 헌신하는 존재가 아니라, 각자의 일터와 사회적 영역에서 공적 사명을 감당할 수 있도록 양육해야 한다. 그것이 진정한 '예배의 연장'이며, '삶으로 드리는 예배'이다.

교회는 이중 언어 능력을 갖춰야 한다

오늘날 교회가 사회와의 소통을 시도하려 할 때 마주하는 가장 큰 장벽 중 하나는 언어의 단절이다. 교회의 말이 더 이상 세상에 도달하지 않고, 세상의 언어가 교회 안에서 번역되지 않는다. 이러한 단절은 단순히 말투나 표현 방식의 차이만이 아니라, 의미 세계의 분절에서 비롯된 것이다. 바로 이 지점에서 공공신학은 교회가 복음을 사회적으로 '의미 있게' 전할 수 있도록 돕는 신학적 통찰을 제공한다.

세계 공공신학계를 이끄는 탁월한 공공신학자이자 독일개신교연합회 EKD 의장을 지낸 하인리히 베드포드-슈트롬은 공공신학의 여섯 가지 특징[147]을 제시하였고, 그중 하나인 '이중 언어 능력'은 특별한 주목을 받고 있다. 그는 공공신학은 교회 내부에서 사용하는 종교적 언어와 외부 사회가 이해할 수 있는 언어 사이를 넘나드는 능력을 길러야 한다고 말하며, 이를 공공신학의 필수 조건으로 보았다. 종교 공동체 내부에서 사용되는 신앙 고백적 언어는 공동체 내부에서는 유효할 수 있지만, 그 언어가 사회적으로는 단절을 초래하거나 오해를 불러일으킬 수 있다. 따라서 공공신학은 '자기 내부 언어'를 '공공 언어'로 번역할 수 있어야 한다.

예수님의 복음은 특정 지역이나 민족에 국한되지 않고 모든 민족과 인류를 위한 것이다. 톰 라이트는 복음이 온 인류를 위한 것이 아니라면 의미가 없다고 보았다.[148] 그러나 이 복음을 모든 사람에게 전할 때, 그것이 공공신학의 방식으로 이루어지지 않으면 강요로 비칠 수 있으며, 갈등만 일으킬 수 있다. 따라서 공공신학은 교회 내부의 신앙 고백적 설교와는 달리, 신앙을 직접적으로 표현하기보다는 사

회 속에서 소통 가능한 방식으로 복음을 증언해야 한다.[149]

복음은 그 신학적 본질을 분명히 드러내기 위해 성경적이고 신학적인 언어로 표현되어야 한다. 동시에, 선한 의지를 지닌 모든 이들에게 실제적인 방향성을 제시하고, 기독교 신앙이 이성과 경험에 비추어 합리적임을 설득력 있게 보여주기 위해서는 세상의 언어로 적절히 번역되어야 한다. 대중이 종교적 언어의 의미론적 깊이에 마음을 열 수 있도록, 일반적인 신앙 공동체, 특히 교회는 공적 담론에 참여할 때 그 메시지를 누구나 이해할 수 있는 언어로 전달할 책임이 있다.[150] 이것이 '이중언어능력'이다.

이러한 관점은 종교개혁 전통, 특히 칼빈의 신학 사상과 자연스럽게 연결된다. 칼빈은 기독교 신앙을 단지 내면적 경건이나 영적 체험에 국한하지 않고, 세상의 구조와 질서 속에서 하나님의 주권을 드러내는 방식으로 설명하였다. 교회는 하나님 나라의 전진기지이며, 신자들은 일상과 공공 영역 속에서 하나님의 통치를 구현해야 하는 소명자들이다. 이러한 교회 이해는 공공신학이 요청하는 '이중 언어'의 전제가 되는 신학적 공공성을 뒷받침한다. 칼빈에게 있어 신학은 곧 세계와의 대화였고, 그의 신학은 철저히 교회론과 정치론 속에서 공적 책임을 요청하는 방향으로 전개되었다.[151]

이처럼 공공신학이 요청하는 이중 언어 능력은 '사회와 대화할 수 있는 교회'를 위한 필수 불가결한 조건이다. 그러나 그 능력은 어느

날 갑자기 생기는 것이 아니다. 교회와 신학자는 반복적으로 사회적 문제와 마주해야 하며, 그 안에서 신학이 어떤 방식으로 응답할 수 있을지를 사유해야 한다. 이는 설교자와 신학자, 목회자 모두에게 요구되는 새로운 형태의 훈련이며, 동시에 새로운 형태의 신학적 성실성이다.

이중 언어 능력은 결국 교회의 존재 방식의 변화를 요청한다. 교회가 이제 더 이상 울타리 안에서만 존재하는 공동체가 아니라, 사회와 소통하고, 기여하며, 책임지는 공동체가 되어야 한다는 것이다. 개혁신학은 이 요청에 신학적 동력을 제공하며, 공공신학은 그 방법론적 자산을 제공한다. 두 전통은 함께, 오늘의 교회를 상식이 통하는 신학과 공동체로 회복하는 데 이바지할 수 있을 것이다.

인문학적 성찰이 요구된다

복음을 세상의 언어로 번역하기 위해서는 세상의 언어를 배울 것이 당연히 요구된다. 이로 인해 공공신학은 간학문적 특성 Inter-disciplinary character 을 가진다. 간학문성은 공공신학이 단지 신학 내부의 자기 성찰로 머무르지 않고, 사회과학, 철학, 정치학, 법학 등 다양한 인문사회학적 영역과의 대화 안에서 형성된다는 점을 보여준다. 이는 단순히 타 학문을 도구적으로 사용하는 것이 아니라, 타 학문이 지닌 고유한 인식 틀과 방법론을 존중하며 상호 변혁적 대화를 가능하게 한다는 점에서 의의가 있다. 복음의 간학문성은 신학의 특수성과 타 학문 간의 경계가 무너지는 탈 경계적 전환post-disciplinary turn과도 맞물린다. 즉, 공공신학은 기존 신학의 체계와 언어가 더 이상 공적 담론에서 수용되지 않는 현실 속에서, 세속 담론과의 접점을 통해 신학의 언어를 새롭게 구성하려는 시도이다. 이처럼 다른 학문 분야에 속한 전문가들의 통찰을 활용할 때, 비기독교인들은 기독교인의 주장에 대해 더욱 개방적인 태도로 경청할 수 있게 된다. 하나님이 창조하신 세계에 대한 통전적 이해, 일반은총에 대한 신뢰, 인간 이성의 제한된 선용 가능성은 모두 신학과 세속 학문이 만날 수 있는 공통 기반을 제공한다.

이러한 인식은 신약성서의 사도 바울에게서 그 근거를 찾을 수 있다. 바울은 아레오바고 설교에서 아라투스Aratus와 에피메니데스Epimenides를 인용하면서, 헬라 세계의 철학과 문학이라는 '타자의 언어'를 통로 삼아 복음을 선포하였다. 그의 이러한 전략은 비기독교적 세계와의 접속을 위해 신학적 진리를 외부 담론의 언어로 재구성한 선례이며, 오늘날 공공신학이 지향하는 간학문적 접근을 선구적으로 보여준 사례라 할 수 있다.[152]

기독교 신앙은 언제나 시대와 문화라는 맥락 속에서 자신을 드러낸다. 따라서 맥스 L. 스택하우스는 기독교 전통 외부에서 비롯된 철학, 과학, 타 종교, 비기독교 문화의 성취들이 기독교 신앙의 핵심적이고 보편적인 주제들을 더욱 분명히 이해하고 발전시키는 데 유익한 자원이 될 수 있다고 강조한다.[153]

종교개혁자 칼빈은 "우리가 자연 과학과 논리학과 수학과 그 밖의 학술의 도움을 받으며 불신자들의 활동과 봉사의 도움을 받는 것이 주님의 뜻이라면, 우리는 이 도움을 이용하는 것이 좋다. 이런 학술을 통해서 값없이 주시는 하나님의 선물을 무시한다면, 우리는 이 태만에 대한 당연한 벌을 받아야 한다"[154]라고 까지 강조하였다.

결국, 공공신학의 간학문적 특징은 단순히 신학 외부의 지식을 수집하는 것이 아니라, 복음을 시대와 사회의 현실에 접속 가능하도록 만들기 위한 신학적 훈련의 일부이다. 이를 위해서는 교회가 내부 담론에만 머물지 않고, 공적 언어를 학습하며 외부 담론과의 교류를 통해 신학의 경계를 넓혀가는 노력이 필요하다. 그럴 때 교회는 게토화된 공동체가 아니라, 세상을 위해 존재하는 신앙의 공동체로서 그 책임을 감당할 수 있다.

상식이 통하는 성도 양육이 필요하다

한국교회가 감당해야 할 시대적 요청은 단순히 교회 안의 경건을 유지하는 것을 넘어, 교회 바깥의 세상과 소통하고 책임지는 신앙의 성숙함을 구현하는 데 있다. 공공신학이 강조하는 '이중 언어 능력'과 '간학문적 특징'은 교회가 세상과의 건강한 대화를 회복하기 위한 수단임과 동시에 성도 한 사람 한 사람을 상식을 갖춘 그리스도인으로 세우는 목적을 달성하기 위한 방법이기도 하다.

한국교회는 이제 상식이 통하는 성도들을 양육해야 한다. 상식이란 단순한 경험적 판단이 아니라, 공동체적 삶의 맥락 속에서 형성된 공유 가능한 이성이다. 상식을 회복한다는 것은 결국 인간을 하나님의 형상으로 존중하며, 타인의 말에 귀를 기울이고, 공공의 선을 고민하는 시민 신앙인의 회복을 의미한다.

성도는 이성과 합리성을 거부하거나 무시하는 반지성주의자가 되어서는 안 된다. 하나님의 형상으로 지음 받은 인간에게 주어진 이성은 신앙의 적이 아니라 동반자다. 한국교회는 이성과 믿음을 이분법적으로 구분하는 오래된 습관에서 벗어나, 합리적 사고 위에 성경적 세계관을 구축하도록 성도들을 훈련해야 한다. 신앙은 비합리적인 주장이 아니라, 삶의 모든 영역을 꿰뚫는 통전적 진리이며, 그 진리는 언제나 합리적 설득과 소통을 통해 세상과 공유되어야 한다.

이를 위해 교회는 합리적 사고가 가능한 성도들을 양육해야 한다. 특히 비판적 사고 없이 정보를 수용하고, 확인되지 않은 가짜 뉴스를 퍼 나르는 것이 마치 신앙의 증거인 것처럼 여겨지는 분위기는 교회 공동체뿐 아니라 사회 전체에도 해악을 끼친다. 성도는 세상을 이분법으로 나누고 혐오를 정당화하는 집단의 일원이 아니라, 진리 안에서 자유를 누리며 타인을 품을 줄 아는 사람이어야 한다.

교회는 미디어 리터러시 교육을 통해 성도들이 정보 소비와 전달에서 신중함과 비판적 분별력을 갖출 수 있도록 도와야 한다. 아울러 목회자들 역시 출처가 불분명한 예화나 왜곡된 정보가 설교에서 진리처럼 전달되지 않도록 각별히 주의해야 한다. 목회자의 언어는 성도들의 신앙과 인식을 형성하는 데 결정적 역할을 하기에, 더 높은 사실 검증과 윤리적 책임이 요구된다.

교회 내부의 의사소통 구조 역시 점검과 갱신이 필요하다. 권위에 대한 무조건적 복종이 신앙의 미덕처럼 여겨지는 구조에서는 창의적 사고와 책임 있는 비판이 억압된다. 이제 교회는 모든 논의와 결정의 과정에서 합리적 대화와 민주적 절차를 실천함으로써, 민주시민을 양성하는 공동체로 기능해야 한다. 신앙의 훈련이 곧 공공성과 공동체성을 학습하는 과정이 되도록, 참여와 경청, 다양성에 대한 존중이 일상적으로 실천되어야 한다. 그럴 때 교회는 세상 속에서 더 나은 공동체를 향한 모델이 될 수 있다.

성도들은 각자가 속한 분야에서 전문적인 지식과 경험을 갖춘 사람들이다. 교회는 이들의 전문성을 단순한 교회 봉사의 도구로만 이해하지 않고, 그것이 하나님 나라의 정의와 사랑을 실현하는 데 귀하게 쓰일 수 있도록 격려해야 한다. 이들은 교육, 경제, 정치, 예술, 기술 등 각자의 영역에서 그리스도인의 정체성을 갖고, 동시에 사회적 책임을 다하는 공적 존재로 살아가야 한다. 이를 통해 성도들은 일상 속에서 '일터 사역자'로, 하나님 나라의 미시적 실현자 micro agent 로 살아가게 될 것이다. 교회는 이들의 전문성을 신학과 신앙과의 대화 속에 연결하는 통로로 기능함으로써, 하나님 나라가 교회 바깥에서도 구현되도록 해야 한다. 교회가 성도들의 삶을 '예배의 연장선'으로 이해하고, 그들의 사회적 역할과 책임을 훈련할 때, 우리는 공적 신앙의 회복을 넘어, 세상 가운데 하나님의 나라를 드러내는 진정한 공동체로 거듭날 수 있을 것이다.

교회는 더 이상 울타리 안에서만 존재하는 공동체가 아니다. 사회와 소통하고, 기여하며, 책임지는 공동체로 거듭나야 한다. 세상이 교회를 더 이상 신뢰하지 않는 이 시점에서, 합리적이며 이성적인 성도들의 삶을 통해 신뢰가 다시 회복되어야 한다. 공공신학은 이러한 교회의 변화를 위한 이론적 토대를 제공하고 있다. 교회가 다시 '상식이 통하는 공간'이 될 때, 우리는 그 안에서 자란 성도들이 각자의 삶의 자리에서 빛과 소금으로 살아가는 하나님 나라의 시민으로 우뚝 서는 것을 목격하게 될 것이다.

김민석 교수

백석대학교 조직신학 교수이다.
저서로《Public Theology in Korea?》가 있다.

Chapter 4.
설교, 신앙인을 넘어서 시민을 길러내고 있는가?

PASTORAL

MINISTRY

TREND

2026

1 균형 잡힌 기독교 세계관을 건축하는 설교

설교, 세계관을 건축하는 영적 기술이다

매주 강단에서 선포되는 설교는 단순히 성경 지식을 전달하는 것이 아니다. 설교는 성도들의 영혼에 깊이 각인되는 새로운 '세계'를 건축하는 행위이다. 설교를 통해 성도들은 세상을 이해하는 대안적인 창窓을 얻어야 한다. 그래야 삶이 바뀐다. 결국, 설교란 의식의 가장 깊은 곳에 새로운 세계관을 형성하여 삶의 근본적 변화를 이끌어내는 데 목적이 있다.

월터 브루그만은 설교자는 성경 텍스트를 열어줌으로써 회중들의 의식 속에 새로운 세계를 그려내야 한다고 주장한다. "사람들이 설교를 들으려고 올 때는 이미 세계를 묘사하는 텍스트를 손에 들고 온다. 텍스트를 해석한 설교자는 진공 상태에서 설교하는 것이 아니다. 거기에는 언제나 서로 경쟁하는 텍스트들이 있게 마련이고 그 앞에서 성경은 일차적으로 현실을 다시 묘사하는 텍스트가 아니라 현실을 재구성하는 대안적인 텍스트이어야 한다."[155] 성경을 포함하여 이 세상에 유통되는 모든 텍스트는 사람들의 의식 속에서 세계관을 형성하는데, 이는 곧 인생관과 가치관 구축의 토대가 된다. 결국, 삶의 방식을 결정하는 뿌리에는 각자의 텍스트에 의해 형성된 세계관이 깊이 자리하고 있다.

수많은 설교를 듣지만 좀처럼 변하지 않는 한국교회의 현실을 보며, 우리는 다음과 같은 질문을 던져야 한다. 과연 우리의 설교는 성도들의 영혼 속에 하나님의 나라를 갈망하는 세계관을 형성하고 있는가? 오늘날 한국교회의 설교는 과연 어떤 세계관의 지도를 그리고 있는가? 월터 브루그만의 관점에서 비판하자면, 한국교회는 성경을 대안적 텍스트가 아닌 현실 세계를 고착시키는 세속적 텍스트의 아류로 전락시켰다고 볼 수 있다. 본고는 설교가 어떻게 축소된 세계관을 넘어, '하나님 나라'라는 총체적인 세계관을 형성할 수 있을지 탐구하고자 한다.

한국교회 설교, 축소된 세계관을 양산한다

우리가 던져야 할 첫 번째 질문은 '우리의 설교가 과연 어떤 세계관을 양산하고 있는가'에 대한 냉철한 자기 성찰이다. 많은 경우, 한국교회 강단은 복음의 본질적 풍성함보다는 특정 측면만을 과도하게 강조하여 균형 잃은 세계관을 성도들에게 심어주고 있다. 필자는 그동안 한국교회에서 선포되었던 설교가 가진 특징을 다음의 세 가지로 분석해보았다.

첫째, 개인 구원 중심의 한계를 가졌다. 이는 세상을 잃어버린 신앙을 탄생시켰다. 전통적으로 한국교회 설교의 핵심 타깃은 '개인의 구원'이다. 이는 "예수 천당, 불신 지옥"이라는 구호로 압축되며, 구원의 목표를 '죽어서 천국에 가는 것'으로 고착화했다. 이러한 개인 구원 중심의 세계관은 신앙을 지극히 사적인 영역으로 축소시켰다. 그 결과, 성도들은 교회라는 건물 안에 게토화되어 자신들이 살아가는 세상의 정치, 경제, 문화, 사회적 영역에 대한 책임 의식을 상실하고 말았다.

오늘날 한국교회의 그리스도인이 협소한 세계관을 가질 수밖에 없는 이유 중 하나는 구원을 '타락한 세계로부터의 구출'이라는 패러다임으로 이해하기 때문이다. '하나복 운동'을 이끄는 김형국 목사는 협소한 구원론에 고착된 한국교회를 다음과 같이 비판한다. "교회는 세상에서 분리되어 심한 경우에는 천국행을 기다리는 대합소로 전락한다. 하나님의 다스림과 그 다스림 아래서 살아가는 삶의 의미는 약화되고 성령의 중차대한 역할은 길흉화복에 영향을 주는 무속적 존재로 둔갑한다."[156]

둘째, 복음을 축소하는 비극을 만들었다. 개인 구원에 치중하는 설교는 필연적으로 '축소된 복음'을 낳는다. 이 축소된 복음 안에서 구원은 주로 '죄책으로부터의 해방'과 '영혼의 구원'으로만 이해될 뿐이다. 그 결과 하나님 나라의 비전은 상실되고, 개인 구원에 집착하는 뒤틀린 십자가 복음만이 양산된다.

김형국은 《제자훈련, 기독교의 생존방식》에서 십자가 복음과 하나님 나라 복음의 균형을 다음과 같이 강조한다. "결국 하나님 나라가 없는 복음은 역사의식과 사회의식이 없는 개인주의 영성을 만들어 내고 복음이 없는 하나님 나라는 예수에 대한 열정과 사랑이 없는 사회 참여만을 만들어 낸다. 우리는 복음과 하나님 나라의 이혼을 불허해야 한다."[157] 따라서 성경적인 세계관을 형성하는 설교를 하려면 하나님 나라를 지향하는 십자가 복음을 설교 신학의 중심으로 삼아야 한다.

셋째, 왜곡된 회심을 불러왔다. 한국교회의 역사는 개인 구원을 강조하는 보수주의와 사회 구원을 강조하는 자유주의로 신학적 분열을 거듭해 왔다. 그 결과 하나님 나라와 단절된 십자가 복음은 한국 그리스도인들 안에 왜곡되고 편협한 세계관을 형성하는 주요한 원인이 되었다. 미국의 소저너스 운동을 이끄는 짐 월리스는 복음주의 신앙과 사회참여의 균형을 강조하며, 비성경적 회심에 대해 다음과 같이 비판한다. "성경에서 회심은 언제나 역사에 탄탄하게 기초를 두며, 사람들을 둘러싼 실제 상황을 다룬다. 다시 말해, 성경적 회심은 역사적으로 구체적이다. 결코, 추상적이거나 이론적인 일이 아니었다. 사회적이고 정치적인 현실로부터 분리된 회심이라는 개념은 성경적인 것이 아니다."[158] 이어서 그는 진정한 회심에 대해 이렇게 역설한다. "성경적 회심의 목표는 역사와 별개로 영혼을 구원하는 것이 아니라 하나님 나라를 그 폭발적인 힘과 함께 세상으로 가져오는 것이다. 회심은 개인에게서 시작하지만, 세상을 위한 것이다. 예수 그리스도에 대한 개인적 결단으로 시작된 구원은 하나님 나라의 성취와 밀접하게 연계된다. 회심과 하나님 나라 사이의 연결은 아무리 강조해도 부족하다."[159]

결국, 참된 회심이란 단순히 내면의 종교적 체험으로 국한하지 않는다. 이는 세상의 불의와 고통에 눈을 뜨고, 그것을 향한 하나님의 마음을 품어 삶의 방향을 전환하는 것으로 확장되어야 한다. 진정한 회심은 나의 죄 문제뿐만 아니라, 세상의 구조적 악과 불의에 대한 아픔을 느끼며 그것을 변혁하려는 거룩한 열망으로 이어져야 한다.

설교는 구원과 회심의 신학적 포괄성을 회복하여, 성도들이 자신의 안위를 넘어 세상의 회복을 위해 부름 받은 존재임을 깨닫게 해야 한다. 그렇다면 어떻게 우리의 설교는 이러한 세계관을 성도들의 의식 속에 형성할 수 있을까?

하나님 나라 복음, 세계관을 재구성하다

균형 잡힌 기독교 세계관을 형성하는 설교의 핵심 열쇠는 바로 '하나님 나라 복음'의 회복에 있다. 예수께서 공생애를 시작하며 선포하신 첫 메시지는 "때가 찼고 하나님의 나라가 가까이 왔으니 회개하고 복음을 믿으라 막 1:15"였다. 예수 메시지의 중심에는 명백히 '하나님 나라'가 있다.

일각에서는 '십자가 복음'과 '하나님 나라 복음'을 대립적인 것으로 오해하기도 한다. 그러나 이 둘은 결코 분리될 수 없는 복음의 '양 날개'와 같다. 톰 라이트는 《이것이 복음이다》에서 십자가는 하나님 나라의 복음을 가능하게 하는 결정적 사건이라고 역설한다. "십자가는 세상의 권세들과 악의 세력에 대한 하나님의 결정적인 승리였으며, 이 승리를 통해 하나님의 새로운 통치, 즉 하나님 나라가 이 땅에 시작되었다."[160]

십자가 복음과 하나님 나라 복음의 양 날개를 갖춘 설교는 다음과 같은 특징을 가지고 있다.

첫째, 십자가와 하나님 나라로 복음의 완전성을 회복한다. 설교는 십자가의 대속적 죽음이 어떻게 개인을 죄에서 구원하는지를 설명하는 데서 멈추어서는 안 된다. 더 나아가 그 십자가가 어떻게 사탄의 권세를 꺾고, 죽음의 권세를 이기고, 이 세상 가운데 하나님의 주권을 회복하는 하나님 나라의 서막을 열었는지를 선포해야 한다. 따라서 예수의 십자가는 반드시 예수의 부활과 승천에 대한 메시지로 연결되어야 한다. 십자가 복음과 하나님 나라 복음이 균형을 이룰 때, 성도들은 개인적 구원의 감격을 넘어, 역사의 주관자이신 하나님의 위대한 드라마에 참여하는 자부심과 소명을 갖게 될 것이다.

둘째, '이미와 아직'의 현재적 실재로 천국의 개념을 확장한다. 신앙의 목표는 죽음 이후의 내세적 삶이 아니라 오늘 이 땅에서 이루어질 하나님 나라로 재강조 되어야 한다. '하나님 나라'를 강조할 때 흔히 부딪히는 오해는 그것을 단순히 '천국'과 동일시하는 것이다. 특히 천국을 '죽어서 가는 좋은 곳'이라는 미래적이고 공간적인 개념으로만 이해할 때, 하나님 나라의 현재성과 역동성은 사라져 버린다.

톰 라이트는 "성경의 핵심 소망은 이 땅을 떠나 천국으로 '가는 것'이 아니라, 하나님의 뜻이 하늘에서 이루어진 것 같이 '땅에서도 이루어지는 것', 즉 하늘과 땅이 새롭게 결합되는 새 창조에 있다."[161]라고 지적하며 우리의 천국 개념을 재정비할 것을 촉구한다.

하나님 나라는 이미 예수 그리스도의 초림으로 이 땅에 '시작되었고 already', 그의 재림으로 '완성될 not yet' 긴장 관계 속에 있다. 설교는 바로 '이미와 아직 사이'를 살아가는 성도들에게 하나님 나라가 먼 미래의 이야기가 아니라, 바로 지금 여기서 경험하고 참여하며 확장해 가야 할 '현재적 실재'임을 가르쳐야 한다. 우리의 가정, 직장, 학교, 사회가 바로 하나님 나라의 가치인 의와 평강과 희락 롬14:17[162]이 실현되어야 할 현장임을 선포해야 한다.

그리스도인은 대한민국 국민인 동시에 하나님 나라의 시민이라는 이중 시민권을 가진 자들이다. 이 정체성은 세상 속에서 소금과 빛으로 살아갈 근거가 된다. 설교는 성도들이 어떻게 이 땅의 시민으로서 충실하게 살아가면서 동시에 하나님 나라의 시민으로서 세상의 가치관을 분별하고 변혁하는 삶을 살 수 있을지 구체적인 방향을 제시해야 한다.

하나님 나라 시민양성을 위해 설교 갱신이 요구된다

하나님 나라의 시민을 길러내는 설교는 구체적으로 어떻게 변화해야 하는가? 하나님 나라의 복음은 필연적으로 교회를 '선교적 교회 Missional Church'로 변화시킨다. 예수님의 비유처럼 하나님 나라는 땅에 심겨진 겨자씨와 같으며, 서 말 가루 속에 들어간 누룩과 같기 때문이다. 겨자씨와 누룩이라는 은유의 가장 중요한 특징은 세상 나라 안으로 들어가는 하나님 나라의 침투성이다. 하나님 나라는 이 세상 역사 안에서 확장되고, 갱신하면서 새로운 세계를 구축된다는 점에서 교회는 선교적이어야 하며 그리스도인들 역시 선교사적 삶으로 부름을 받은 것이다.

레슬리 뉴비긴은 다원주의 사회 속에서 교회가 살아남기 위해서는 '안으로 모이는 attractional' 모델을 넘어, '세상 속으로 흩어지는 missional' 교회가 되어야 한다고 강조한다. 그는 선교사역 missions과 선교 mission를 구분한다. "'선교'란 말은 교회가 세상으로 보냄 받을 때 부여받는 전체적인 사명을 의미하는 것이라면 '선교사역'은 복음이 전해지지 않은 곳에 복음을 전하려고 하는 구체적인 활동을 의미한다."라고 말한다.[163] 즉 모든 그리스도인은 이 세상 속에서 하나님 나라의 시민으로 살아가는 점에서 근본적으로 선교적인 삶으로 부름을 받은 것이다. 설교자는 성도를 선교적인 삶으로 초청하기 위해 세 가지의 변화를 추구해야 한다.

첫째, 그리스도인이 선교적인 삶을 살 수 있으려면 설교자의 리더십과 메시지가 변화해야 한다. 설교자는 단순히 영적 지식을 전달하는 강사를 넘어, 회중을 세상 속의 선교사로 파송하는 '코치'가 되어야 한다.

설교 메시지는 교회 내부의 문제에만 머물지 않고, 성도들이 살아가는 세상의 구체적인 이슈들 정치, 경제, 환경, 젠더 등을 하나님 나라의 관점에서 조명하고, 그 속에서 어떻게 그리스도인으로 살아갈 것인지에 대한 지혜와 용기를 불어넣어 주어야 한다.

목회자는 세계관을 형성하는 설교가 근본적으로 인간의 욕망을 타기팅 해야 한다는 사실을 주목해야 한다. 세계관이란 근본적으로 내가 지향하는 세계에 대한 존재론적 욕망이기 때문이다.

설교를 듣고 변화되지 않는다는 말은 어쩌면 틀린 말이다. 모든 설교에는 세계관을 지향하고 있기 때문에 설교는 반드시 한 사람의 내면에 어떤 욕망을 형성한다. 설교가 기복주의 세계관을 형성한다면, 그 설교는 한 사람의 내면에 현 세상에 대한 가치를 더 욕망하게 만들

것이다. 결국, 성도가 이 세상 안에서 하나님 나라 시민으로 살아가려면, 하나님 나라를 상상하고 욕망하게 만드는 설교가 되어야 한다.

둘째, 설교자는 예배와 설교를 통합하여 욕망을 교정하는 영적 실천을 만들어 내야 한다. 세계관은 단순히 머리로 동의하는 교리의 집합이 아니다. 제임스 K. A. 스미스는 《하나님 나라를 욕망하라》에서 인간을 '생각하는 존재'이기 이전에 '사랑하고 욕망하는 존재'로 규정한다. 그는 우리의 세계관이 이성적 훈련보다는 우리가 참여하는 예배와 같은 '실천 Practices'을 통해 무의식적으로 형성된다고 주장한다. 스미스는 예배는 우리의 욕망을 교정하는 영적 체육관과 같아서, 우리가 무엇을 궁극적으로 사랑해야 하는지를 몸으로 배우게 한다고 말한다.[164]

이러한 관점에서 설교는 예배라는 큰 틀 안에서 이해되어야 한다. 설교는 단지 귀로 듣는 정보가 아니라, 찬양과 기도, 성찬으로 이어지는 예배의 흐름 속에서 성도들의 '욕망의 방향'을 하나님 나라로 이끄는 핵심적인 역할을 한다. 설교가 세상이 추구하는 성공, 안정, 쾌락이라는 '좋은 삶'의 내러티브를 해체하고, 하나님 나라가 제시하는 '위대한 삶'을 매력적으로 그려낼 때, 성도들은 자연스럽게 세상의 가치관이 아닌 하나님 나라의 세계관을 내면화하게 될 것이다.

그런 점에서 월터 브루그만은 설교는 상상의 행위라고 말한다. 곧 어떤 이미지를 제공하여 세상을 새롭게 바라보고 욕망하게 만드는 작업이라는 의미이다. 그러므로 설교자와 회중은 설교 시간과 장소를 상상력을 발휘하는 시간과 장소로, 즉 성경의 복음적인 대본에 따라 현실의 이미지를 바꾸는 시간과 장소로 재구성할 수 있다. 그 결과, 설교가 제대로 작동한다면 "설교는 본인이 그동안 확신했던 대본을 버리고 상상의 차원에서 자신의 인생을 다르게 얘기해 주는 다른 대본에 들어가도록 청중을 초대한다."[165]라고 말한다.

셋째, 설교자는 상상력을 통하여 설교해야 한다. 시인의 언어로 하나님 나라를 그려야 한다. 하나님 나라는 종종 우리의 이성적 이해를 넘어선다. 따라서 하나님 나라를 설교할 때는 논리적 설명과 더불어 '상상력'을 자극하는 방식이 매우 중요하다. 예수께서 비유를 즐겨 사용하신 이유도 여기에 있다. 비유는 듣는 이로 하여금 익숙한 세계를 낯설게 보게 하고, 하나님 나라의 새로운 가능성을 상상하게 만드는 힘을 가진다. 제임스 K. A. 스미스는 《하나님 나라를 상상하라》에서 우리는 세계관을 생각하기 전에 먼저 이미지, 이야기, 은유를 통해 세계관을 흡수한다고 말하며, 설교가 성도들의 '사회적 상상력 Social Imaginary'을 사로잡아야 한다고 주장한다.

설교자는 딱딱한 교리 설명 대신, 성경의 내러티브와 생생한 이미지, 강력한 은유를 사용하여 하나님 나라가 얼마나 매력적이고 소망스러운 곳인지를 그려내야 한다. 성도들이 설교를 통해 하나님 나라를 '상상'할 수 있을 때, 비로소 그들은 그 나라를 '욕망'하고 그 나라를 위해 헌신하게 될 것이다.

　기독교 세계관을 형성할 수 있는 설교는 논증을 넘어 '시적 행위 Poetic Act'가 되어야 한다. 탈 기독교 시대의 사람들은 더 이상 교회의 권위나 논리적 설명에 쉽게 마음을 열지 않는다. 그러나 그들의 마음을 움직일 수 있는 것이 있다. 바로 아름다움과 진실함이 담긴 '이야기'와 '시'이다. 한 설교학자는 "설교는 세계를 재구성하는 힘을 가진 시적 언어를 사용해야 한다. 그것은 듣는 이들의 상상력을 해방시켜, 당연하게 여겼던 현실 너머에 있는 하나님의 대안적 세계를 보게 해야 한다."라고 말한다. 설교자는 논리적이고 분석적인 좌뇌의 언어뿐만 아니라, 이미지와 은유, 감성과 직관을 아우르는 우뇌의 언어를 사용하여 하나님의 진리를 선포하는 '시인'이 되어야 한다. 메마른 현실에 생명의 단비를 내리는 시인의 언어처럼, 설교는 성도들의 지친 영혼에 생기를 불어넣고 하나님 나라를 꿈꾸게 해야 한다.

시인이 온다

균형 잡힌 기독교 세계관을 건축하는 설교로의 여정은 결코 쉽지 않다. 그것은 설교자 자신의 안일한 신학적 틀을 깨고, 끊임없이 배우고 성찰하며, 시대를 향한 하나님의 음성에 민감하게 귀 기울일 것을 요구한다. 설교의 목표를 개인 구원에서 하나님 나라로, 그 내용을 축소된 복음에서 통전적 복음으로, 그 방법을 정보 전달에서 상상력을 자극하는 예언자적 선포로 전환하는 것은 하나의 혁명과도 같다.

이 길은 우리가 반드시 가야 할 길이다. 교회가 세상의 소금과 빛으로서의 공적 신뢰를 회복하고, 성도들이 각자의 삶의 자리에서 의미 있는 하나님 나라의 시민으로 살아가게 하기 위해, 강단의 변화는 필수적이다.

설교자가 강단에 설 때, 그는 더 이상 지식 전달자나 프로그램 진행자가 아니다. 그는 하나님의 마음으로 시대를 애통하고, 하나님의 약속으로 새로운 세계를 노래하며, 성도들의 상상력을 해방시켜 하나님 나라의 현실로 초대하는 '시인'이 되어야 한다.

강단마다 진리의 말씀을 시처럼 노래하는 예언자적 시인들이 세워질 때, 한국교회는 비로소 세상을 향한 희망의 빛을 다시 밝힐 수 있을 것이다. 그 거룩한 시인들이 오기를, 그리고 바로 우리가 그 시인들이 되기를 소망한다.

PASTORAL MINISTRY TREND 2026

권오국 목사

이리신광교회 담임이다.
저서로 《행복, 다시 정의하다》, 공저로 《살리는 설교》 등이 있다.

2 세상의 빛과 같은 그리스도인을 위한 설교

진짜 복음을 선포하라

'교회 안의 모범 교인이면서 교회 밖, 사회에서도 시민으로서 선한 영향력을 발휘하고 있는가?'라는 질문에 당신은 설교자로서 어떤 대답을 할 수 있을까? 신앙인과 시민으로 균형 잡힌 그리스도인을 양성할 책임을 지닌 목회자는 설교 준비를 어떻게 해야 할까?

목회자는 설교할 때 교인을 교회 안에 가둬서는 안 된다. 삶 속에서 신앙을 증거 할 수 있도록 설교해야 한다. 구체적으로는 오늘의 우리 신앙이 사회에서 영향력을 발휘할 수 있어야 한다. '어떻게 그리스도인들이 사회 속에서 영향력을 미칠 것인가?'를 교회가 마땅히 가르쳐야 한다.

어느 시점부터 한국교회의 설교에 두 가지 흐름이 있다. 하나는 윤리적이고 책임 있는 삶을 굉장히 강조하면서, 교회 안에서의 신앙은 그것은 마치 신앙이 아닌 것처럼 이야기하는 사람이다. 또 다른 하나는 진짜 복음의 가치, 복음의 능력 그것을 중요하게 여기면서 설교하는 그룹이다.

설교가 삶에 영향력을 미칠 수 있기 위해서 우리가 윤리적으로 도덕적으로 어떻게 살아야 할 것인가를 가르치는 것도 중요하지만, 삶이라고 하는 것은 근본적으로 내가 어떻게 살아야 할 것인가? 라는 것, 그 물음에서부터 나오는 대답이어야 한다. 여기서 삶이란 '진짜 복음을 알고 복음의 신앙 위에 서서 복음으로 사는 삶'이다. 왜냐하면, 복음이 우리 삶의 뿌리이고 바탕이고 힘이기 때문이다.

오늘 한국교회의 문제는 책임지는 삶이 부족하기도 하지만, 그 삶이 어디에서부터 오는 것인지 모른다는 것이다. 그것은 복음의 능력, 진짜 복음적인 삶이어야 한다. 근래에는 진짜 복음적인 삶이 많이 희박해졌다. 이를 회복하기 위해 목회자는 강단에서 '진짜 복음'을 전해야 한다.

종교개혁 이후 청교도가 세상에 대해 어떤 태도를 취했는지를 김민호는 이렇게 이야기한다. "종교개혁 이후 그리스도인의 정치참여에 관한 시각은 두 가지 유형으로 나눠진다.

먼저 청교도 Puritan의 경우에는 이에 적극적인 자세를 취했다. 미국에서 청교도 연구로 저명한 하버드 대학교의 페리 밀러는 청교도 운동을 다음과 같이 두 가지로 분류한다. 첫째는 개인의 성화이고, 둘째는 언덕 위의 도시를 어떻게 건설한 것인가? 곧 사회의 성화이다.

이 두 가지는 각기 분리되는 게 아니다. 청교도들은 개인의 성화에 직접적인 영향을 끼치는 게 사회라는 사실을 파악하고 '어떻게 사회를 성화시킬 것인가?'를 고민했다. 그들은 이러한 두 가지 성화가 갖는 밀접한 관련성을 일찍이 알았기 때문에 이를 함께 생각하지 않을 수 없었다. 그래서 그들은 개인과 사회의 성화를 함께 생각하며 이를 위해 부단히 노력했다."[166]

청교도의 입장은 개인이 먼저 변화되어야 사회 모든 영역 구석구석이 개혁될 수 있다는 것과 사회는 교회의 연장선이며 확대판이라는 것이다. 따라서 복음으로 개인이 먼저 변화를 받아야 한다고 말한다.

전 백석대학교 부총장 주도홍은 스위스의 종교 개혁자이자 복음적 강해 설교를 내세웠던 츠빙글리 Huldrych Zwingli, 1484-1531에 대해서 이렇게 이야기한다. "츠빙글리에게 개혁은 말 그대로 종교의 개혁으로 끝나지 않으며 모든 삶의 총체적 개혁이었다. 츠빙글리의 신학은 한마디로 공적 삶 Public Life 까지를 포함한다. …츠빙글리의 개혁은 개개인을 변화시키는 것뿐 아니라, 공동체의 삶을 변화시키는 것을 목표로 하고 있다는 것이다. 언젠가부터 이론에 빠진 한국 개혁신학은 이 점을 츠빙글리로부터 배웠으면 한다. 사실 한국에 복음을 가져온 초대 선교사들은 복음전파와 함께 모든 삶을 복음으로 변혁하려는 강한 의지와 실천을 하였던 사람들이었다."[167] 츠빙글리는 개인과 공동체의 삶의 변화를 말한다.

고신대학교 우병훈 교수는 츠빙글리에 대해 이렇게 말한다. "기독교가 전체 사회에 스며드는 누룩이며, 세상이 말씀으로 변화되기까지는 쉬지 아니하는 이 땅의 소금이며 힘이라는 것을 종교개혁자들

가운데 츠빙글리보다 더 잘 인식한 사람은 없었다. …츠빙글리는 복음 안에서 그리스도인의 전체 삶을 재형성하고 갱신하고자 했던 말씀의 선포자였다."[168] 츠빙글리는 삶의 변화를 강조한다. 바람직한 기독교인이라면 또 바른 신앙인이라면 그 신앙이 교회 안에서 어떻게 인정을 받고 존중을 받는 것과 더불어서 그 신앙이 사회 속에 어떤 영향을 미칠 것인가에 관심을 가져야 한다.

세상의 변화는 교인의 신앙과 삶이 변화로 가능하다. 교회가 세상에 영향력을 발휘하려면 '바른 신앙의 삶 속에서 어떻게 영향을 미칠 것인가'가 먼저다. 목회자에게는 신앙적 경향이 교인들의 삶 속에 어떻게 영향을 미치게 할 것인가가 제일 중요한 가치관이다. 그러므로 목회자는 사람을 변화시키는 데 중점을 두어야 한다. 사람의 변화는 진짜 복음이 전해질 때 이뤄진다.

성령의 도우심을 구하라

설교를 준비할 때 기도하며 성령의 인도하심을 구해야 한다. 기도로 준비하는 설교는 기도 없이 준비하는 설교와는 차원이 다르다. 결국, 성령이 임하셔야 설교를 듣는 청중들에게 변화와 역사가 일어난다. 그러면 교회 안의 '내적인 의'에서 '외적인 의'가 되어 세상으로 뻗어 나간다. 이 모든 것을 결정하는 것이 성령이다.

우리가 성령의 도우심을 구할 때 필요한 것은 세 가지다. 첫째, 신앙과 삶에 대한 문제에 성령의 역사가 중요하다. 신앙생활에서 정말 중요한 것이 '임마누엘'이다. 오늘 우리에게 임마누엘이 무엇인가? 예수 그리스도의 복음이지만 그 복음을 복음으로 깨닫고, 그 복음으로 살게 하는 것은 전적인 성령의 역사이다. 성령께서 우리로 하여금 예수를 알게 하고, 믿음으로 우리를 이끌어 주시는 가운데 우리가 신앙고백을 하게 된다. 고린도전서 12장 3절은 "그러므로 내가 너희에게 알리노니 하나님의 영으로 말하는 자는 누구든지 예수를 저주할 자라 하지 아니하고 또 성령으로 아니하고는 누구든지 예수를 주시라 할 수 없느니라"라고 말씀하신다. 예수가 그리스도라는 사실을 인정하고 믿음으로 영접해야 하나님의 자녀가 되는 권세를 받게 된다. 이것이 성령이 역사다.

둘째, 우리가 하나님의 자녀 됨을 살아낼 수 있는 능력은 성령의 은사다. 은사는 지혜, 지식, 병 고침, 믿음, 방언 등 여러 가지가 있다. 이 은사는 하나님의 자녀로서, 그리스도인으로서 살아갈 수 있는 실제적인 능력이다. 이것은 교회 안에서만 역사하는 것이 아니다. 요셉은 그 믿음이 삶 속에서 나타났다. 보디발이 요셉을 귀중하게 여겼다. 창세기 41장에서 바로 왕이 요셉을 애굽의 총리로 발탁을 할 때 이렇게 이야기한다. "바로가 그의 신하들에게 이르되 이와 같이 하나님의 영에 감동된 사람을 우리가 어찌 찾을 수 있으리요 하고 요셉에게 이르되 하나님이 이 모든 것을 네게 보이셨으니 너와 같이 명철하고 지혜 있는 자가 없도다 창 41:38-39."

요셉에게서 지혜를 볼 수 있다. 성령은 우리에게 그리스도인으로서 살아가게 하는 능력이 되신다. 성령으로 말미암아 예수 그리스도를 믿음으로 고백하는 모든 사람에게는 성령의 은사가 일어난다. 성령으로 말미암아 우리가 그리스도인다운 능력을 세상에서 발휘하며 살 수 있게 된다.

셋째, 인격의 변화는 성령의 열매다. 갈라디아서 5장에서 성령의 9가지 열매를 이야기한다. 이는 예수 그리스도의 인품, 인격, 성품이다. 성령이 우리에게 오셔서 그 성령이 우리의 인격을 통해서 삶의 열매 즉 희락과 화평과 같은 열매를 맺게 하신다. 사람은 예수님 안에서, 성령 안에서 바뀐다. 사람의 변화는 인격적인 변화이다. 인격이 변화된 사람이 살면 그 사람이 있는 주변에 변화가 일어난다. '사회적인 영향력'이라고 하는 것은 거대한 이슈나 격렬한 시위로 드러나는 것이 아니다. 그리스도인이 자기 삶의 현장에서 살아내는 '삶과 인격'인 것이다. 우리는 성령을 의지해야 한다. 설교로 세상의 빛과 같은 그리스도인을 만들려면 목회자는 설교할 때 성령을 의지해야 한다. 지혁철 목사는 설교자가 '성령을 의지해야만 하는 이유'에 대해서 이렇게 이야기한다. "설교는 인간 저자의 작품이다. 설교자가 묵상하고, 글을 쓰고, 강단에서 말씀을 전하고 나누고 가르치고 선포한다. 그러나 설교가 선포되는 하나님 말씀이라면 궁극적인 설교의 저자는 하나님일 수밖에 없다. 이 단순한 사실이 설교자에게 무엇보다 중요하다. 설교자는 성령을 의지해야 한다. 설교 준비를 시작할 때부터 성령의 의지해야 한다. 설교자는 말씀을 준비하면서 성령의 조명을 구해야 한다. 성령께서 인도해 주시길, 영감을 불어넣어 주시길, 원저자인 하나님의 마음을 깨닫게 되길 구해야 한다."[169]

"성령이 함께하시지 않는 설교는 하나님 말씀이 아니라 사람 소리에 지나지 않으며, 성령이 함께하시지 않는 설교자는 하나님 말씀을 전하는 사람이 아니라 자기주장을 떠들어대는 사람에 지나지 않는다. 성령을 의지하는 설교자가 누리는 특권이 있다. 설교에서 만루 홈런을 친다고 우쭐댈 일이 없어진다. 교만한 마음 원천 봉쇄! 삼진, 땅볼, 심지어 병살타를 친다고 해서 기죽을 이유가 전혀 없다. 죄책감 원천 봉쇄! 아름다운 일이다."[170] 목회자가 설교하는 이유는 세상의 빛과 같은 그리스도인을 만들기 위함이다. 그런 그리스도인을 만드는 것은 진짜 복음이 선포될 때 된다.

설교의 핵심은 '진짜 복음이 무엇'이고, '복음적인 삶이 무엇인지'를 바르게 전하는 것이다. 설교로 복음이 드러나고 복음이 그리스도인의 삶에 나타나는 것은 온전히 성령의 역사이다. 그러므로 목회자는 설교를 준비할 때 성령의 역사를 구해야 한다.

남는 설교를 해야 한다

설교자는 '남는 설교'를 해야 한다. 남는 설교는 설명하는 설교가 아니다. 설명이 많은 설교는 지루하다. 이는 듣는 사람이 인내하며 듣는 설교이고 견디기가 어렵다. 하지만 남는 설교는 감동을 주기 때문에 이와 다르다. 남는 설교를 통해 감동을 받은 자는 세상을 감동시킨다. 그 감동은 교인을 사명자로 변화시킨다. 또한, 교인이 시민으로서 선한 영향력을 발휘할 수 있도록 강력한 동기부여를 준다.

남는 설교를 하려면 설교 강단은 브로드웨이 무대가 되어야 한다. 설교는 한 편의 드라마가 되어야 한다. 설교자의 설교는 사람들이 드라마를 손꼽아 궁금해하며 기다리듯이 기대하는 것이 되어야 한다. 영상이나 유튜브, 넷플릭스로 몰려간 교인들을 다시 말씀의 강단으로 관심이 쏠리게 해야 한다.

설교자는 예술가가 될 때, 남는 설교를 할 수 있다. 설교자가 전문적인 예술가가 될 수는 없지만, 설교 한 편을 작품으로, 드라마로 만들 수는 있다. 예술가가 된 설교자는 청중을 이성으로 설득하고 감성으로 감동으로 전한다. 이렇게 감동을 주는 한 편의 작품인 설교를 준비하기 위해 설교자는 몸부림쳐야 한다.

설교자가 몸부림쳐야 할 부분은 성경에 나타난 '하나님의 흔적'이다. 우리는 이것을 '은혜'라고 부른다. 이 흔적을 설교를 듣는 사람들에게 선명하게 드러내고 보여줄수록 사람들은 감동을 받는다. 감동을 받으면 사람은 움직이게 마련이다. 교인이 시민으로서의 역할도 잘 감당하게 된다. 《네 페이지 설교》를 쓴 폴 스콧 윌슨 교수는 설교를 준비하는 이들에게 설교 준비 과정에서 가장 시간이 오래 걸리며 어려운 부분은 두 가지라고 한다. 하나는 성경 본문 속의 은혜이다. 다른 하나는 오늘 우리 삶 속의 은혜이다.

설교자는 이 하나님의 은혜를 보물찾기하듯이 찾아야 한다. 쉽지 않은 일이다. 하지만 꼭 해야만 하는 일이다. 하나님의 은혜를 청중들에게 드러낼 때 듣는 이들이 감동한다.

남는 설교는 하나님의 은혜를 드러내는 설교이다. 그래서 사람들에게 감동을 준다. 설교자는 하나님의 은혜에 집중하고 그 은혜를 드러내야 한다. 그럼으로써 설교자는 청중들을 세상의 신앙인으로서 그리고 시민으로서 세상에서 빛과 같이 살 수 있도록 동기를 부여한다.

설교는 A+ 교인을 향해서 해야 한다

정필도 목사는 '설교에 관하여' 한 목회자와 대화를 나누었다. 그 자리에서 정필도 목사는 설교는 이렇게 하라고 자신의 설교 노하우를 알려줬다. "설교는 A+ 교인들을 향해서 하는 겁니다. A+ 설교가 무엇입니까? 복음을 증거하는 목사의 설교가 교인들의 부족함, 잘못됨, 연약함을 비난하거나 책임을 추궁하거나 압력을 가하면 설교가 안 됩니다. A+ 설교가 무엇이냐 하면? 정말로 교인들이 A+100% 신앙인이라는 사실을 인정하고 그들을 향해 메시지를 선포해야 합니다. 진짜 교인들에게 바람직한 신앙의 삶이 무엇인지를 목사가 설명해주고 격려해주고 축복해주고 칭찬해주고 그들을 그렇게 이끌어 가면 비록 F 학점의 교인일지라도 '신앙생활을 저렇게 하는 거구나' 하고 따라오게 됩니다. 그런데 교인들을 가르치고 바르게 세워야 되겠다고 하는 마음으로 F 학점에 맞추면, 비난하고 비판하고 책망하게 됩니다. 그러면 결국 '그러면 안 되는 겁니다!' 이런 흐름으로 계속해서 설교하게 됩니다. 목사가 설교할 때, 그래도 교회에 나와 앉아있는 사람들은 F 학점의 교인들이 아니라 '믿음으로 살아보자!'고 생각하고 교회에 앉아 있는 사람들입니다. 이들을 향해서 목사가 책망하는 설교를 하면서 책임을 추궁하고 압력을 가하면 신앙이 자라지 않습니다. 아마도 다수의 목회자들이 윤리 도덕적인, 책임적인 삶을 이야기하다보면, '아닙니다!', '이렇게 살 면 안 됩니다!' 이렇게 일방적으로 강요하고 억누르는 이야기를 계속하게 되면 교인들이 더 무거운 책임의 짐을 지게 됩니다. 하지만 사람을 칭찬하면 사람이 밝아집니다. 목사의 설교가 무엇을 반드시 해야 한다는 식으로 이야기하면, 예를 들어 '뭐 해야 돼', '기도해야 돼', '착하게 살아야 돼'. 이렇게 되면 설교를 듣는 사람에게 부담과 짐이 되고 삶은 더더욱 그렇게 안 됩니다. 소위 말하면 이런 설교는 '복음적 율법'이 됩니다."

　A+ 교인, 즉 100점짜리 교인은 진짜 교인이다. 그들에게는 흠잡을 것이 없다. A+ 교인이 들은 설교대로 삶을 살면 그렇지 않은 교인이 신앙생활을 저렇게 해야 한다는 것을 배운다. 만약에 F 학점 짜리 교인에게 맞춰 설교하면 비난하고 비판하고 책망하는 설교가 된다.

　목회자가 교인들을 가르치려고 지적하는 설교나 율법적이고 윤리적인 설교는 교인들에게 부담만 된다. 따라서 이런 설교는 지양해야 한다. 그 대신에 'A+ 교인에게 설교하는 것'에 집중해야 한다. 설교란 교인들을 지지하고 격려하며 칭찬하는 것이 먼저이기 때문이다.

PASTORAL MINISTRY TREND 2026

김지겸 목사

오클랜드감리교회(뉴질랜드) 담임이다.
공저로 《다음세대 셧다운》, 《목회트렌드 2025》 등이 있다.

3 감성과 이성의 균형 잡힌 설교

신앙과 시민으로 균형 잡힌 설교가 필요하다

소설가 김영하의 꿈은 소설가가 아니었다. 그의 꿈은 되고 싶은 '무엇'이 아니라 되고 싶은 '상태'였다. 그리스도인의 삶도 '무엇'보다 '상태'가 중요하다. 우리가 무엇이 되었다고 신앙인과 시민으로의 균형 잡힌 삶을 사는 것은 아니다. 우리가 그런 '상태'가 되었을 때 우리는 신앙인과 시민으로 균형 잡힌 삶을 살아갈 수 있다.

"어렸을 때 나의 꿈은 어떤 직업이 아니었다. 나는 두 가지의 '상태'에 이르고 싶었다. 유능과 교양. 무엇이든지 잘 해내는 사람이 되고 싶었고, 교양 있는 사람이 되고 싶었다…무례하거나 나를 무시하는 느낌이 들지 않았다. 나도 어서 그런 사람이 되고 싶었다."[171]

김영하는 자신의 꿈을 '유능함'과 '교양'이라는 두 가지 상태로 표현한다. 그중 교양을 "무례하지 않고, 타인을 불편하게 하지 않는 태도"라고 정의한다. 이는 단순한 인문학적 감상이 아니라, 오늘날 신앙인과 시민 모두에게 요청되는 삶의 자세다.

교양은 한마디로 정의되기 어렵지만, 우리가 일상적으로 느끼는 상식적인 태도, 지극히 평범하고 당연한 태도에 가까운 개념이다. 나를 무시하지 않고, 타인을 불쾌하게 하지 않으려는 배려와 공감의 태도가 곧 교양이다. 우리는 이를 신앙과 시민 사이의 균형 잡힌 '상식'이라 부를 수 있다.

오늘날 한국교회를 바라보는 사회의 시선은 우려에 가깝다. 무례한 언사, 타자에 대한 배제, 정치적 편향과 이념적 갈등, 그리고 신앙의 이름으로 행해지는 비상식적인 사건들로 인해, 교회는 신앙인으로서의 품위와 시민으로서의 교양을 상실한 모습으로 비치고 있다. 이것은 단지 이미지의 문제를 넘어 교회 공동체의 본질적 위기이다.

사유하는 감성과 이성의 균형을 이룬 설교가 필요하다

"나는 생각한다. 고로 존재한다."

데카르트의 이 선언은 인간 존재의 본질을 꿰뚫는 말이다. 그리스도인은 사유하는 사람으로 세상을 살아야 한다. 우리가 깊은 사유로 사는 것은 단순한 지적 활동이 아니라 삶을 품고 살아내는 영적 실천이다.

철학자들이 말하는 사유는 단지 이론의 시작이 아니라 존재 자체를 인식하고 해석하려는 시도이다. 틀 안에 갇혀 있는 자신을 새로운 틀 안으로 이끌려는 생각이 사유하는 삶이다. 자신이 늘 생각하고 있는 사고를 새로운 틀로 옮겨 사건으로 만드는 생각이 사유하는 삶의 태도다. 사고는 당하는 것이지만 사건은 자신이 만들어 갈 수 있는 힘이다. 결국, 사유란 같은 생각이라도 새로운 생각을 융합시킬 수 있는 능력이다.

유영만은 새로운 생각은 새로운 생각과 생각들이 융합될 때 일어난다고 설명한다. "새로운 생각은 새로운 생각의 재료가 융합될 때 탄생한다. 생각의 재료는 다름이 아닌 개념이다. 아무리 위대한 생각이 있어도 그 생각을 표현하는 개념이 없으면 세상에 나오지 못한다."[172]

그리스도인이 사유 없이 신앙 생활하면 만들어지는 것은 반지성주의이다. 기독교는 본래 사유를 요구하는 신앙이다. 사유 없는 기독교가 되면, 신앙은 공허하고 무례해진다. 깊은 성찰 없이 받아들인 신앙은 결국 반지성주의로 흐른다. 사유 없는 반지성주의는 새로운 변화와 성숙을 방해한다. 최종원은 《거꾸로 읽는 교회사》에서 반지성주의가 가져오는 영향에 대해서 다음과 같이 말한다. "그는 반지성적이라고 부르는 태도와 사상을 하나로 묶는 공통 요소가 '정신적 삶을 대표 한다고 생각하는 사람들에 대한 분노와 의심 생명의 가치를 끊임없이 최소화 하려는 성향'이라고 보았다. 이렇듯 변화하는 세계를 읽어내는 지식인의 역할에 대한 혐오와 생명의 가치를 무시하는 경향이 대두되면서, 인간의 삶이나 제도, 시화 운동의 진보를 막아서게 된다."[173] 반지성적인 신앙인은 시민으로서의 삶을 사는데 방해자가 될 확률이 높다. 어릴 적 목사님들에게 들은 말이 있다. "보지 않고 믿는 자가 복되도다." 질문을 품는 것조차 불신앙처럼 느껴졌다. 이런 신앙은 맹목적 신앙으로 이어진다. 이 신앙은 공공의 논의나 탐구의 대상이 아닌, 개인의 감정과 폐쇄적 집단의 확신으로 좁혀진다.

반지성주의 극복의 열쇠는 감성과 이성의 균형 잡힌 설교에 있다. 사람의 마음을 울리는 감성과, 삶을 해석하고 이끄는 이성이 함께 어우러지는 설교가 강단에 절실하다. 반지성주의는 감성과 이성의 불균형에서 시작된다. 감성만 강조하면 신앙은 맹신과 맹종으로 흐른다. 이성만 강조하면 신앙은 건조한 교리주의나 율법주의로 흐른다.

감성과 이성이 조화를 이루는 설교는 단지 설교 기법의 문제가 아니다. 교회의 정체성과 생존을 결정짓는 본질적인 문제다. 결국, 설교자의 공감 능력과 이성적 통찰력을 함께 갖출 수 있는 부단한 노력이 필요하다.

예수님처럼 감성과 이성이 균형을 이루는 설교자로 서야 한다

예수님의 설교는 감성과 이성의 균형이 이루는 설교의 좋은 사례다. 특히 예수님은 비유라는 형식을 통해 누구나 이해할 수 있는 이야기로 사람들의 마음을 움직이고, 동시에 깊은 진리를 사유케 하신다. 이러한 접근은 청중의 감정에 호소하면서도, 지성적 이해를 자극하는 설교의 본보기이다.

비유는 일반적인 커뮤니케이션과는 다른 메타인지를 통해서 그 의미가 전달된다. 메타인지란 지금 전하고 있는 이야기가 상당한 지적 수준과 교양을 갖추고 있음을 전해하여 이야기 속에 다양한 의미를 전달한다는 것을 의미한다.

우치다 다쓰루는 메타인지를 통한 커뮤니케이션은 그 전달력 면에서 가장 우수한 소통의 방식이라고 설명한다. "커뮤니케이션은 메시지와 메시지의 독해 방식을 지시하는 메타메시지, 이렇게 두 가지 층위로 구성되어 있다. 지금부터 내가 말하는 것은 당신들이 지적으로 충분히 성숙하다는 것을 전제로 한다는 독해 방식을 지시하는 것은 메타 메시지이다. 그 메타 메시지를 독자가 놓치지 않고 수신해 주면 커뮤니케이션 회로가 열린다."[174] 메타 메시지가 커뮤니케이션 회로를 여는 열쇠이다.

그는 예수님의 비유 설교가 듣는 사람에게 초점이 맞춰져 있다고 한다. "예수는 주로 쉽게 지니거나 가까이 두고 쓰는 물건을 소재로 구체적인 비유를 들었는데 그것이 종교적으로 무엇을 의미하는지 명시하지 않았다. 듣는 사람에게 해석을 맡겼다. 세상에 처음부터 감춰진 것들에 관해 말하려면 비유를 거칠 수밖에 없다."[175]

그는 비유는 사람의 내면에 해석 활용을 부활시킬 만큼 효과가 강력하다고 한다. "비유는 듣는 사람의 내면에 있는 해석 활동을 부활시킨다. 해석하는 과정에서 얻는 지혜는 주어진 지혜가 아니라 스스로 만들어 낸 지혜이다."[176]

그 대표적인 본문이 바로 누가복음 15장, 이른바 '탕자의 비유'다. 이 비유에서 돌아온 탕자, 그를 맞이한 아버지, 그리고 여전히 형을 이해하지 못하는 형의 모습은 듣는 이들에게 감동을 선사했다. 이 설교는 감성의 차원을 넘어, 청중을 영적 의미의 깊이 있는 사유로 이끌었다. 회개와 용서, 은혜와 율법, 아버지의 사랑과 인간의 반응이라는 복합적인 진리가 이야기 속에 담겨 있었다. 우리는 탕자의 설교로 복합적인 메시지를 경험한다. '아버지의 사랑을 느끼고, 탕자의 회개를 이해하며, 형의 답답함을 공감하고, 하나님의 구속적 계획과 인간의 자유의지를 함께 사유하게 된다.'

예수님의 비유 설교는 세상이 공감할 수 있는 이야기가 된다. 즉 감성과 이성이 균형을 이룬 설교는 단지 청중을 감동시키는 것을 넘어서, 삶을 변화시키는 설득의 힘을 가진다. 그리고 이러한 설교는 감성과 이성을 모두 품은 설교자에게서 시작된다. 감동을 줄 수 있는 감수성과, 논리적으로 설득할 수 있는 사유 능력을 겸비한 설교자는 오늘날과 같은 반지성주의 시대에 더욱 절실한 존재다. 건강한 신앙인은 감성과 이성이 조화를 이루는 말씀을 통해 세워진다.

우치다 다쓰루는 비유 설교가 주는 힘은 반지성주의를 뛰어넘을 뿐 아니라 성숙한 신앙 공동체를 형성하는데 매우 중요한 요소라고 강조한다. "비유는 구체적이지만 잘 생각해 보면 이상한 이야기입니다. 구체적이면서 알기 어려운 이야기이지요. 그런 이야기를 들으면 우리 지성의 기어가 한 단 올라갑니다."[177]

설교자가 예수님처럼 비유로 설교할 수 있으면 교인이 종교적인 성숙과 시민으로서의 멋진 삶을 살 수 있게 된다. 성숙한 신앙인이 모인 공동체는, 신앙인으로서의 정체성과 시민으로서의 책임을 함께 살아가는 교회를 이룬다. 감성과 이성의 균형이 살아있는 설교는 개인을 변화시키고, 공동체를 새롭게 하며, 세상 속의 교회를 건강하게 세우는 힘이 된다.

바울은 신앙인과 시민으로 살아가는 설교자이다

사도 바울은 어디서든 사람들과 논쟁하고 설교했으며, 공동체를 형성하고 복음을 전하는 데 매우 진취적이고 활동적인 인물이었다. 그는 회당, 광장, 심지어 왕과 황제의 뜰에서도 대중과 소통한 외향적인 사역자였다.

바울은 이성과 감성을 겸비한 설교자이다. 명백히 논리적인 설교자였지만, 결코 감성을 배제한 이성주의자만은 아니었다. 그의 서신들은 논리적 수사학의 결정체이지만, 동시에 감정과 눈물로 가득한 인간적인 호소가 담겨 있다.

고린도 교회에 보낸 서신에서 그는 다음과 같이 고백한다. "내가 마음에 큰 눌림과 걱정이 있어 많은 눈물로 너희에게 썼노니… **고후 2:4**." 수많은 문제를 안고 있는 고린도교회에 바울은 단호하고 논리적인 권면으로 문제를 지적한다. 그의 권면은 정죄가 아니라 회복을 위한 것이었다. 그는 설교를 문제 해결의 도구로만 사용하지 않았다. 오히려 감성과 이성의 조화를 통해 공동체를 살리고, 관계를 회복하고자 했다. 이처럼 바울의 설교는 청중의 생각만을 자극하는 것이 아니라, 마음을 움직이고 삶을 변화시키는 통합적 설교였다.

바울의 설교는 복음을 개인의 내면적 체험에 가두지 않았다. 복음을 공적인 삶, 사회적 책임, 시민적 태도로까지 확장해냈다. 그의 설교는 단순한 종교적 감정의 전달이 아니라, 공동체 윤리와 신앙인의 삶의 기준을 제시하는 도구였다. 그는 다음과 같이 말한다. "즐거워하는 자들과 함께 즐거워하고, 우는 자들과 함께 울라 **롬 12:5**." 바울의 감성적 공감 능력이 잘 드러난다. 이 감정적 공감은 단지 정서적 친밀감을 넘어서, 하나님의 사랑과 정의가 공동체 안에서 구현되도록 이끄는 윤리적 권면이다.

바울은 신앙을 개인의 사적 경험에 국한하지 않았다. 그는 공동체적 삶, 공공의 자리에서 책임을 다하는 시민으로서의 신앙을 강조했다. 이런 사도 바울의 신앙 확장은 신앙은 개인을 넘어 세상의 공공성을 이루어 가는데 중요한 실천적 신앙의 모습을 보여준다. 이와 같은 바울의 사역이 가져온 결과는 현대 공공신학의 가장 중요한 개념이 되었다. "종교는 단순히 개인적이거나 사적인 경건의 문제가 아니라 경제와 시민 사회, 국가, 문화 같은 공적 영역의 모든 양상에서 신자의 삶에 영향을 미친다."[178] 일레인 그레이엄은 기독교에 공적 중요성이 강조되어야 한다고 말한다. "스택하우스가 보기에 공공이 개인을 위한 영성화되고 사사화된 신앙이라는 개념에 대한 절대적 거부라면 그 귀결은 종교가 지닌 영향력의 공적 중요성에 대한 강조다."[179] 사도 바울의 설교는 신앙의 개인적인 강렬한 회심, 개인의 헌신과 함께 예배 공동체라고 하는 특수한 공공선을 이루는 공동체적 신앙 형성이다. 또한, 공동체의 공공선을 통해 신앙이 사회적 윤리성에 영향을 미쳐 사회, 지역, 민족, 국가에 지침을 제공하고 영향을 미쳤다.

미래 목회는 질문하는 설교자, 사유하는 공동체여야 한다

다가올 미래 목회에서 교회 공동체를 건강하게 세워가기 위해 목회자에게 요구되는 삶은 예수님의 사역에서 그 본을 찾을 수 있다. 예수님은 군중에게 정답을 강요하는 교사가 아니셨다. 오히려 사람들에게 질문을 던지시며, 그 질문을 통해 각자가 스스로 신앙을 점검하고 결단하도록 이끄셨다. 그분은 진리로 이끄는 길을 직접 제시하시기보다, 길을 스스로 찾게 하시는 질문자셨다.

오늘날 설교자 역시 마찬가지다. 설교자는 정답을 말하는 권위자가 아니라, 질문을 던지고 사유를 여는 목회자여야 한다. 회중이 본질적인 질문 앞에 서도록 인도하는 것이 설교자의 책임이며, 그 질문을 통해 회중은 수동적인 청중에서 능동적인 신앙인으로 자라게 된다. 질문의 깊이가 곧 신앙의 깊이이며, 질문의 넓이가 곧 공동체의 품이 된다.

이제 설교는 더 이상 뻔한 답을 제시하는 해설서가 되어서는 안 된다. 설교는 회중에게 숙제를 던져주는 여정이어야 하며, 그 여정 속에서 사유, 묵상, 질문, 결단의 순환이 일어나야 한다. 설교 후 청중이 스스로 질문을 던지고, 그 질문 속에서 신앙을 사유하고 고백으로 이어진다면, 그 공동체는 진정한 믿음의 공동체가 될 수 있다.

2026년 한국교회 설교는 신앙성과 시민성의 균형을 지향하는 것에 중점을 두어야 한다. 현실 속에서 책임을 다하는 시민으로서의 정체성과, 하나님 앞에서 고백하는 신앙인으로서의 정체성이 조화를 이룰 수 있도록 이끌어야 한다. 믿음은 교회 안에서만 고백 되는 말이 아니라, 세상 속에서 증명되는 삶이기 때문이다.

설교자는 시대와 공동체를 해석할 수 있는 감수성을 지녀야 하며, 청중과 함께 질문하고 사유할 수 있는 용기를 가져야 한다. 질문하는 설교자, 사유하는 공동체, 이것이 반지성주의를 극복하고, 감성과 이성이 균형을 이루며, 신앙과 시민으로 살아가는 건강한 교회를 세우는 길이다. 목회자는 그리스도인이 신앙성과 시민성을 동시에 갖고 살아갈 수 있도록 자신에게 먼저 질문해야 한다. 질문은 본성을 거스르게 하기 때문이다. 유선경은 《질문의 격》에서 질문의 성격에 대해 다음과 같이 강조한다. "인류의 수수께끼이자 위대함은 불편과 고통을 감내하고 본성을 거스르게 한 정신에 있다. 질문은 본성을 거스르는 대표적인 행위다. 집중해서 생각하고 요약해야 하기 때문이다. 생각하지 않으면 편하고 질문하지 않으면 편하다. 내부나 외부에서 발생한 현상이나 문제를 발견해도 수동적으로 받아들여 판에 박힌 대로 반복하거나 무시해 버리면 질문할 것이 없다."[180] 좋은 질문은 인간의 가장 편안한 본성에 도전하지만, 그 편안함을 거스르는 행위가 새로운 효율을 만들어 내는 힘이 된다.

   목회자는 설교를 통해 단순한 해답 제공자에 머물러서는 안 된다. 사유를 촉진하는 동반자, 그리고 질문을 통해 공동체와 진리를 함께 탐색해 나가는 신앙의 동행자가 되어야 한다. 질문은 회중의 감정을 자극하는 도구가 아니라, 생각과 삶을 변화시키는 깊은 자극제이기 때문이다.

박종순 목사

제자들교회(미국 렌초) 담임이다.
저서로 《열혈독서》,《메타씽킹》,《천년의 지혜 독서 멘토링》 등이 있다.

4 신앙교육과 시민교육의 균형을 이루는 설교

한국인의 시민 수준은 세계 최고이다

신앙인과 시민으로 살아가는 그리스도인을 양성하려면 우리나라 시민 수준을 먼저 알아야 한다. 높은 시민 수준을 알 때 설교로 시민을 기르는 수준을 맞출 수 있다. 한국인의 시민 수준이 세계적이다. 세계인은 한국인이 카페나 길거리 등에서 남의 물건에 손대지 않는 것을 보며 놀라워 한다. 고가의 스마트폰, 지갑, 노트북 등을 가져가지 않는다. 사람들은 CCTV 때문이라고 한다. 그렇게 생각하지만은 않는다. 시민의 의식 수준이 높기 때문이다. 한국, 일본, 대만 등이 높은 수준의 시민의식을 갖고 있다고 한다.

최근에는 지하철 등에서 물건을 잃어버린 뒤 찾지 못한 적이 없다. 인천 공항에서 카드 지갑을 잃었다. 카드는 두 군데 분산 보관했기에 다른 카드로 여행을 할 수 있었다. 여행 후 공항 분실물 센터에서 카드가 그대로 들어있는 지갑을 찾았다. 외국에서는 물건을 잃은 뒤 찾은 적이 없다. 잃어버리는 순간 당연하게 찾는 것을 포기한다.

한국인은 지하철이나 버스 등을 탈 때 줄을 서서 기다리다가 탑승한다. 새치기하면 따가운 눈총을 받아야 한다. 이런 시민의식이 몇십

년 전에는 없었다. 새치기가 다반사였다. 선진국이라는 유럽은 소매치기 천국이다. 전철이나 버스를 기다릴 때 줄을 서지 않는다.

유럽 여행할 때 이탈리아에서 소매치기를 당했다. 당시 바지 안까지 손이 들어와 적지 않은 금액을 잃었다. 그리스에서도 두 번이나 소매치기범의 표적이 되었다. 유럽의 다른 나라에서도 소매치기의 타깃이 되었다. 유럽 여행의 가장 큰 난관은 길 찾기가 아니라 소매치기 조심이다. 한국은 그렇지 않다. 잃은 물건을 찾았다는 미담이 속출한다.

한국인의 시민의식이 매우 높다. 한국의 시민은 어려운 이웃을 돕기를 최고의 가치로 여긴다. 불의를 참지 못한다. 경제적으로 여의치 않은 사람들에게 선행을 베푸는 가게를 발견하면 너나 할 것 없이 '돈쭐'을 낸다. 이뿐만 아니라 탄핵 시위에 동참하는 시민들을 격려하기 위해 음료수를 선결제하며 간식이나 담요도 나누었다. 대통령 탄핵을 위해 운집한 20만 명의 시민의 성숙한 모습으로 안전사고 없이 평화로운 'K 집회'를 일궈내 전 세계적으로 대한민국의 시민의식이 주목을 받기도 했다.[181]

그리스도인의 시민의식은 어떤가?

그리스도인의 시민의식은 조금 못한 것 같다. 세상을 보는 눈이 한쪽으로 치우쳐 있고 안목이 좁다. 필자는 세상 사람, 교인, 목회자의 의식 수준을 비교하며 관찰한 적이 있다. 내린 결론은 세상 사람, 교인, 목회자 순으로 의식 수준이 높다. 예전에는 정반대였다. 지금은 목회자가 가장 낮은 수준이라고 생각한다.

한국인의 의식 수준은 세계 최고이다. 그러면 그리스도인의 의식 수준도 세계 최고여야 한다. 하지만 그렇지 않다. 시민의식 수준이 그리스도인이 가장 높아야 한다. 하지만 세상 사람이 더 높은 것은 왜일까? 그리고 목회자의 의식 수준이 가장 낮은 것은 어떻게 말할 수 있는가? 설교에 문제가 있다. 목회자의 설교가 신앙생활만 잘하라고 한다. 세상 사람, 교인, 목회자, 그리스도인 신앙생활 의식을 놓고 보면 그리스도인 신앙생활 의식이 세상 사람보다 높다. 결국, 신앙인과 시민으로서의 삶의 설교에 문제가 있다고 할 수 있다.

설교가 신앙생활에 초점 맞춰져 있다 보니 그리스도인의 의식이 세상 사람들의 의식을 따라가지 못하게 되었다. 더 심각한 것은 목회자의 의식이 그리스도인의 의식보다 높지 않다는 데 있다. 교인들이 공공연히 말한다. "우리가 목회자보다 의식도 지적인 능력도 뛰어나다." 이 말에 목회자는 어떤 말을 할 수 있는가?

그리스도인이 세상 사람보다 의식 수준이 낮은 한 실례를 보여준다. 신앙생활 하는 청년이 공익으로 복무하기 위해 논산훈련소에서 3주 신병훈련을 받았다. 약 10여 명의 훈련생 중, 한 훈련병이 서울의 초대형교회 청년부에 출석한다. 부모님도 그 교회에 출석한다. 겉으로 보면 건실한 청년이다. 하지만 같은 내무반에서 훈련하다 보니 전혀 그렇지 않았다. 초대형교회에 다니는 훈련병이 입만 열면 욕과 음담패설이 난무한다. 교회 다니는 훈련병 한 명으로 인해 나머지 훈련병들은 저런 사람이 교회 다니면 안 된다고 고개를 저었다. 신앙생활 하는 교인 훈련병으로 인해 다른 훈련병에게 3주는 지옥 같았다.

주일이 되자 함께 군인교회 예배에 참석했다. 초대형교회 출석하는 청년은 교회에서는 가장 거룩한 모습으로 예배를 드리고 찬양하고 기도를 한다. 교회에서의 모습과 부대에서의 이중적인 모습이 역겨워서 예배를 제대로 드릴 수가 없었다.

신앙인들이 신앙인답게 시민으로 살지 못하는 것은 시민으로 살도록 하는 설교가 취약한데 그 원인이 있다. 교회 설교는 신앙적인 훈련만 설교하지 시민으로서의 삶은 설교하지 않는다. 목회자의 설교는 교회를 중심으로 한 신앙인으로서의 삶과 삶을 중심으로 시민으로서의 삶을 살 수 있도록 바뀌어야 한다. 세상은 교인으로서의 삶과 시민으로서의 삶을 사는 것을 바라기 때문이다.

온라인에서 글쓰기로 설교 공부하는 〈아트설교연구원〉 회원들, 책 공저자들과 오프라인 만남을 가졌다. 모임을 마친 뒤 목회자 몇 명에게 "오늘 뭐가 제일 좋았나?"라고 물으니 이렇게 답한다. "좋은 사람들을 만나니 행복하다.", "오랜만에 또 만나고 싶다는 생각이 들었다." 사람들은 좋은 신앙과 시민 의식이 높은 사람과의 만남을 갖고

자 한다. 필자 주위에는 좋은 목회자들이 많다는 말을 들은 적이 있다. 필자는 그 이유를 신앙생활은 물론 자기 발전에 매진하는 사람, 시민으로서의 삶을 멋지게 살려는 사람과 교제를 하려고 하는 데 있다고 생각한다. 만약 지속해서 자기계발을 게을리하면 만남을 주저한다. 시민으로서의 삶이 아름답지 않으면 만남을 고민한다.

그리스도인은 신앙과 시민의식 모두 높아야 한다. 이를 가능케 하려면 목회자의 역할이 크다. 목회자는 좋은 신앙인과 세상에서 멋진 시민으로서의 살아가는 설교를 해야 한다. 교인이 교회에서는 아주 거룩하다. 하지만 교회 밖에서는 그렇지 않다고들 한다. 이는 신앙교육 중심의 설교 때문이다. 목회자는 신앙인이 수준 높은 시민으로 살아갈 수 있도록 설교해야 한다. 목회자는 더 높은 교양인이 되도록 자기계발을 해야 한다.

신앙교육과 시민교육 설교는 목회자의 균형 잡힌 지식이 가능케 한다

목회자는 그리스도인을 신앙인으로 그리고 시민으로서 살 수 있도록 설교할 책임이 있다. 목회자는 그리스도인을 신앙인과 의식 있는 시민으로 살도록 하려면 지식이 균형 잡혀 있어야 한다. 목회자의 균형 잡힌 지식이 그리스도인을 균형 있게 살 수 있도록 이끈다. 세상과 그리스도인은 분리되어 있지 않고 연결되어 있다. 교회와 세상은 분리되어 있지 않고 연결되어 있다. 목회자의 설교를 통해 전달되는 하나님의 말씀은 세상과 교회, 세상과 그리스도인을 하나로 연결해야 한다.

그리스도인은 선진국 국민답게 살고자 한다. 목회자는 신진국 국민답게 살도록 설교하지 않는다. 그리스도인은 하나님의 천국 시민으로 살라는 설교로 천국 시민으로서의 삶은 최고이다. 하지만 한국 시민으로서의 삶은 2%가 부족하다. 이는 천국 시민으로서의 삶에 대한 설교만 듣기 때문이다.

인간은 배운 만큼 산다는 말이 있다. 아는 만큼 산다는 말도 있다. 설교로 신앙적인 이야기만 하면 시민으로서 사는 것이 취약해진다. 그리스도인이 신앙인으로 사는 설교만 들으니 비합리적이고 비이성적인 것을 덮어놓고 따르는 경향이 강해진다. 그리스도인은 아주 상식적이어야 하는데 상식이 통하지 않는 삶을 나도 모르게 살고 있다.

목회자는 신학과 인문학 사이에서 균형을 잡아야 한다. 설교도 신앙인으로서의 삶과 시민으로서의 삶을 사는 원리와 방법으로 설교해야 한다. 그리스도인이 균형 잡힌 설교를 들어야 신앙인과 시민으로 삶이 살아진다.

그리스도인은 신앙인으로 사는 것과 시민으로 사는 것이 따로 있지 않다. 신앙인으로 사는 것과 시민으로 사는 것은 한 사람이므로 서로 깊은 영향을 미친다. 그리스도인은 이성과 감정이 분리되어 있지 않고 서로 연결되어 영향을 미친다. "감정 뇌와 이성 뇌는 분리되어 있지만, 서로 연결되어 신호를 주고받으며 영향을 미친다."[182] 목회자가 균형 잡혀 있어야만 신앙교육과 시민교육을 위한 설교를 균형 있게 할 수 있다.

목회자는 편협한 사고 틀을 깨야 한다

설교로 신앙교육과 시민교육을 하려면 균형 잡힌 지식을 가져야 한다. 균형 잡힌 지식이란 편협한 사고를 하고 있지 않다는 것을 뜻한다. 주위의 목회자는 신학이라는 편협한 사고에 사로잡혀 있는 경우가 많다. 편협하다는 것은 한쪽으로 치우쳐 도량이 좁고 너그럽지 못하다는 것을 뜻한다.

편협한 사고를 하면 배운 것만 달라도 공격한다. 한 때, 목회자 모임에 참여했다. 모임 때마다 목회자들 간에 말다툼을 한다. 자신이 알고 있는 교리가 다르면 어김없이 부딪힌다. 말다툼하는 목회자는 대부분 보수신학을 했다. 자신 교단의 교리가 중요하다면 다른 교단의 교리도 중요하다고 여겨야 하는데 그렇지 않다.

말다툼, 부딪힘이 있는 것은 교리의 차이도 있지만 편협한 사고에 있다고 생각한다. 자기의 생각 안에만 머물러 아주 작은 차이조차 받아들이지 않는다. 한국교회가 극우를 대표하는 것은 다양한 생각을 존중하지 못하고 자신 안에 갇혀있음을 보여준다.

2025년 12월 3일 계엄령을 기점으로 교회는 극우를 대변한다. 통계적으로는 극우가 많지 않다. 목회트렌드연구소 문화선교연구원 한반도평화연구원에서 진행한 '기독교인 정치의식 조사' 결과는 매우 강한 보수, 즉 극우 비율은 성도 14%, 목회자 13%로 7명 중 한 명 정도로 나타났다. 장로는 3명 중 1명이 극우 성향이다.

흥미로운 사실은 주위의 많은 목회자가 극우 성향이 짙다는 것이다. 극우이거나 극좌이거나 공통점은 편협한 사고를 한다는 것이다. 예전에 인문학을 강조할 때 보수신학을 한 목회자들의 공격을 많이 받았다. 이 공격은 지금도 받는다. 그들이 이런 말을 한다. "저 모임은 이상한 모임이야. 신학책이 아니라 왜 인문학책을 읽어?" 어느 정도 지난 뒤 그들도 인문학책을 열심히 읽는다는 소리를 들었다. 편협한 사고를 하는 사람은 자기와 맞지 않으면 공격부터 한다.

목회자는 생각이 편협하지 않고 열려 있어야 한다. 다양한 사람들을 대상으로 목회를 하는데 생각이 편협하면 그들을 품을 수 없다. '그릇이 크다'라는 말은 생각이 편협하지 않고 열려 있다는 말이다. 목회자의 사고가 편협하면 정체와 후퇴로 이어진다. "폐쇄에는 정체와 후퇴가 따른다. 공유와 개방에는 변화와 혁신이 따른다."[183] 편협한 사고가 정체와 후퇴로 이어진다면 목회자는 편협한 사고를 깨야 한다. 목회자의 사고가 편협하면 신앙교육만을 강조한다. 그러면 시민교육은 할 수 없다. 그리스도인의 삶은 세상 사람보다 높을 수 없게 된다.

영적인 것만 중요시하면 시민으로서의 삶이 설교에서 배제된다

많은 설교는 영적인 것만을 강조한다. 영적인 사람 만드는 것이 설교의 목적이라고 생각한다. 코로나 19와 윤석열 전 대통령의 계엄령으로 교회의 시민의식 설교의 필요성이 대두되었다. 이 땅에 선교가 시작된 이후부터 영적인 신앙인 만들기가 시작됐다. 신앙인 만들기 설교는 교회 부흥에 크게 일조했다.

한국교회 선교 100주년 이후 부작용이 생기기 시작했다. 그리스도인의 시민의 삶에 문제가 생기기 시작했다. 윤석열 전 대통령 시기에 교회는 극우 목회자 같은 괴물을 출현시켰다. 그리고 그리스도인이 선동하는 설교에 생각 없이 놀아나고 있다. 극우 목회자 중 한 명은 '국민저항권'이란 말도 되지 말로 그리스도인을 '아멘!' 꾼으로 몰아붙였다. 급기야는 서부지방법원까지 습격했다. 이런 것은 시민으로서의 삶의 부재로 인한다.

흥미로운 것은 신앙적인 설교를 일주일에도 몇 번 이상 듣지만, 교인의 신앙은 그다지 좋지 않다. 톰 레이너는 《우리 교인 다 어디로》에서 미국 그리스도인이 하나님과 인격적인 관계를 통해서만 천국에 들어갈 수 있다는 질문의 결과를 보여준다.

전적으로 동의한다　　19.6%

동의한다　　32.7%

잘 모르겠다　　18.0%

동의하지 않는다　　16.3%

절대 동의하지 않는다　　13.4%

위를 통해 아는 것은 응답자 중 무려 47.7%가 예수님이 요한복음 14장 6절에서 자신에 관해 하신 말씀에 대해 잘 모르겠다거나 절대 동의하지 않는다고 답했다.[184] 일주일에 몇 번씩 설교를 들어도 천국 확신이 없다면 차라리 세상에서 시민으로서 균형 있게 살도록 설교하는 것이 낫다고 할 수 있다.

한국은 조금 다를 것이다. 미국보다는 더 신앙적일 것으로 예상된다. 설교 행위가 신앙만을 위한 것은 아니다. 신앙만 강조한 결과 '하나님밖에 모른다, 상식적이지 않다, 이기적이다, 대화가 안 된다, 끝까지 자기밖에 모른다' 등의 말을 듣는다.

그리스도인은 자기밖에 모르면 안 된다. 이웃을 알고 살펴야 한다. 그리스도인은 교회를 사랑하는 것을 물론 이웃도 사랑해야 한다. 하나님만 사랑하니 교회에만 충성한다. 시민으로서 살아가는 것을 거의 생각하지 않는다.

교회가 세상에서 최고의 종교가 되려면 자기 분석을 제대로 해야 한다. 교회가 중요하게 분석할 것은 '우리는 너무 영적이지 않은가?'이다. 교회는 우리가 영적이지만 않고 시민으로서도 잘 살아간다고 말할지 모른다. 영적이란 것과 시민으로서의 부분을 구분하기에 나온 말이다. 영적인 것은 멋진 삶을 사는 것과 같다. 동시에 시민의식이 높다는 것의 다른 표현이기도 하다.

설교의 목표는 성숙한 그리스도인으로 만들기여야 한다

설교는 미숙한 그리스도인이 아니라 성숙한 그리스도인 양성에 그 목표를 둔다. 설교가 신앙 성숙과 시민으로서의 삶을 살 수 있게 도와야 한다. 2026년 설교는 신앙인 양성에만 그치면 안 된다. 성숙한 시민으로서 살 수 있도록 하는 데 목적을 두어야 한다.

신앙과 시민교육을 위한 설교가 되려면 지금 콘텐츠로는 안 된다. 지금 설교 콘텐츠는 신앙만을 위한 콘텐츠이다. 그리고 세상보다 낫고 차별화된 설교 콘텐츠여야 한다. 민은정은 《브랜드가 곧 세계관이다》에서 차별화된 콘텐츠일 때 시간과 수고가 10배 보상이 된다고 한다. "차별화된 콘텐츠가 필요하다. 시간과 수고를 10배로 보상할 수 있는 확실한 콘텐츠를 약속해야 마음이 움직인다."[185]

목회자는 신앙생활만을 위한 탁월한 설교 콘텐츠가 아니라 1등 시민으로도 살 수 있는 탁월한 설교 콘텐츠를 가지고 있어야 한다. 좋은 신앙인, 좋은 시민을 동시에 양성하려면 설교 준비가 더 어려울 수 있다. 하지만 기쁨으로 감당하고 설교해내야 한다.

좋은 신앙인, 좋은 시민이 되는 설교가 선포되면 성숙한 그리스도인이 된다. 이런 그리스도인은 세상에 선한 영향력을 끼친다. 변질이 악영향을 끼치는 것처럼 선한 영향력은 교회 이미지를 바꿔준다. 세상이 교회를 바라보는 시선이 달라진다.

그리스도인은 좋은 시민이 되어 세상에 선한 영향력을 끼쳐야 한다. 세계적인 아티스트인 방탄소년단BTS의 아미Army 처럼 말이다. 아미 안에는 기부를 목적으로 결성된 'OIAA One In An Army'라는 하위 단체가 있다. 그들의 슬로건은 '큰 팬덤이 커다란 변화를 만든다'이다. OIAA는 '세계 곳곳에 있는 아미들이 힘을 합하면 좋은 세상을 만드는 변화에 기여할 수 있지 않을까요?'라는 팬들의 생각으로 시작되었다. BTS의 음악으로 얻은 긍정 에너지를 진짜 좋은 세상을 만드는 에너지로 쓰자는 뜻이었다. BTS뿐만이 아니다. 코로나 19 예방 및 치료에 활발한 기부 활동을 벌인 단체도 스타들의 팬덤이다. 강원도에 산불이 나면? 역시 스타들의 팬덤이 즉각 출동한다.

삶의 패러다임이 바뀐 세상에서 그리스도인은 하나님께 순종은 물론 세상에서 훌륭한 삶을 살아야 한다. 청중이 설교를 통해 좋은 신앙인, 좋은 시민으로 변화를 받아야 한다. 이런 그리스도인이 하나님께

영광을 드리고 기쁨이 된다. 그리고 세상을 그리스도인답게 살기 위해 최선을 다한다. 하나님을 위한 희생과 이웃을 위한 헌신에 기꺼이 동참한다.

김도인 목사

〈아트설교연구원〉 대표이자 출판사 〈글과길〉 대표이다.
저서로 《설교는 글쓰기다》, 공저로 《세상이 원하는 교회, 교회가 그리는 교회》 등이 있다.

에필로그

세상의 패러다임이 바뀌고 있다

세계의 무역 패러다임이 바뀌었다. 지금까지 자유무역협정이 FTA Free Trade Agreement 체제하에서 무역이었다. 이젠 트럼프가 주장하는 상호주의 관세로 바뀌었다. 그 결과 EU, 일본, 한국 등 미국과 관세협정을 벌여 상호 15% 관세를 지불한다. 미국은 각 나라와 무역 협정을 체결하고 있다.

한국호의 통치 패러다임이 바뀌고 있다. 이재명 대통령이 들어선 후 선진국답게 민생을 챙긴다. 과거의 대통령은 권위적이었기에 민생보다는 기득권 유지에 열중했다. 지금은 책상이 아닌 민생현장에서 시민의 목소리를 듣는 것으로 한국의 통치 패러다임이 바뀌었다. 이를 잘 보여주는 것이 '타운홀 미팅'이다. 2025년 6월 25일 호남으로 시작해, 대전과 충청 그리고 부산으로 이어지고 있다.

기업도 패러다임을 바꾸고 있다. 경제성장률의 저하로 미래의 먹거리 확보에 열을 올린다. 기저에는 글로벌 경쟁이 초 경쟁으로 치닫고 있기에 그렇다. 트럼프 2기에서 갑자기 들고나온 미국의 관세율 인상은 패러다임 전환의 시급성을 알렸다. 세계의 경제 경쟁은 더 심화되어 한국 기업은 세계 기업들과 초 경쟁을 벌여야 한다.

초 경쟁Hypercompetition은 시장 변동성과 경쟁 강도가 극대화된 환경을 의미한다. 과학기술의 발전은 전기와 중화학, 자동차와 컴퓨터, 정보통신과 인터넷을 지나 바이오와 인공지능으로 패러다임이 전환되었다. 회사도 마이크로소프트, 메타, 애플, 테슬라의 시대를 지나 지금은 엔비디아로 바뀌었다. 초 경쟁 시대에는 세상의 확시장변동성의 심화로 인해 더 치열해진 경쟁에서 살아남기 위해 패러다임 전환이 필수이다.

초 경쟁이란 무엇을 뜻하는가? 송재용외 12인의 《패러다임 대전환》에서 초 경쟁을 이렇게 말한다. "특히 미국의 집중 견제를 받고 있는 반도체 등 전략산업을 제외한 일반 제조업 분야에서는 중국발 경쟁 위협이 심각해지고 있어서 기술과 브랜드가 앞선 구미, 일본 기업들과 원가경쟁력을 갖추고 가성비 높은 제품을 쏟아내고 있는 중국 기업들 사이에서 혁신을 통한 차별화 역량이 취약한 많은 한국 기업들이 경쟁력 위기에 직면하고 있다. 더욱 구조적인 패러다임 변화도 진행되고 있는데, 대표적으로는 21세기를 관통하는 지식기반경제의 트렌드가 인터넷 혁명, 스마트폰 혁명을 거쳐 2020년대 코로나 팬데믹으로 인한 디지털 대전환 digital transformation 의 본격화로 인해 인공지능 AI, 빅데이터, 클라우드 컴퓨팅 등 IT 기술의 놀라운 발전으로 이어지고 있다."[186]

목회의 패러다임이 바뀌어야 한다

교회도 패러다임을 바꿔야 한다. 교회도 초 경쟁을 하지 않을 수 없다. 교회 간의 경쟁이 아니라 세상과 경쟁해야 하기 때문이다. 세상과 초 경쟁 상대가 되지 못하고 있다. 특히 콘텐츠에서 밀려 초 경쟁에서 이길 수 있는 확률이 줄고 있다. 유튜브 시대가 되자 교회는 세상보다 더 멋진 영상, 다양한 영상, 남다른 콘텐츠가 담긴 영상을 만들지 못하고 있다. 교회는 세상과 경쟁 구도를 형성할 수 있도록 패러다임을 바꿔야 한다.

교회가 세상과 경쟁할 수 있는 것은 콘텐츠뿐이다. 콘텐츠에 관심조차 없으니 연구개발에 재정을 투자하지 않는다. 세상은 정반대이다. 최근에 미국에서 큰 반향을 일으킨 〈킹스 오브 킹스〉라는 예수님 영화도 찰스 디킨스의 소설 《우리 주님의 생애》를 영화화한 것이다. 결국, 교회 콘텐츠의 빈곤은 하나님만으로 다 된다는 반지성적인 발상으로 인해 콘텐츠 부재를 드러내고 있다.

패러다임을 바꾸지 못하면 교회는 세상을 따라가기만 하는 삼류가 될 것이 분명하다. 세상이 급속도로 발전하는데 교회는 퇴보한다. 교회는 세상에서 지금보다 더 추락이 예상된다. 패러다임을 바꾸지 않으니 하나님의 미션이 비전이 되지 못하고 있다. "꿈 없는 현재는 새로운 것을 만들어 내지 못한다. 미래 없는 열정은 불가능하다."[187]라고 한다. 교회는 패러다임 전환이 시급하다. 전도로 교인들을 증가하려는 하드웨어 중심에서 세상에 마음으로 공감하고 감동을 주는 소프트웨어 중심으로 시급히 전환해야 한다. 군대보다 권위적이지 않고 대화 중심적인 교회 문화로 바뀌어야 한다. 상식의 부재 문화에서 상식이 통하는 문화로 바뀌어야 한다. 하나님과만의 소통에서 세상과의 소통으로 패러다임을 바꾸어야 한다.

패러다임이 바뀌는 세상을 잘 관찰하고 교회도 살길을 찾기 위한 교회만의 패러다임으로 가야 한다. 세상과 차별화된 콘텐츠를 가진 교회, 가장 상식적인 교회, 가장 민주적인 교회 정치, 돈이 지배하지 않는 총회 등의 문화, 권위가 아닌 낮은 자세로 소통하는 교회가 되어야 한다. 그런 마인드로 목회를 해야 한다. 패러다임을 바꾸지 않으면 교회는 세상으로부터 소외될 것이다.

교회가 변화하려면 철저히 준비된 교회가 되어야 한다

교회가 새로운 패러다임으로 전환하려면 철저한 준비가 먼저다. 교회는 세상적인 안목에서 영적인 안목으로, 근시안적인 안목에서 미래적인 안목으로, 우리끼리 안목에서 세상을 품는 안목으로 바꿀 수 있도록 최소한 10년 이상 준비해야 한다.

교회가 철저하게 준비하지 못하면 삼류도 유지하기 힘든 변방과 같은 공동체가 된다. 누구도 기억하지 않는 조직이 된다. 일본 사람은 교회를 구경조차 못 해 예수님 믿을 기회를 갖지 못한다. 베트남은 배우지 못한 사람만 교회를 다닌다고 여겨 배운 사람들이 교회 가는 것을 꺼린다고 한다. 교회는 구원의 방주가 되기 위해서라도 철저하게 준비해야 한다. 윤석열 전 대통령의 계엄령이 실패했다. 우리나라에서 계엄이 실패한 적이 한 번도 없었다는 것을 볼 때 준비 소홀이라 할 수 있다. 그가 계엄을 실패한 것은 대통령 노릇을 할 만한 자질을 갖추지 못했기 때문이다.

중국 춘추시대의 큰 도적 중 한 명이 도척이다. 부하가 그에게 묻는다. "도둑도 도道가 있는가"라고 묻자 도척이 이렇게 말한다. "물론 있다. 도가 없이 어떻게 강도질에 성공하느냐? 그것이 성聖, 지知, 용勇,

의義, 인仁이다. 성은 돈 되는 물건이 어디 있는가를 아는 것이다. 이번 거사가 제대로 될지 안 될지 아는 것이 지이다. 강도질할 때 맨 먼저 들어가는 것이 용이다. 강도질 한 뒤 맨 뒤에 나오는 것이 의이다. 장물은 골고루 나누는 것이 인이다."라고 했다. 이 다섯 가지를 갖춰야 큰 도둑이 될 수 있다는 것이다. 도둑질도 도가 있는데 윤석열은 도가 없었다. 국민에게 총부리를 겨누었기 때문이다. 그러면 한국교회는 도가 있는가?

교회가 예전의 명성을 회복하려면 세상에 감동을 줄 수 있어야 한다. 그 감동도 준비를 무중생유無中生有처럼 할 때 가능하다. 교회는 패러다임 전환을 위해 발상 전환을 해야 한다. 지금처럼 극우의 대표 주자가 된 기독교가 아니라 세상의 친구인 교회가 될 수 있도록 완전히 새롭게 탈바꿈 해야 한다.

교회 상황이 암울하다. 상황이 암울할수록 철저히 준비해야 한다. 최소한 10년을 마음 모아 준비해야 한다. 하드웨어가 아니라 소프트웨어, 예전의 목회 방법이 아니라 시대에 맞는 목회 방법, 늘 해 왔던 교회 운영이 아니라 사람들을 감동하게 할 수 있게 해야 한다.

그러면 준비를 어떻게 해야 하는가? 일차적으로, 하나님과 관계를 제대로 해야 한다. 사무엘상 28장에서 사울 왕이 사무엘이 죽자 신접한 자와 박수를 그 땅에서 쫓아냈다 삼상 28:3. 블레셋 사람들이 쳐들어오자 하나님께 묻는다. 하지만 하나님께서는 꿈으로도, 우림으로도,

선지자로도 그에게 대답지 아니하신다6절. 그러자 사울은 그 신하들에게 이르되 나를 위하여 신접한 여인을 찾으라 내가 그리로 가서 그에게 묻겠다7절고 한다. 사울 왕과 같은 하나님과의 관계이면 안 된다. 예수님과 다윗처럼 하나님과 친밀한 관계를 가져야 한다.

이차적으로 세상 파악을 위한 준비를 해야 한다. 교회는 자신이 가진 것을 세상에 주려고 한다. 10년간 우리가 할 것은 세상이 원하는 것을 줄 수 있도록 패러다임을 바꿔야 한다. 지금은 교회가 세상이 원하는 것을 줄 능력이 없다. 교회가 가진 구태의연한 것만 받으라고 소리칠 뿐이다.

교회는 세상이 원하는 것을 정확하게 알아줄 준비를 해야 한다. 데일 카네기는 이렇게 말한다. "사람을 움직이게 하려면 상대가 바라고 원하는 것을 주는 것이 유일한 방법이다."[188] 카네기에 따르면 세상 사람들을 움직이는 것은 우리가 가진 것이 아니라 그들이 필요로 하는 것이란다.

목회자는《목회트렌드 2026》을 통해 교회가 줄 수 있는 것이 무엇인가를 찾는 것이 아니라 청중이 바라는 것이 무엇인지를 고민하며 찾아야 한다. 그리고 세상이 간절히 원하는 것을 줄 수 있도록 목회 준비를 해야 한다. 교회가 세상의 갈증과 갈망을 충족시켜 주면 장의사조차도 교회가 사망했을 때 마음으로부터 슬퍼할 수 있게 될 것이라 확신한다.

교회의 가슴은 하나님께 뜨거워야 한다. 동시에 세상에 열광적이어야 한다. 교회의 가슴은 하나님께 뜨겁고 열렬하다. 주체하지 못해 눈물 흘리는 것은 물론 가슴까지 치며 감격의 통곡을 한다. 세상에 대해서는 너무 냉랭하다. 이를 바꾸어 교회는 세상이 원하는 것에 사랑이 팔딱팔딱 뛰어야 한다. 한국 최초의 노벨문학상 수상자인 한강은 《빛과 실》에서 사랑이 어디 있는가를 묻고 답한다. "사랑이란 어디 있을까? 팔딱팔딱 뛰는 나의 가슴 속에 있지."[189] 사랑은 팔딱팔딱 뛰는 자신의 가슴 속에 있다고 말한다.

목회자 안에 하나님의 사랑이 있다. 그 사랑이 세상을 향해 팔딱팔딱 뛰어야 한다. 그러면 세상이 바라고 원하는 것을 줄 수 있는 준비를 신나게 할 수 있다.

교회는 세상의 좋은 이웃이 되어야 한다

교회가 준비할 것은 세상에 좋은 이웃이 됨이다. 교회가 세상에 좋은 이웃이 되면 세상도 교회에 좋은 이웃이 된다. 교회는 2026년을 좋은 교회 운동을 펼치는 원년으로 삼아야 한다.

좋은 교회가 되려면 먼저 극우의 색깔을 지워야 한다. 극우로 활동하는 극우 목회자와 모스 탄 전 미국 국무부 국제형사사법대사 등은 좋은 이웃이 되는 데 방해만 된다.

교회는 세상의 좋은 이웃을 회복해야 한다. 20세기에 교회는 세상과 아주 좋은 이웃이었다. 좋은 이웃이 되자 사람들이 교회를 친구처럼 여겼다. 그러자 사람들이 교회로 들어왔다. 교회가 큰 부흥을 이루자 세상을 적, 즉 사탄이라 칭했다. 교회의 신뢰도가 추락하자 교회는 부랴부랴 세상을 향해 '좋은 이웃이 되겠습니다.'라고 고개 숙일 시늉만 한다.

김애란의 《안녕이라 그랬어》의 〈좋은 이웃〉에서 윗집 부부가 이렇게 인사를 한다. "좋은 이웃이 되겠습니다."[190] 그들은 아파트 901호에 이사 오는 부부이다. 그들이 이사 오면서 인테리어 중이다. 공사를 하니 엄청 시끄럽다. 과외하는 부부는 이웃 부부가 한 말을 듣고 한마디 던진다. "나도 저 윗집 부부처럼 밝은 얼굴로 이웃을 환대할 수 있었을까?" 부부는 승강기로 이동 후 익숙한 게시물 앞에 시선이 멈춘다. 그 문구는 "…좋은 이웃이 되겠습니다."[191]는 말이다. 그다음 그 소설에 이런 표현이 있다. "나는 그 문장을 뚫어져라 바라봤다. 그러곤 시선을 떼지 않은 채…"[192]

교회는 '좋은 이웃이 되겠습니다'라는 문장을 시선을 떼지 않고 뚫어져라 바라봐야 한다. 교회가 먼저 좋은 이웃이 되고자 해야 한다. 교회가 먼저 좋은 이웃이 되면 세상도 교회를 좋은 시선으로 바라본다. 그다음 교회를 친한 친구로 받아들인다. 좋은 이웃이 된 교회는 이웃과 좋은 것을 나눔이 일상이 된다. 여전히 극우라면 좋은 이웃이

기를 포기한 것과 같다.

세상에 좋은 회사가 많다. 직장인은 일하기 좋은 회사에 입사하려 든다. 우리나라에서 2023년 상반기 일하기 좋은 회사는 구글코리아이다. 세계에서 일하기 좋은 회사는 인공지능 시대를 대표하는 회사는 엔비디아이다. 엔비디아는 현존하는 세계 최대 기업이다. 세계 기업 중 유일한 시가 총액 4조 달러를 넘는다. 엔비디아는 한 마디로 '가장 일하기 좋은 회사'이다.

이 회사가 일하기 좋은 회사가 될 수 있었던 것은 젠슨 황의 기업 경영 철학에 의한다. 그가 강조하는 말이 있다. "우리는 엔비디아가 사람들이 평생의 커리어를 쌓을 수 있는 회사가 되기를 원합니다. 엔비디아 직원들은 대체로 입사하면 오래 머무릅니다."[193]

아마존은 최고의 기준을 고집한 회사이다. 이런 고집으로 아마존이 세계적인 회사가 될 수 있었다. 아마존의 성공 요인은 20년 이상 하나의 가치를 추구한 데 있다. "아마존이 성공할 수 있었던 근본적인 요인은 '장기적 고객 가치 창조를 위해 혁신하라'라는 회사의 사명을 지켜왔다는 점이다. 아마존의 성공은 현 상태에 만족하지 않는 도전 정신, 파괴적 혁신을 위한 노력, 그리고 평생 고객을 확보하고자 하는 욕구에 기인한다. 아마존은 놀라운 일들을 벌이지만 궁극적으로 모든 활동은 도입된 이해 바뀌지 않은 사명을 그대로 따르고 있다."[194] 아마존의 성공 요인은 바뀌지 않은 사명을 그대로 오랫동안 지키고 따른 것에 있다.

교회도 세상과 좋은 이웃이 되려면 좋은 이웃으로 존재하는 것의 사명을 20년 이상 그대로 가야 한다. 교회는 예수님처럼 이익이 아니라 예수님의 가치를 따라야 한다. 아마존의 창업자 제프 베조스는 20년을 일관성으로 가기 위해 수익을 포기하는 전략으로 일관했다. "우리는 한동안 수익을 내지 못할 것이다. 그게 우리의 전략이다."[195]

교회가 '좋은 교회 되기'로 전략을 짰다면, 그렇게 되기 위해 어떤 희생을 치를 것을 각오해야 한다. 특히 수적인 부흥을 포기해야 한다. 예수님처럼 십자가에 죽겠다는 전략을 세울 수 없을지라도 양적 부흥 포기라는 희생을 치러야 한다.

교회가 좋은 세상에 좋은 이웃이 되려면 최고의 기준을 내세워야 한다. 아마존의 경영원칙 중 하나가 "최고의 기준을 고집하라"이다. 교회는 최고의 기준을 고집할 수 있는 곳이다. 예수님이 최고이듯이 교회는 최고가 될 자격을 갖추었다. 교회가 내세울 최고의 기준으로 수적 성장, 목회자의 높은 사례금, 세상에서의 자기주장 관철, 외적인 화려함 포기 등이 당연시되어야 한다.

신앙인과 시민으로 동시에 살 수 있는 설교를 해야 한다

그리스도인은 이원론적인 삶을 사는 사람이 아니다. 교회나 세상에서 동일한 삶을 살아야 한다. '한 입으로 두 말 한다'라는 말이 있다. 이런 사람은 믿을 수 없다. 신앙인으로만 살고 시민으로 살지 못하는 교인에게 해당되는 말이다. 교회에서는 거룩한 삶을 살지만, 세상에서는 교양 없이 사는 모습이다.

그리스도인은 신앙생활과 시민 생활이 똑같아야 한다. 현실은 그렇지 않다. 교회에서는 거룩해 보이지만 시민으로서는 그렇지 않다. 교회는 선교 140년 동안 신앙생활 잘하는 사람을 최고의 신앙인이라 생각했다. 사회에서는 교회에서 보여준 반대로 살아도 예배만 잘 드리고, 기도 열심히 하고, 헌금 잘하면 최고였다.

그리스도인은 교회생활과 사회생활이 동일해야 한다. 이를 결정하는 것이 설교이다. 지금까지 목회자는 교회에 충성하는 신앙인만을 양성해 왔다. 그 부작용이 심각하다. 교회 밖에서는 손가락질받고 사는 경우가 허다해졌다.

설교가 신앙교육만 강조하고, 시민교육을 하지 않으며 고문 기술자 이근안 같은 사람이 배출된다. 대한민국 현대사에서 이근안은 공권력의 인권 침해를 상징한다. 공안 경찰로 활동하며 군사독재 시절 수많은 민주화 운동가와 시민들을 고문한 고문 기술자로 악명이 높다. 나중에 그가 목사가 되어 나타났다. 그는 이중적인 사람이다. 이런 현상이 최근 나타난 것이 극우 교인이다. 목회자가 신앙생활만이 전부라고 선포하니 극우 그리스도인이 많다.

트럼프는 신앙심이 좋은 사람이다. 미국 대통령으로서 2기를 시작하자 미국의 자국 이익만 강조해 관세 등으로 세계를 혼란에 빠뜨리고 있다. 세계적인 악당이 되었다. 세상 악당을 길러내라고 설교하면 안 된다. 세상에 유익을 끼치라고 설교해야 한다. 그가 신앙심은 좋을지 모르나 시민의 삶은 엉망임을 보여준다.

목회자의 설교는 그리스도인의 신앙생활과 시민으로서의 삶이 같게 할 책무가 있다. 공적 영역이든 사적인 영역이든 삶은 한결같도록 설교할 의무가 있다. 설교자는 교인이 신앙인과 시민의 삶을 살 수 있도록 균형 잡힌 설교를 해야 한다.

최근에 '디지털 시민의식'이란 말이 있다. 디지털 환경에서의 시민의식을 갖고 살아야 한다는 말이다. 디지털 세상에서도 아날로그 세상과 똑같은 시민의식을 가지고 행동해야 한다는 것이다. 마찬가지로 신앙인은 시민으로서 합당한 삶을 살아야 한다.

그리스도인은 충성하는 교인과 책임 있는 시민으로서 삶을 어느 하나 소홀함 없이 살아야 한다. 존 스토트는 《기독교의 기본진리》에서 그리스도인은 교회에 충성하는 교인이자 지역사회에서는 책임 있는 시민이 되어야 한다고 말한다. 그는 이것이 기독교의 기본 진리이며 본서의 주제라고 말한다.[196]

신앙생활만 잘하고 시민으로서의 삶을 살지 못하면 교회의 품격이 떨어진다. 시민으로 그리스도인 품격을 유지하려면 독서해야 한다. "설교자가 책을 읽지 않으면 교인도 책을 읽지 않을 확률이 높아진다. 그럼 세상 사람보다 교양 수준이 뒤떨어진다. 그 결과 낮은 시민의식으로 살아 교회 품격을 떨어뜨린다."[197] 목회자는 2026년도에는 이 사실을 유념해야 한다. 교인이 하나님 보시기에 기뻐하시는 신앙인과 시민으로 살도록 설교해야 한다. 목회자는 책임의식을 가지고 설교해야 한다.

PASTORAL MINISTRY TREND 2026

김도인 목사

〈아트설교연구원〉 대표이자 출판사 〈글과길〉 대표이다.
저서로 《설교는 글쓰기다》, 공저로 《세상이 원하는 교회, 교회가 그리는 교회》 등이 있다.

에필로그

저자 프로필

김도인 목사

〈아트설교연구원〉 대표이자 출판사 〈글과길〉 대표이다. 지천명 때 독서를 시작해 10년 만에 5,000여권의 책을 읽은 독서가이다. 설교자들에게 글쓰기, 독서 코칭, 모든 사람을 대상으로 책 쓰기 코칭을 한다.

저서로 《설교는 글쓰기다》,《나만의 설교를 만드는 글쓰기 특강》,《설교는 글쓰기다3》,《설교는 인문학이다》,《설교자와 묵상》 등 20여권 이상이 있다.

한국교회에 목회를 고민하며 《목회트렌드 2025》,《목회트렌드 2024》《목회트렌드 2023》,《설교트렌드 2025》,《살리는 설교》,《세상이 원하는 교회, 교회가 그리는 교회》 등을 기획해 출판한다.

박윤성 목사

기쁨의교회 담임으로 20년째 사역 중이다.

총신대신학대학원을 졸업하고 미국 탈봇신학대학원에서 신약학(Th.M)을 공부했고 풀러신학대학원에서 김세윤 교수의 지도하에 목회학 박사학위(DMin)를 받았다.

부산 수영로교회에서 목회를 배웠다. 지성과 영성을 겸비한 목회자가 되기 위해 자기 훈련을 게을리하지 않고 있으며, 지역교회를 돕는 일에도 열심이다. 이를 위해 예장 총회 교회자립개발원 이사장으로 섬기고 있으며, 복지법인 기쁨 해 이사장으로 섬기고 있다.

저서로 《요한계시록 어떻게 가르칠까》,《수영로교회 소그룹 이야기》,《톡톡 요한계시록1, 2》,《포스트 코로나시대의 리더십, 정의로운 교회》, 공저로 《목회트렌드 2025》,《세상이 원하는 교회, 교회가 그리는 교회》,《설교트렌드 2025》 등이 있다.

이상갑 목사

산본교회 담임이다.
청년사역연구소 대표, 학원복음화협의회 중앙위원, OM선교회 이사이다.
저서로 《설래임》, 《바이블정신》, 《결국 말씀이다》, 공저로 《목회트렌드 2025》, 《2025 다음 세대 목회 트렌드》 등이 있다.

권오국 목사

이리신광교회 담임이다.
영락교회, 서교동교회, 번동제일교회에서 부목사, 시애틀 안디옥장로교회 담임을 역임했다.
Liberty University에서 석사과정을 공부했고 San Francisco Theological Seminary에서 목회학 박사 과정을 공부했다. 박사논문은 '그리스도인의 정체성과 세례교육'에 대해 연구했다. "하나님 나라를 실현하는 예수님의 제자공동체"라는 비전을 품고 선교적 소그룹을 세우기 위해 힘쓰고 있다.
저서로 《행복, 다시 정의하다》, 공저로 《목회트렌드 2025》, 《살리는 설교》, 《세상이 원하는 교회, 교회가 그리는 교회》 등이 있다.

저자 프로필

박혜정 선교사

알바니아 선교사이다. 검도를 사랑하는 남편과 개성이 뚜렷한 2남 1녀와 함께 알바니아 티라나에 살고 있다. 중국 상하이에서 중어중문학을 공부했다. 2009년 GMP 선교사로 허입되었다. 태국을 거쳐 현재 알바니아 티라나에서 한국어 교습과 글쓰기 사역, 집시 여성 문해력 사역, GMP 개발연구위원으로 섬기고 있다.

공저로 《목회트렌드 2025》, 《살리는 설교》, 《다음세대 셧다운》, 《오늘도 묵묵히: 여성 선교사들의 삶과 신앙 일기》, 《비록 존재감은 없지만 삶은 행복해》 등이 있다.

김지겸 목사

오클랜드감리교회(뉴질랜드) 담임이다.
김지겸 목사는 감리교신학대학교와 대학원을 졸업하였다. 1995년에 양천구에서 개척한 살림교회를 시작으로 경기도 수지 목양교회와 광화문에 위치한 종교교회에서 12년간 부목사로 사역하였다.

개척교회에서, 신도시에서, 전통 있는 교회에서 그리고 이민교회 등 다양한 형태의 목회적 도전과 성과를 이뤘고 이를 통해 목회자로서의 경험과 지식을 나누고 있다.

공저로 《다음세대 셧다운》, 《목회트렌드 2025》, 《목회트렌드 2024》 등이 있다.

박종순 목사

제자들교회(미국 렌초) 담임이다.

박종순 목사는 건강한 목회자이다. Fuller 신학교에서 교회 성장학을 전공했고, 신학을 전공 했다. 2011년 제자들 교회를 개척한 이후 건강한 공동체를 세우기 위해 성경본문 중심의 설교, 선교 공동체, 상식이 통하는 목회, 공부하는 목회자로 이민 교회 사역을 감당하고 있다.

복음주의 교단인 남침례 교단의 목사로 게이트 웨이 신학교(구 골든게이트)에서 독서가 건강한 교회, 건강한 공동체, 건강한 목회에 미치는 영향에 대해 연구하며 목회학 박사 과정 중에 있다. 7년 전 일일 일책을 결심하면서 매일 하루에 한권의 책을 읽고 묵상하며 독서를 통해 상식이 일상이 되는 건강한 목회를 주장하는 젊은 목회다.

저서로 《열혈독서》, 《메타씽킹》, 《나의 사랑 아프카니스탄》, 《천년의 지혜 독서 멘토링》, 공저로 《목회트렌드 2025》, 《다음세대 셧다운》 등이 있다. email: visionland21@gmail.com

김민석 교수

백석대학교 조직신학 교수이다.

스텔렌보쉬대학에서 조직신학과 공공신학으로 박사학위를 받았으며 동 대학의 the Beyers Naudé Centre for Public Theology의 선임 연구원으로 섬기고 있다. 한국공공신학연구소의 소장으로 한국 교회의 공적 역할에 대해 연구하고 있다.

저서로 《Public Theology in Korea?》가 있는데, 대표적 공공신학 시리즈인 〈Theology in the Public Square〉의 13번째 볼륨으로 출판되었다.

참고 자료

1. 이상환, 《신들과 함께》(서울: 학영, 2023), 290.
2. 한병철, 최지수 역, 《불안사회》(경기: 다산초당, 2024), 16.
3. 황인권, 《5無 교회가 온다》(서울: ikp, 2025), 43.
4. 아서 코난 도일, 김효정 역, 《셜록 홈즈의 모험》(서울: 대교출판, 2011), 11.
5. 김용택, 《나는 당신이 어떤 사람인지 알면, 좋겠어요》(경기: 난다, 2019), 14.
6. 김애란, 《안녕이라 그랬어》(경기: 문학동네, 2025), 141.
7. 같은 책, 50.
8. 김용택, 《나는 당신이 어떤 사람인지 알면, 좋겠어요》(서울: 난다, 2019), 43.

9 설혜심, 《매너의 역사》(서울: 휴머니스트, 2024), 42.

10 부경복, 《손석희가 말하는 법》(경기: 모멘텀, 2013), 169.

11 김종원, 《내 언어의 한계는 내 세계의 한계이다》(서울: 마인드셋, 2024), 50.

12 최재천, 《숙론》(경기: 김영사, 2024), 73.

13 같은 책, 73-74.

14 김도인 외 6인, 《목회트렌드 2025》(서울: 글과길, 2024), 233.

15 정희진, 《페미니즘의 도전》(서울: 교양인, 2013), 32.

16 강유정 외 8인, 《다시 만날 세계에서》(서울: 안온북스, 2025), 209.

17 조엘 코미스키, NCD 편집부 역, 《사람들이 몰려오는 소그룹 인도법》(서울: NCD, 2010), 14.

18 https://www.kmib.co.kr/article/view.asp?arcid=1725784086 (2025년 8월 6일 검색).

19 목회데이터연구소, "교회 공동체성 분석", 〈넘버즈〉, 제66호(2020).

20 주현재, 《전지적 셀장 시점》(서울: 글과 길, 2024), 10.

21 김도인 외 6인, 《목회트렌드 2025》(서울: 글과길, 2024), 385-386.

22 김도인, 《언택트와 교회》(서울: 글과길, 2021), 223-224.

23 조엘 코미스키, NCD 편집부 역, 《사람들이 몰려오는 소그룹 인도법》(서울: NCD, 2010), 22.

24 손병세, 《3040 심폐소생》(서울: 킹덤처치연구소, 2025), 147.

25 리처드 마우, 강봉재 역, 《버거킹에서 기도하기》(서울: IVP, 2024), 140.

26 같은 책, 145.

27 박윤성, 《포스트 코로나 시대의 리더십, 정의로운 교회》(서울: 글과길, 2022), 173.

28 권문상, 《소그룹의 원리와 실제》(서울: CLC, 2024), 21.

29 김도인 외 6인, 《목회트렌드 2025》(서울: 글과길, 2024), 352.

30 김을호, 《결국 독서력이다》(서울: 클라우드나인, 2024), 32.

31 김도인 외 6인, 《목회트렌드 2025》(서울: 글과길, 2024), 370.

32　https://www.donga.com/news/article/all/20220105/111104116/1 (2025년 6월 20일 접속).

33　김지원·민정홍,《문해력 격차》(서울: 어크로스, 2025), 8.

34　같은 책, 88.

35　김을호,《결국 독서력이다》(서울: 클라우드나인, 2024), 34.

36　최재천,《최재천의 희망수업》(서울: 샘터사, 2025), 127.

37　강영안,《생각한다는 것》(서울: 두란노서원, 2024), 27.

38　반고흐, 신성림 역,《반 고흐, 영혼의 편지》(서울: 위즈덤하우스, 2008), 19.

39　같은 책, 6.

40　https://www.chosun.com/national/national_general/2025/07/28/NXO4TSZ5ZVAFRN4NVTERDHI5QM/ (2025년 7월 29일 접속).

41　Minseok Kim, "Political Discourse and Theological Challenges of Korean Conservative Christianity," Religions 16.879 (2025): 3-4.

42　https://hrcopinion.co.kr/archives/31599 (2025년 6월 10일 접속).

43　"There is not a square inch in the whole domain of our human existence over which Christ, who is Sovereign over all, does not cry: 'Mine!'"; 네덜란드어 원문으로는 "geen duimbreed is er op heel 't erfvan ons menselijk leven, waarvan de Christus, die áller Souverein is, niet roept: 'Mijn!'" Souvereiniteit in Eigen Kring (Kok: Kampen, 3rd ed., 1930), 33.

44　Minseok Kim, "The (Im)Possibility of Doing Public Theology in Korea?", International Journal of Public Theology 18 (2024): 429.

45　윤은순, "1950년대 월남 기독교인의 국가윤리와 사회인식,"〈기독교사회윤리〉41 (2018): 133-164.

46　윤정란,《한국전쟁과 기독교》(서울: 한울아카데미, 2015).

47　김상덕 외 3인,《한국 기독교의 보수화, 어느 지점에 있나》(서울: 동연, 2020), 13-14.

48　R. C. 스프로울, 이제롬 역, 《교회와 국가는 어떤 관계인가?》(서울: 생명의말씀사, 2025), 26.

49　홍사중, 《리더와 보스》(서울: 사계절, 1997), 34.

50　피터 스카지로, 정성묵 역, 《정서적으로 건강한 제자》(서울: 두란노서원, 2021), 144.

51　ESG는 환경(Environmental), 사회(Social), 지배구조(Governance)의 영문 첫 글자를 조합한 단어로, 기업 경영에서 지속가능성을 달성하기 위한 3가지 핵심 요소이다. 편집자 주.

52　https://www.fairn.co.kr/news/articleView.html?idxno=68628 (2025년 8월 4일 검색).

53　존 하워드 요더, 신원하·권연경 역, 《예수의 정치학》(서울: IVP, 2007), 29.

54　같은 책, 101-102.

55　존 하워드 요더, 김기현 역, 《제자도, 그리스도인의 정치적 책임》(서울: KAP, 2012), 55.

56　월터 브루그만, 김기철 역, 《예언자적 상상력》(서울: 복있는사람, 2009), 158.

57　존 하워드 요더, 신원하·권연경 역, 《예수의 정치학》(서울: IVP, 2007), 251.

58　같은 책, 258.

59　레슬리 뉴비긴, 허성식 역, 《다원주의 사회에서의 복음》(서울: IVP, 1998), 334-335.

60　존 하워드 요더, 신원하·권연경 역, 《예수의 정치학》(서울: IVP, 2007), 399.

61　같은 책, 38.

62　제임스 스미스, 박세혁 역, 《왕을 기다리며》(서울: IVP, 2019), 111.

63　같은 책, 114.

64　https://www.hani.co.kr/arti/society/society_general/1181958.html (2025년 6월 21일 접속).

65　유시민, 《청춘의 독서》(경기: 웅진지식하우스, 2025), 127.

66　정대건, 《급류》(서울: 민음사, 2022), 40.

67　루스 벤 기앳, 박은선 역, 《극우, 권위주의, 독재》(경기: 글항아리, 2025), 332.

68　조지 오웰, 김기혁 역, 《동물농장, 파리와 런던의 따라지 인생》(경기: 문학동네, 2023), 80.

69　한나 아렌트, 신충식 역, 《난간 없이 사유하기》(서울: 문예출판사, 2023), 30.

70 https://21erick.org/column/9277/?ckattempt=1 (2024년 4월 14일 검색).

71 양귀자,《모순》(서울: 도서출판쓰다, 2025), 176.

72 최재천,《숙론》(경기: 김영사, 2024), 19.

73 유발 하라리, 김명주 역,《넥서스》(경기: 김영사, 2024), 301.

74 배수아 외 4인,《불안》(서울: 은행나무, 2025), 39.

75 민은정,《브랜드가 곧 세계관이다》(서울: 미래의창, 2024), 17.

76 김애란,《안녕이라 그랬어》(경기: 문학동네, 2025), 261.

77 톰 레이너, 김태곤 역,《살아나는 교회》(서울: 아가페, 2021), 21.

78 조유식,《정도전을 위한 변명》(서울: 휴머니스트, 2014), 151.

79 목회데이터연구소 외 12인,《한국교회 진단 리포트》(서울: 두란노서원, 2025), 277.

80 최종우,《현장에 답이 있다》(서울: 신앙과지성사, 2025), 124.

81 조은하·한국일,《마을목회 유형별 사례와 신학적 성찰》(서울: 대한기독교서회, 2024), 20.

82 최종우,《현장에 답이 있다》(서울: 신앙과지성사, 2025), 195-196.

83 조은하·한국일,《마을목회 유형별 사례와 신학적 성찰》(서울: 대한기독교서회, 2024), 19.

84 같은 책, 18.

85 같은 책, 23.

86 최종우,《현장에 답이 있다》(서울: 신앙과지성사, 2025), 359-360.

87 청년의 연령대를 어떻게 규정할 것인가에 대한 의견이 다양할 수 있지만, 이 글에서는 성년이 되는 18세부터 40대까지를 포함하는 넓은 의미로 사용한다.

88 https://hrcopinion.co.kr/archives/31599 (2025년 6월 10일 접속).

89 https://www.goodnews1.com/news/articleView.html?idxno=412646 (2025년 6월 13일 접속).

90 https://www.christiandaily.co.kr/news/149412?fbclid=IwY2xjawLmgm5leHRuA2FlbQIxMABicmlkETFSQUZaQO1kQzZ4R1FkRGZwAR4cs179pPQ7U9L42Btirk34PS0D-2l3jeP6axFd1YT-u7JCOebpQC18oUhNhQ_aem_

ZF0ji94H8uwlUJoG9X4s2Q#share (2025년 7월 18일 접속).

91　헨리 나우웬, 최원준 역,《상처 입은 치유자》(서울: 두란노서원, 2022), 50.

92　유진 피터슨, 이종태 역,《다윗: 현실에 뿌리박은 영성》(서울: IVP, 2018)

93　디트리히 본회퍼, 정현숙 역,《성도의 공동생활》(서울: 복있는사람, 2016)

94　김주환,《그릿》(서울: 인플루엔셜, 2025), 184.

95　하퍼 리, 김욱동 역《앵무새 죽이기》(경기: 열린책들, 2022), 517.

96　김용규,《어제보다 조금 더 깊이 걸었습니다》(경기: 디플롯, 2025), 205.

97　김종원,《부모의 질문력》(경기: 다산북스, 2025), 9.

98　박인경,《부모 면허》(서울: 규장, 2021), 121-122. (전자책)

99　https://www.hankookilbo.com/News/Read/A2024082909180002287 (2025년 7월 9일 접속).

100　https://www.ohmynews.com/NWS_Web/View/at_pg.aspx?CNTN_CD=A0003065708 (2025년 7월 9일 접속).

101　김지원·민정홍,《문해력 격차》(서울: 어크로스, 2025), 26.

102　황선엽,《단어가 품은 세계》(서울: 빛의서가, 2024), 59-60.

103　한병철, 김태환 역,《투명사회》(서울: 문학과지성사, 2014), 134.

104　https://www.hani.co.kr/arti/society/society_general/1188764.html (2025년 7월 9일 접속).

105　https://mediahub.seoul.go.kr/archives/2014163 (2025년 7월 9일 접속).

106　조 모란, 성원 역,《단어 옆에 서기》(경기: 위고, 2025), 161-162.

107　공자, 나준식 역,《공자》(경기: 새벽이슬, 2010), 123.

108　유영만,《모두 인공지능 백신 맞았는데 아무도 똑똑해지지 않았다》(서울: 21세기북스, 2025), 7.

109　같은 책, 7.

110　같은 책, 43.

111 스티븐 위트, 백우진 역, 《엔디비아 젠슨 황, 생각하는 기계》(서울: 알에이치코리아, 2025), 463.

112 김진혁, 《환대의 신학》(서울: IVP, 2025), 65.

113 김요한, 《상식이 통하는 목사》(서울: 새물결플러스, 2017), 65-69.

114 같은 책, 32-34.

115 같은 책, 155-160.

116 같은 책, 45-46.

117 폴 트립, 조계광 역, 《목회, 위험한 소명》(서울: 생명의말씀사, 2013), 148-151(전자책).

118 최용성외 2인, "팬데믹과 개혁교회의 패러다임적 대응", 〈신앙과 학문〉, 제26권 제2호(2021), 85.

119 목회데이터연구소, "크리스천 부모, '자녀 신앙교육 방법 배우고 싶다 82%'" 고신뉴스 KNC, 2021년 5월 15일, https://www. kosinnews.com/news/articleView.html.

120 최정민, "기독교 가정교육의 과제와 전망", 〈장신논단〉, 제51권 제3호(2019), 207.

121 https://www.index.go.kr/unity/potal/indicator/IndexInfo.do?cdNo=260&clasCd=12&idxCd=H0060&upCd=9 (2025년 7월 31일 접속).

122 최정민, "기독교 가정교육의 과제와 전망", 〈장신논단〉, 제51권 제3호(2019), 206.

123 인젠리, 김락준 역, 《좋은 엄마가 좋은 선생님을 이긴다》(경기: 다산에듀, 2018), 8.

124 목회데이터연구소, "개신교인의 신앙 계승 실태", 〈넘버즈〉, 제231호(2024), 2.

125 최정민, "기독교 가정교육의 과제와 전망", 〈장신논단〉, 제51권 제3호(2019), 211.

126 목회데이터연구소, "개신교인의 신앙 계승 실태", 〈넘버즈〉, 제231호(2024), 4.

127 리처드 마우, 홍병룡 역, 《무례한 기독교》(서울: IVP, 2014), 20.

128 강영안, 《생각한다는 것》(서울: 두란노서원, 2024), 226.

129 신진욱, 《시민》(서울: 책세상, 2019), 135. (전자책)

130 페터 비에리, 문항심 역, 《자기 결정》(서울: 은행나무, 2015), 96.

131 칼 세이건, 홍승수 역, 《코스모스》(서울: 사이언스북스, 2023), 452.

132 데이비드 포스터 월리스, 김재희 역, 《이것은 물이다》(서울: 나무생각, 2023), 139.

133 장준식, 《기후 교회로 가는 길》(서울: 바람이불어오는곳, 2024), 55.

134 김현경, 《사람, 장소, 환대》(서울: 문학과지성사, 2015), 175.

135 같은 책, 193.

136 시몬 베유, 이창실 역, 《신을 기다리며》(서울: 복있는 사람, 2025), 126.

137 스캇 맥나이트, 오현미 역, 《서로 다른 우리, 하나의 교회》(서울: 죠이북스, 2025), 172.

138 (갈 3:28) 너희는 유대인이나 헬라인이나 종이나 자유인이나 남자나 여자나 다 그리스도 예수 안에서 하나이니라

(골 3:11) 거기에는 헬라인이나 유대인이나 할례파나 무할례파나 야만인이나 스구디아인이나 종이나 자유인이 차별이 있을 수 없나니 오직 그리스도는 만유시오 만유 안에 계시니라

139 https://www.ohmynews.com/NWS_Web/View/at_pg.aspx?CNTN_CD=A0003148864 (2025년 7월 15일 접속).

140 루스 벤 기앳, 박은선 역, 《극우, 권위주의, 독재》(경기: 글항아리, 2025), 416-417.

141 정대건, 《급류》(서울: 민음사, 2023), 32.

142 김애란, 《바깥은 여름》(경기: 문학동네, 2017), 199.

143 A. J. 크로닌, 이승우 역, 《천국의 열쇠》(서울: 바오로딸, 2020), 216.

144 메이, 《아프다는 것에 관하여》(서울: 복복서가, 2024), 147-148.

145 위르겐 하버마스, 한승완 역, 《공론장의 구조변동》(서울: 나남출판, 2004)

146 엠브레인 트렌드모니터, "종교(인) 및 종교인 과세 관련 인식 조사" (2020.06)

147 "Sechs Charakteristika können also für die inhaltliche Bestimmung des Begriffs der Öffentlichen Theologie festgehalten werden: ihr biblisch-theologisches Profil, ihre Zweisprachigkeit, ihre Interdisziplinarität, ihre Politikberatungskompetenz, ihre prophetische Qualität und ihre Interkontextualität." Heinrich Bedford-

Strohm, "Engagement für die Demokratie," in Position beziehen: Perspektiven einer Öffentlichen Theologie (München: Claudius Verlag, 2012), 122.; 그가 제시한 공공신학의 여섯가지 특징은 다음 논문에 요약되어 있다. 김민석, "하인리히 베드포드-슈트롬이 제시한 공공신학의 특징", 〈한국조직신학논총〉 63 (2021): 37-75.

148 톰 라이트, 안시열 역, 《광장에 선 하나님》(서울: IVP, 2018), 12.

149 Wim A. Dreyer, "John Calvin as 'Public Theologian' in View of His 'Commentary on Seneca's de Clementia,'" HTS Theological Studies 74/4 (2018): 1.

150 Heinrich Bedford-Strohm, "Gerechtigkeit erhöht ein Volk...," in Position beziehen: Perspektiven einer Öffentlichen Theologie (München: Claudius Verlag, 2012), 57-58.; Bedford-Strohm, "Nurturing Reason: The Public Role of Religion in the Liberal State," 40.

151 김민석, "공공신학의 관점에서 본 존 칼빈의 신학", 〈한국개혁신학〉 69 (2021): 24-60.

152 케빈 밴후저, 오언 스트래헌, 박세혁 역, 《목회자란 무엇인가》(서울: 포이에마, 2016), 104.

153 맥스 L. 스택하우스, 이상훈 역, 《세계화와 은총》(서울: 북코리아, 2013), 135.

154 존 칼빈, 《기독교강요》, 2.2.16.

155 월터 브루그만, 홍병룡 역, 《텍스트가 설교하게 하라》(서울: 성서유니온선교회, 2012), 59.

156 김형국, 《제자훈련, 기독교의 생존방식》(서울: 비아토르, 2017), 128.

157 같은 책, 130.

158 짐 월리스, 정모세 역, 《회심》(서울: IVP, 2008), 37.

159 같은 책, 42.

160 톰 라이트, 백지윤 역, 《이것이 복음이다》(서울: IVP, 2017), 76.

161 같은 책, 144-145

162 (로마서 14:17) 하나님의 나라는 먹는 것과 마시는 것이 아니요 오직 성령 안에서 누리는 의와 평강과 희락이니라

163 레슬리 뉴비긴, 허성식 역, 《다원주의 사회에서의 복음》(서울: IVP, 1998), 198.

164 제임스 스미스, 박세혁 역,《하나님 나라를 욕망하라》(서울: IVP, 2016), 57-58.

165 월터 브루그만, 홍병룡 역,《텍스트가 설교하게 하라》(서울: 성서유니온선교회, 2012), 73

166 김민호,《기독교 세계관》(경기: 리바이벌북스, 2022), 127.

167 주도홍 외 13인,《종교개혁자 츠빙글리의 삶과 개혁신학》(경기: 킹덤북스, 2022), 16-17.

168 같은 책, 432-433.

169 지혁철,《설교자는 누구인가》(서울: 샘솟는기쁨, 2022), 104.

170 같은 책, 105.

171 김영하,《단 한 번의 삶》(서울: 복복서가, 2025), 129-130.

172 유영만·박용후,《언어를 디자인 하라》(서울: 쌤앤파커스, 2022), 133.

173 최종원,《거꾸로 읽는 교회사》(서울: 복있는 사람, 2025), 163.

174 우치다 다쓰루, 박동섭 역,《무지의 즐거움》(서울: 유유, 2024), 191.

175 같은 책, 194.

176 같은 책, 195.

177 같은 책, 198.

178 일레인 그레이엄, 박세혁 역,《종교성과 세속주의 사이》(서울: 비아토르, 2025), 37.

179 같은 책, 37.

180 유선경,《질문의 격》(서울: 앤의서재, 2025), 51.

181 https://www.joongang.co.kr/article/25300085 (2025년 8월 3일 접속).

182 부경복,《손석희가 말하는 법》(서울: 모멘텀, 2013), 37.

183 민은정,《브랜드가 곧 세계관이다》(서울: 미래의창, 2024), 187.

184 톰 레이너, 정성묵 역,《우리 교인 다 어디로》(서울: 두란노서원, 2024), 64.

185 민은정,《브랜드가 곧 세계관이다》(서울: 미래의창, 2024), 209.

186 송재용,《패러다임 대전환》(서울: 자의누리, 2023), 14-15.

187 한병철, 최지수 역,《불안사회》(경기: 다산초당, 2024), 47.

188 데일 카네기, 이문필 역,《카네기의 인간관계론》(서울: 카네기연구소, 2004), 50.

189 한강, 《빛과 실》(서울: 문학과지성사, 2025), 10.
190 김애란, 《안녕이라 그랬어》(경기: 문학동네, 2025), 105.
191 같은 책, 122.
192 같은 책, 123.
193 스티븐 위트, 백우진 역, 《엔비디아 젠슨 황, 생각하는 기계》(서울: 알에이치코리아, 2025), 428.
194 나탈리 버그·미야 나이츠, 한원희 역, 《아마존 이노베이션》(부산: 유엑스리뷰, 2019), 18.
195 같은 책, 33.
196 존 스토트, 황을호 역, 《기독교의 기본진리》(서울: 생명의말씀사, 2009), 5-8.
197 김도인, 《인문학, 설교에 어떻게 활용할 것인가》(경기: 목양, 2021), 49.

참고 자료